Çocuğunuza Sınır Koyma

Çeviri:

Mehtap Gün

Çocuk Gelişimi: 20
1. Baskı: Ekim 2012
ISBN: 978-605-384-531-7
Yayıncı Sertifika No: 16238

Çocuğunuza Sınır Koyma

Yazar: Robert J. Mackenzie, Ed. D.
Çeviri: Mehtap Gün
Yayın Yönetmeni: Ender Haluk Derince
Görsel Yönetmen: Faruk Derince
Yayın Koordinatörü: Ceylan Şenol
Editör: Sedef İlgiç
İç Tasarım: Tuğçe Gülen
Baskı: Melisa Matbaacılık
Matbaa Sertifika No: 12088
Çifte Havuzlar Yolu
Acar Sitesi No: 4
Davutpaşa/İSTANBUL

Bu kitap daha önce HYB Yayınları tarafından yayımlanmıştır.

YAKAMOZ KİTAP / SONSUZ KİTAP
Gürsel Mah. Alaybey Sk. No: 7/1 Kağıthane/İSTANBUL
Tel: 0212 222 72 25 Faks: 0212 222 72 35
www.yakamoz.com.tr / info@yakamoz.com.tr
www.facebook.com/yakamozkitap
www.twitter.com/yakamozkitap

Çocuğunuza Sınır Koyma

YAZAR HAKKINDA

Dr. Robert Mackenzie bir aile terapisti ve eğitimsel psikologdur. Otuz yılı aşkın bir süredir edindiği deneyimlerle çocukların öğrenim ve davranış sorunlarının düzeltilmesi üzerine ailelere ve öğretmenlere yardım etmektedir. Bundan önce yayınlanmış "Çocuğunuza Sınır Koyma" ve "Setting Limits in the Classroom" adlı iki kitabı bulunmaktadır ve birçok dergide ve gazetede makaleleri yayınlanmıştır. Mackenzie, aile danışmanlığı, ebeveyn eğitmenliği ve öğretmen eğitmenliği konularında kurslar vermektedir. Hastanelere, okullara, öğretmen-ebeveyn organisazyonlarına ve birçok toplum hizmeti veren ajanslara özel danışmanlık yapmaktadır. Her yıl ülke çapında, kendi "Sınırları Belirleme" programı ile ilgili elliden fazla workshop düzenlemektedir. Dr. Mackenzie, oğulları ve karısıyla birlikte Davis, Kaliforniya'da yaşamaktadır.

İÇİNDEKİLER

Önsöz 7

Giriş 9

1: Sınırlar Neden Önemlidir? 15

2: Ebeveynler Kuralları Nasıl Öğretir? 39

3: Çocuklar Kurallarınızı Nasıl Öğrenir? 73

4: Aile Dansı 95

5: Sınırlarınız Sert mi, Yumuşak mı? 125

6: Dans Pistinden İnmek 151

7: Teşvik Etme: İşbirliğinin Dili 167

8: Sorun Çözme Becerilerini Öğretme 187

9: Kurallarınızı Sonuçlarla Destekleme 207

10: Ergenlere Sınır Koyma 253

11: Hiperaktivite ve Dikkat Eksikliği Olan Çocuklara Yardımcı Olma 291

12: Ev İşleri 319

13: Ev Ödevi Dansı 345

14: Değişime Hazırlanmak 371

Ek: Ebeveynler için Çalışma Grubu Başlatma 395

Önsöz

Öğretmen ve ebeveynler için hazırlanan bu kitap, hazırlandığında çalışma gruplarına yönelik bilgiler içermekteydi. Bu çalışmalar, sorumluluk sahibi bağımsız çocuklar yetiştirmeyi amaçlamaktaydı. Sekiz yıldır bu çalışma grubuna katılan herkese teşekkür ederim. Katkılarınız sayesinde bu kitapta geçen pek çok yöntem yaratılabildi. Bu kitabın yazılmasında pek çok farklı biçimde emeğiniz geçti.

Çalışma grubumu destekleyen ve kitabın yazımında katkıda bulunan herkese teşekkürler.

İki yıldır grubuma maddi destek veren Elk Grove okulundan Bob Trigg ve Dave Gordon'a teşekkür ederim.

Davis grubuna desteklerinden dolayı Chris Weber Johnson'a, Prima yayınevinden Ben Dominitz'e, editör Susan Silve ve bütün çalışanlara, bu kitabı yazmamı sağlayan danışman Duane Newcomb'a, sabrı ve desteği için Karen Newcomb'a, David anaokulundan Barbara Wilhelm, Debbie Horowitz ve diğer çalışanlarla ebeveynlere, teknik konulardaki yardımları için California Üniversitesi'nden Prof. Dr. Jonathan Sandoval'a, yeni fikirlerimize anlayış gösteren Dr.

David Vollmar'a, şekil ve çizelgelerdeki yardımları için Jean Seay ve Dr. Curt Acredalo'ya, ikinci basımdaki yardımları için Teri Drake'e, danışmanlık yaptığım tüm ebeveyn ve çocuklara teşekkür ederim. Yaşadıklarınız, bu kitabın şekillenmesinde çok etkili oldu.

Giriş

Bu ebeveynler için hazırlanmış bir kitaptır. Ama çocuklarla daha iyi iletişim kurmak isteyen herkese yöneliktir. Kitapta geçen yöntemler farklı durumlara uyarlanabilir.

Çocuğunuza Sınır Koymak kitabında yanlış davranışa son vermek ve kurallarınızı net ve anlaşılır biçimde öğretebilmek için gerekli yöntemleri bulacaksınız. Artık nasihatleri; azarlamaları; tehdit, ceza ve ikna yöntemlerini bırakabilirsiniz. Çatışma ve güç savaşlarına da girmeyeceksiniz. Kesin sınırlar koyup sözlerinizi davranışlarınızla nasıl destekleyebileceğinizi öğrendiğinizde, çocuklarınız verdiğiniz mesajı hemen alacaklardır. Bu kitapta göreceğiniz yöntemler, ceza vermenin ya da aşırı hoşgörülü davranmanın yerini tutacak.

İlerleyen bölümlerde öğreneceğiniz yöntemler birçok ebeveyn ve öğretmen tarafından başarıyla uygulanmaktadır. Bu yöntemler açık, sistemli ve çocuğun gelişimine uygundur. Üç yaştan başlayıp ergenlik dönemine kadar uygulanabilecek yöntemlerdir.

California'daki okullarda aile danışmanı olarak çalışırken çocuklarının kötü davranışlarından bezmiş, umutsuz birçok ebeveynle tanıştım. Hemen hepsi de çocuklarına etkin bir eğitim vermek istiyordu. Söz dinlemelerini ve sorumluluk sahibi olmalarını bekliyor ama bunu nasıl yapacaklarını bilemiyorlardı. Bağırma, azarlama, tehdit etme, nasihat verme, uzun açıklamalar yapma, para verme, vurma, eve hapsetme, haklarını elinden alma gibi bir sürü yöntem denemişler ama bu yöntemlerin hiçbiri sonuç vermemişti.

Kullandıkları yöntemler aşırı hoşgörülü olmaktan aşırı ceza vermeye kadar uzanan geniş bir yelpazede yer alıyordu. Bu ebeveynlerin bir ortak yanı da sınır koymayı bilmemeleriydi. Ellerinden geleni yapıyorlar ama sonuç alamıyorlar ve daha başka ne yapabileceklerini bilemiyorlardı. Etkili yöntemlere ve onları hedeflerine ulaştıracak etkin bir yaklaşıma ihtiyaçları vardı.

Ebeveynlerin, bir kural ve beklentiyi öğretebilmek için kullandıkları sürece sınır koyma denir. Ebeveynlerin tümü bunu yapar. Aile, toplum ve kültürümüzün kurallarını bu şekilde öğretiriz.

Bazı ebeveynler bu eğitimi ağır cezalarla verir. Bazıları da yumuşak yöntemler kullanarak hatırlatma ve ikna etme yolunu seçer. Bu iki yöntem arasında gidip gelen ebeveynler de vardır. Bazıları da net ve açık mesajlar verir, çocuklarının tepkilerini izler ve etkili bir şekilde müdahale eder.

Yöntemler farklı olabilir ama mesajımızı vermek için aynı araçları kullanırız: Sözleri ve davranışları. İkisi de kuralların ne olduğunu anlatır ama pek çoğumuz, söylediklerimize önem veririz. Bu iki mesajdan biri net değilse iletişimde kopukluk olur.

Örneğin, "Oynamadan önce odanı temizle" dediğimizde sözlerimiz davranışlarımızla uyuşmuyorsa ve çocuk odasını temizlemeden oyuna gidiyor; onun görevini anne yapıyorsa çocuk, koymak istediğimiz kural ve ondan beklediğimiz şey hakkında belirsiz, karmaşık bir mesaj almış olur. Sözlerimiz, "Odanı temizle" derken davranışımız, "Odanı temizlemesen de olur" demektedir. Asıl kural hangisi? Bu sorunun cevabı belirsizdir. Peki siz, oyun oynamaya çıkmak için can atan bir çocuk olsaydınız hangi kuralın doğru olmasını isterdiniz?

Dokuz yaşındaki bir çocuğun, arkadaşına vurduğu için okuldan evine gönderildiğini düşünelim. Babası ona uzun uzun nutuk çekiyor ve sonunda bir tokat atıyor. Çocuk babasının kuralını nasıl algılamıştır? Babası sözleriyle, "Okulda söz dinlemelisin" diyor ama dayak atarak farklı bir mesaj veriyor: Vurmak sorunları çözer. Bu çocuk bir sorunla karşılaştığında meseleyi nasıl çözmeye kalkacaktır? Elbette ona öğretilen yöntemle.

Ebeveynlerin çoğu, yanlış davranışa son verme ve kuralları öğretme konusunda yanlış mesajlar verir. Ya dur işaretinde durulması gerektiğini bilemiyorlar ya da ağızlarından çıkan kurallarla uyguladıkları kurallar çok farklı. Kurallarını en karmaşık mesajlarla öğretmeye çalışıyorlar.

Yumuşak sınırlar olarak adlandıracağım bu mesajlar, istenen etkinin tam tersini ortaya çıkarır. Sınırları zorlamaya ve direniş göstermeye sebep olur ve ebeveynlerle çocukların çelişki yaşamalarına yol açar. Günümüzde çocuklar, aileler, okullar ve kültürler üzerinde çok fazla baskı vardır. Evde ve okulda davranış sorunları, güç savaşları, bozuk ilişkiler, kurallara uymaya ve sorumluluk almaya hazır olmayan çocuklar vardır.

Asıl üzücü olan, bütün bunların önlenebilir olmasıdır. Sorun ailede başlar ve bozuk iletişim yüzünden ortaya çıkar. Bu kitapta, bozuk iletişimi *aile dansı* olarak tanımlayacağım. Çünkü net ve etkin sınırlar koyamayan aileler, çelişkili durumlar yaşadıklarında bir çeşit dansa başlamaktadır. Bu kitabın başlıca amacı, bu dansa son vermektir.

Bunun için yapılacak ilk şey, yanlış giden şeylerin farkına varmaktır. Yoksa hataların tekrarını engelleyemeyiz. İlk dört bölüm bu amaca hizmet eder. Nasıl sınırlar koyduğunuzu, nasıl bir eğitim yöntemi uyguladığınızı, çocuklarınıza kuralları nasıl öğrettiğinizi ve söz dinlemeleri için nasıl dans ettiğinizi göreceksiniz.

İşlemeyen yöntemleri gördükçe yeni yöntemler öğreneceksiniz. 5. ile 9. Bölümler arasında beceri geliştirmeyi göreceksiniz. Net mesajlar vermeyi, aile dansına son vermeyi, işbirliği ve sorun çözme konularını, çocuklarınızı incitmeden, ders almalarını nasıl sağlayacağınızı göreceksiniz.

10. Bölüm'de, bu öğrendiklerinizi ergen çocuklara uyarlamayı, 11. Bölüm'de hiperaktif çocuklara nasıl yaklaşılacağını göreceksiniz. 12. ve 13. Bölümler, ev işleri ve ödevler konularına ayrılmıştır.

Her bölüm sonunda ebeveynler için çalışma grubu soruları ve alıştırmalar vardır. Bunlar düşünmenize ve konuya hâkim olmanıza yarayacaktır.

Eğitimin en kolay kısmı, bu kitapta verilenleri öğrenmektir. En zoru ise eski alışkanlıklarınıza dönme isteğinize karşı çıkmaktır.

Mantığınız, bu yöntemlerin işe yarayacağını söylese de başlangıçta pek hoşunuza gitmeyebilir. Çocuğunuzun direniş göstermesi normaldir.

14. Bölüm, bu direnişle başa çıkma ve olabilecek değişikliklere hazırlanmada size yardımcı olacaktır. Gerçekçi beklentiler oluşturarak, ihtiyacınıza göre sistemler geliştirerek rotadan çıkmadan ilerleyebilirsiniz.

Yöntemleri uygulamaya geçmeden önce kitabın tümünü okumanızı öneririm. Tüm yöntemler birbiriyle uyumlu ve tamamlayıcı niteliktedir. Sözlerinizi ve davranışlarınızı tutarlı hale getirdiğinizde gerekli beceriyi de kazanmış olacaksınız.

Kitabın sonunda, 14. Bölüm'den sonraki başlangıç önerilerine de bakın. Bu ipuçları, ihtiyacınız olan becerilerle başlamanızı ve yeni becerileriniz için gerekli aşamaları sağlar.

Başlarda hata yapmanız çok normaldir. Hata yaparak öğrenilir. Amacınız kusursuz olmak değil, ilerleme kaydetmektir. Bu da pratik yaparak olur. Bir sorunla karşılaştığınızda ilgili bölümden yardım alın. Tekniklerde kullanılan dile dikkat edin. Kritik olarak nitelediğimiz ilk sekiz haftada karşınıza çıkacak sorunları 14. Bölüm'ün yardımıyla aşabilirsiniz.

Çocuğunuzun hayatında yer tutan kişilerle aynı yöntemleri uyguluyor olmanız çok önemlidir. Uyguladığınız yöntemleri öğretmenine, bakıcısına, akrabalara ve arkadaşlarınıza da anlatın. Onların desteğiyle daha çok yol alabilirsiniz.

Son olarak, bu kitaptaki örnekler, danışmanlık verdiğim ailelerin gerçek hikâyeleridir. İsimler değiştirilmiştir.

Bu kitaptaki yöntemlerle binlerce ebeveyn ve öğretmen, çocuklarla daha iyi bir iletişim kurmanın tadını almıştır. Yeni yöntemler öğrenmeye hazırsanız siz de bu tadı alabilirsiniz. *Sınır Koyma*nın tadını çıkarın.

1

Sınırlar Neden Önemlidir?

Sınırlar, çocukların hem kendilerini hem de yaşadıkları ortamı kavramalarını sağlar; onlara keşif ve öğrenme fırsatı sunar.

Çocuklar, yaşadıkları dünyanın kurallarını anlamak isterler ve buna ihtiyaç duyarlar. Kendilerinden ne beklendiğini, diğer insanlarla gözünde durdukları yeri, ne kadar ileri gidebileceklerini, fazla ileri gittiklerinde neler olacağını bilmek isterler. Büyürlerken artan beceri ve kapasitelerini ölçecek yollar bulmak isterler. Sınırlar, bu öğrenme ve keşfetme sürecinde çok önemli rol oynar ancak gönderilen mesajlar net değilse ebeveynin vermeye çalıştığı dersler işlemez duruma gelebilir.

Aşağıdaki örneklere bir bakalım:

Beş yaşındaki Colin'e üç kez, kız kardeşini rahat bırakması söylenmişti ama o hâlâ devam ediyordu. "Bak, Sarah yaptığın şeyi sevmiyor" dedi annesi sinirle. "Hemen kesmeni istiyorum." Ama Colin devam etti. "Kaç defa söyleyeceğim sana?" dedi annesi, daha da sinirlenmiş bir halde. Colin'in tepkisi değişmedi. Annesi, *Nesi var bu çocuğun?* diye düşündü, ne diyeceğini bilemez bir haldeydi.

On bir yaşındaki Brenda eve kırk beş dakika geç gelmişti. Ailesi yemeğe oturmuştu bile. "Neredeydin?" diye sordu babası endişeyle. "Bu hafta üçüncü oldu! Annen yemek yapmak için o kadar uğraştı. Hiç değilse birazcık saygı gösterebilirdin." Brenda suçluluk duyarmış gibi bir tavır takınarak sofraya geçti.

Akşam 21:30'da, on beş yaşındaki Jason bir saattir telefonda konuşmaktadır. "Telefonu kapat artık" der annesi. "Ben de telefon edeceğim."

"Tamam" der Jason. On beş dakika daha geçer. Annesi sinirli bir halde telefonu kapatmasını yeniden ister.

"Tamam, dedik ya!" diye cevap verir Jason.

"Ne zaman kapatacaksın?" diye sorar annesi.

"Birazdan" der Jason. Beş dakika daha geçer. Annesi burnundan solumaktadır.

Bu örnekler size de aşina geldi mi? Eğer geldiyse moralinizi bozmayın. Bu çok normal bir süreçtir. Bütün çocuklar dünyalarını sınama ve keşfetme ihtiyacı hissederler. Ancak bu keşif sürecinde onlara yol gösterecek sınırlara da ihtiyaç duyarlar. Bu bölümde bunun sebebini göreceksiniz. Sağlıklı bir gelişim sürecinde sınır koymanın önemli olduğunu ve sınır koymanın, çocuklar büyüyüp olgunlaştıkça yeniden düzenlenmesi gereken dinamik bir süreç olduğunu anlayacaksınız.

Çocuklar Neden Sınırlara İhtiyaç Duyarlar?

Yeni bir şehre taşındığınızı varsayın. Kimseyi tanımazsınız ama yeni arkadaşlar edinmek, mahallenize alışmak için can atarsınız. Komşularınızı evinize davet eder, onlara gidersiniz ama her seferinde size tuhaf tuhaf bakarlar. Bu davranışınızdan rahatsız olmuş gibi gözükürler.

Kendi kendinize, *Ne yaptım ki ben?* diye düşünürsünüz. Kafanız karışmıştır. Hep yaptığınız şeyleri yapmaktasınız ama tasvip edilmemekte ve reddedilmektesiniz. Ne yapacağınızı bilemez bir hale gelir ve tedirgin olmaya başlarsınız. Nasıl bir tavır almanız gerektiğini, sizden ne beklendiğini bilemezsiniz.

Kâbus gibi, değil mi? Sınırların etkili bir şekilde belirlenmediği evlerde büyüyen çocuklar da tıpkı buna benzer şeyler yaşarlar. Dış dünyaya açıldıklarında çatışmalar, reddedilmeler ve olumsuz tepkilerle karşılaşırlar. Dünyalarını başarılı bir şekilde idare etmek ve yaşamak için ihtiyaç duydukları net mesajları alırlarsa bu karmaşık durumları engelleyebilirler.

Çocuklar, bizim kurallarımız ve beklentilerimiz konusunda net ve açık mesajlar almalıdır ki doğru davranışlar sergilemeyi öğrenebilsinler. Bunu başarmaları bize bağlıdır.

Sınır koyarak öğretme konusunda çocukların bize bel bağlamaları ile ilgili bazı önemli derslere bakalım.

Sınırlar, Çocukların Araştırma Yapmasını Sağlar

Çocukların araştırmacı oldukları hiç aklınıza geldi mi? Evet, hepsi de birer araştırmacıdır ve bu iş için gerekli her şeyleri de vardır. Küçük yaşlardan itibaren denemeler yapar, keşiflerde bulunur, çevrelerinde olup bitenler ve bunların nasıl olduğu hakkında bilgi toplarlar. Cin gibidirler, sürekli gözlem yapar ve gözledikleri şeyi taklit eder, neden-sonuç ilişkisi kurup bunu akıllarında tutarlar. Topladıkları bilgilere dayanarak da kurallar hakkında birtakım inançlar geliştirirler.

Çocukların yaptıkları araştırmalar bir keşif süreci olarak nitelenebilir ancak topladıkları bilgiler ve vardıkları sonuçlar, ebeveynlerin beklediklerinden farklı çıkabilir. Peki neden? Çünkü çocukların araştırmaları onlara söylenenlerle değil, yaşadıklarıyla şekillenir.

Aşağıdaki örneğe bakalım:

Dört yaşındaki Aaron anaokuluna gitmek için hazırlanırken bir yandan da çizgi film seyrediyor, annesi de buna izin veriyordu. Dört yaşında bir çocuk olarak Aaron iki işi aynı anda yapacak beceriye sahip değildi. Giyinmesi çok zaman alıyor, hep son anda yetişiyor, annesinin onu giyinmeye ikna etmesi için epeyce dil dökmesi gerekiyordu. Evden dışarı çıkmak Aaron'un hiç hoşuna gitmiyordu.

Bu birkaç ay boyunca böyle devam etti. Sonunda bir sabah annesi sinirle, çabucak hazırlanmasını, yoksa televizyonu kapatacağını söyledi. Bu uyarı birkaç gün için işe yaradı ama sonra eskiye döndüler. Annesi daha çok dil dökmek, daha çok yalvarmak zorunda kaldı. Bazen televizyonu kapatmakla tehdit etti ama Aaron ağlamaya başlayınca yeniden açmak zorunda kaldı.

Aaron bu yaşananlardan nasıl bir bilgiye vardı? Annesinin, televizyon açıkken giyinme kuralı hakkında nasıl bir sonuca ulaştı? Elbette annesinin ne dediğinin hiçbir önemi yoktu. Aaron bu sonuca varmıştı. Annesi ona farklı bir bilgi verene kadar da bu sonuç değişmeyecekti.

Şimdi Aaron'un yaşadıklarını, onunla yaşıt olan Tim'in yaşadıklarıyla karşılaştıralım. Tim de giyinirken televizyon seyretmeyi seviyordu ama evden çıkma konusunda sorun yaşamaya başlayınca annesi net bir mesaj verdi: "Tim, sen giyinene kadar televizyon kapalı duracak." Ve televizyonu kapattı.

Tim isyan etti, ağladı, söylendi ama çabucak da giyindi. Neden? Çünkü çizgi film seyretmek istiyordu ve giyinmezse seyredemeyeceğini biliyordu. Giyinince annesi ona aferin deyip televizyonu açtı.

Tim bu yaşadıklarından ne çıkardı? Annesinin kuralı hakkında nasıl bir sonuca vardı? Elbette onun çok ciddi olduğunu, annesinin sözünü dinleyip çabucak giyinirse sorun çıkmayacağını anlamıştı. Tim'in annesi öğretmek istediği şeyi ona etkin bir biçimde öğretmeyi başarmış, küçük araştırmacı Tim'e, doğru sonuca ulaşabilmesi için gerekli olan bilgiyi verebilmişti. Tim'in evinde giyinip dışarı çıkmak, artık bir sorun teşkil etmiyordu.

Aaron ve Tim gibi çocuklar araştırmalarına devam edeceklerdir. Bu onların doğasında vardır. Onların işi budur. Araştırmalarının sonuçlarına ulaşmak isterler: Doğru olan nedir, olmayan nedir? Kontrol kimde? Ne kadar ileri gidebilirim? Fazla ileri gidersem ne olur? Ebeveynler çocuklarına doğru bilgileri vererek bu süreci daha kolay atlatabilirler.

Sınırlar, Onaylanan Davranışların Yolunu Belirler

Yol işaretleri olmayan ya da çok az olan bir yolda gittiniz mi hiç? İnsanın kafası çok karışır. Ne yöne gideceğinizi bilemezsiniz. Yol gösteren işaretler olmazsa yanlış yola sapabilir, kaybolabilirsiniz. Onaylanan davranışların yolunu öğrenmeye çalışan çocuklar da aynen böyle hisseder.

Sınırlar açıkça belirlenmiş ve tutarlı olduğu sürece çocukların bu yolu anlaması ve bu yolda ilerlemesi daha kolaydır. Belirsiz ve tutarsız sınırlar söz konusu olursa çocuklar yoldan çıkıp kaybolabilirler. Andrew buna iyi bir örnektir.

Beş yaşındaki Andrew ebeveynini sürekli meşgul ediyor, işlerini yarıda kesip araya giriyor, ebeveyni de bütün ilgilerini ona çeviriyordu. Andrew'ün bu davranışından hiç memnun değillerdi, ama bunun gelip geçici bir şey olduğunu düşünüyorlardı. *Altı yaşına gelince bu davranışından vazgeçip daha saygılı bir çocuk olacak,* diyorlardı kendi kendilerine.

Çoğumuz gibi Andrew'ün ebeveyni de oğullarından ne beklediklerinin bilincindeydi ama Andrew onların akıllarını okuyamazdı. Andrew onların akıllarında değil, gerçek bir dünyada yaşıyordu ve o, sadece yaşadıklarıyla bir sonuca varıyordu. Yaşadığı şey ise söz kesmenin, araya girmenin normal bir şey olduğuydu. Bunu yapmasına sürekli izin veriliyorsa Andrew başka hangi sonuca varabilirdi ki? Anaokulunda öğretmenin sözünü keserken tartışma çıkarmak istediğini mi sanıyorsunuz? Tabii ki hayır, o normal olduğunu düşündüğü için böyle yapıyor.

Beş yaşındaki Jenny'nin aldığı mesajları, Andrew'ün de alması gerekirdi. Jenny ne zaman araya girse ebeveyni ona söz kesmenin yanlış bir şey olduğunu söylüyor, ne yapması gerektiğini anlatıyordu. Ona, konuşma bittikten sonra, "Bakar mısınız" demesi ve ancak ona bakıldığı zaman konuşması gerektiğini anlatmışlardı. Jenny her araya girdiğinde bunu anlatmaya devam ettiler. Jenny sonunda nasıl davranması gerektiğini öğrenince de ona aferin deyip teşekkür ettiler. Jenny saygılı bir şekilde iletişim kurma konusunda önemli bir ders almıştı ve ailesinin ona açtığı bu yolda ilerlemeye devam ediyordu. Sizce Jenny anaokulunda nasıl davranacak?

Diğer çocukların ve ergenlerin de ilerlemeleri beklenen yolun hangisi olduğunu anlamaları için net sınırlara ihtiyaçları vardır. Örneğin on altı yaşındaki Gwen, arkadaşının kitabını iade etmek için arabayı almak ister. Annesi arabayı saat 07:00'de geri getirmesini söyler. "Çok önemli bir toplantım var" der. Ama Gwen 08:30'da geri döner. Eve girer girmez, annesi nutuk çekmeye başlar, başkalarına karşı ne kadar saygısız olduğundan dem vurur, onu bir güzel azarlar. Ama bundan başka bir şey olmaz.

Pek çok çocuk ve ergen, onaylanan davranışların, kaldırılabilir davranışlar olduğunu sanır. Gwen için kaldırılabilir davranış neydi? Arabayı zamanında geri getirme konusunda ne öğrendi? Bu bir zorunluluk muydu, yoksa isteğe mi bağlıydı? Uyulması gereken kesin bir sınır var mıydı? Hayır. Gwen annesinin ne istediğini biliyordu ama yaşadıklarından vardığı sonuca göre onun izleyeceği bir yol yoktu. Sizce Gwen ve annesi aynı şeyi tekrar yaşayacak mı?

Şimdi bu örneği yeniden inceleyelim ve Gwen'in annesinin nasıl davranması gerektiğini gösterelim. Gwen arabayı geç getirir, annesi kesin bir dille, "Bu hafta arabayı kullanamayacaksın. Sana saat 07:00'de getirmeni söylemiştim, çok ciddiyim." Azarlamaya, uzlaşma sağlamaya gerek yok.

Sizce Gwen bir dahaki sefer annesinin dediğini dikkate alacak mı? Öyle görünüyor. Yaşadıklarından vardığı sonuca göre annesi söylediklerinde ciddi. Sınırlar açık ve anlaşılır bir şekilde konmuş ve Gwen'in izlemesi gereken yol açıkça belirtilmiş.

Sınırlar İlişkileri Belirler

Çocuklar, yetişkinlerle ilişkilerinde ne kadar güç sahibi olduklarını ve bu ilişkiyi ne kadar kontrol edebildiklerini nereden bilirler? Aslında bilemezler ama nasıl bilebileceklerini bilirler. Yapacaklarını yapıp sonucunu gözlemeye başlarlar. Yetişkinlerle gün içinde etkileşimde bulunurken araştırma yaparak güç ve kontrollerini keşfederler. Başkalarına karşı nasıl bir tavır almaları gerektiğini, yaptıklarının ne kadarına katlanılabileceğini yaşayarak öğrenirler.

Bu araştırmaların çoğu evde yapılır. Ev, çocukları gerçek dünyaya hazırlayan bir eğitim yeri gibidir. Bu eğitim yerinde çocuklar öğrenci, bizler de öğretmeniz. Öğrettiğimiz dersler ise dış dünyada onaylanan davranışlar açısından standartları oluşturacaktır.

Çocuklar net ve anlaşılır sınırlarla karşılaştığında ilişkiler hakkındaki pek çok araştırma sorusunun da cevabını bulurlar. Burada kontrol kimin elindedir? Ne kadar ileri gidebilirim? Fazla ileri gidersem ne olur? Çocukların topladığı bilgiler, yetişkinlerle ilişkilerinde ne kadar güç ve kontrol sahibi olduklarını bulmalarına yardımcı olur.

Çocuklara çok fazla güç ve kontrol verildiğinde etkileri ve otoriteleri hakkında abartılı hislere kapılırlar. Sınırlar belirsizleşir ve daha çok deneme yapmaya başlarlar. Bu da kafalarının karışmasına ve yetişkinlerle güç savaşına girmelerine sebep olur. Yedi yaşındaki Kramer, buna iyi bir örnektir.

Bir sabah Kramer sofraya oturduğunda annesi ona kahvaltıda ne istediğini sordu. "Çilek reçelli omlet yumurtası istiyorum!" dedi Kramer. "Çok güzel!"

"Ona krep denir" diye cevap verdi annesi. "Çok güzeldir, evet. Ama krep yapacak vaktim yok. Başka bir şey iste. Tost yapayım mı?"

"Başka bir şey istemiyorum" diye ısrar etti Kramer sinirli bir sesle. "Ben krep istiyorum!"

"Tavada yumurta yer misin?"

"Krep yerim! Başka bir şey yemem!" dedi Kramer öfkeyle.

"Lütfen, hayatım, kahvaltı etmen gerek."

"Krep yerim!"

"İyi, peki madem." Annesi istemese de krep yapmaya başladı.

Şimdi burada çocuk kim, anne kim? Kimin gücü ve kontrolü daha yüksek? Evet, annenin olmadığı açık. Anne çocuğunun hatırını kırmak istemiyor ama sınırları gevşeterek oğluna, son sözü söyleyebileceğini, annesinin sabrını tüketip dediğini yaptırabileceğini öğretmiş oluyor. Kramer ve annesi bu yüzden gelecekte çok tartışacaklar.

Şimdi Kramer'ı yedi yaşındaki Derek'le karşılaştıralım. Derek sabah sofraya oturduğunda annesi ona yumurta pişireceğini söylüyor. Sonra da, "Çılbır mı istersin, tavada yumurta mı, yoksa omlet mi?" diye soruyor. Bu evde aşçı yok, Derek'in annesi koyduğu sınırlar ve beklentileri konusunda çok açık davranıyor. Derek'e seçme özgürlüğü ve kahvaltıyı kontrol etme gücü veriyor ama sınırlar içinde. Verdiği mesaj net ve anlaşılır. Bu davranışını sürdürürse Derek daha fazla ısrarcı olmayacak, güç savaşına girmeyecek ve durması gerektiği yeri öğrenmiş olacak.

Kramer ve Derek örnekleri, sınırların ebeveyn ile çocuk arasındaki ilişkiyi nasıl belirlediğini gösterir. Sınırlar, anne-baba arasındaki ilişkiyi de belirler. Varsayalım, on iki yaşındasınız. Arkadaşlarınızla gezmeye gitmek istiyorsunuz. Eğer annenizin evet, babanızın hayır diyeceğini bilirseniz izin almak için kime gidersiniz? Tabii ki annenize.

Babanız, annenizin de hayır demesi gerektiğini düşünüyorsa ona ne demelidir? Eğer babanız, annenizi idare ediyorsa ikisinin arasındaki ilişkideki güç ve otorite dengesi hakkında ne öğrenmiş olurdunuz? Evet, son sözü baba söyler. Çocuklar güç, kontrol ve otorite konusunda evde gözlemlediklerini hiç kaçırmazlar ve davranışlarını buna göre ayarlamayı öğrenirler.

Sınırlar Büyümenin Ölçütüdür

On yaşındaki Kenny, on üç yaşındaki ablası gibi 21:30'da yatmak istiyordu. Ailesine bunu söylediğinde daha geç yatabilmek için ne gibi fedakârlıklarda bulunması gerektiğini konuştular. "Sabah vaktinde kalkıp işlerini bitirmen, kahvaltını etmen, otobüse yetişmen gerekiyor" dedi babası. "Bunları yapabileceksen daha geç yatabilirsin." Kenny'nin ailesi, bunu birkaç haftalığına denemeye karar vermişti.

Kenny yeni yatma saatine uyum sağladı. Kendini büyümüş gibi hissediyor, sorumluluklarını üstleniyordu. Yeni sınır, Kenny'nin olgunlaşması ve sorumluluk yüklenmesi açısından bir referans noktası oldu.

Sınırlar, çocukların hazır olmadıkları şeyleri onlara göstermek açısından da önemlidir. Örneğin on beş yaşındaki Sharon aylardır eve dönüş saatinin 23:00 yerine 24:30 olması için söylenip duruyordu. "Bütün arkadaşlarım 24:30'da evlerine dönüyor" diyordu.

Sharon'un ailesi onun eve dönüş saatini değiştirmek istemiyordu çünkü zaten zamanında geldiği pek görülmemişti. Her seferinde bir bahane buluyor ama geç kalacağını haber vermek aklına bile gelmiyordu. Ailesi kararsız kalmıştı. Bir yandan kızlarının bağımsızlığını teşvik etmek istiyorlar, bir yandan da Sharon'a gönül rahatlığıyla daha fazla özgürlük verebileceklerine dair bir ışık göremiyorlardı. Bir deneme yapmaya karar verdiler.

"Eve dönüş saatini 23:45 yapalım, bakalım neler olacak" dedi babası. "Geç kalacak olursan haber vereceksin. Anlaşıldı mı?" Sharon başını salladı.

Ertesi hafta sonu Sharon arkadaşlarıyla bir partiye gitti ama gece 24:30'da eve döndü. Her zamanki bahanesini öne sürdü. "Arkadaşlarım kalkmayınca ben de kalkamadım. Onların yüzünden neden ben ceza alıyorum?"

Bilgi alınmıştı. Sonuç belliydi. Sharon eve daha geç gelme sorumluluğunu alacak durumda değildi. "Eski düzene dönüyoruz, eve dönüş saatin 23:00 olacak" dedi babası. "Sorun çıkmazsa gelecek dönem yeniden konuşuruz. Sorun çıkacak olursa dönüş saatini 22:30 yaparım."

Sınırlar Güvenlik Sağlar

Üç yaşındaki Chuck, dinozor koleksiyonunu yemek odasına saçmıştı. "Dinozorlarınla oynamayı bitirdin mi?" dedi annesi. Chuck başını salladı. "O zaman oyuncaklarını topla."

"Canım istemiyor, sen topla" diye cevap verdi Chuck.

"Sen dağıttın, sen toplayacaksın."

"Hayır!" diye bağırdı Chuck. Kollarını kavuşturup oturdu.

"Hadi hayatım" diye ikna etmeye çalıştı annesi. "Bana yardım et bakalım."

"Hayır!"

"Yardım etmezsen yemekten sonra dondurma vermem" diye tehdit etti annesi. Chuck ağlamaya başlayınca tehdidini geri aldı. On dakika geçmişti. Chuck hâlâ yardım etmiyordu. Annesi de mecburen ortalığı tek başına topladı.

Oyuncakları kaldırırken, "Ben senin işlerini yapmak zorunda değilim" diye söylenip duruyordu.

Bir an için kendinizi Chuck'ın yerine koyun. Üç yaşındasınız. Tabureye basmadan musluktan su içemiyorsunuz. İki tekerlekli bisiklete binemiyor, öğleden sonra uyumazsanız ayakta duramıyorsunuz ama ebeveyninize bir şey söyleyince yapıyorlar! Onlar size bir şey söyleyince küsüp somurtuyorsunuz, onlar da vazgeçiyorlar!

E düşünün, neler hissederdiniz? Gücün sizde olduğunu mu? Evet. Kontrolün sizde olduğunu mu? Mümkün. Güvende olduğunuzu mu? Pek sayılmaz. Sonuçta aileniz sizin adınıza, sizi koruyacak kararlar alır, size doğru yolu gösterir, arabayı o kullanır, vergileri öder, sizin dokunmamanız gereken aletleri kullanır. Çocukların pek çoğu için ebeveynlerinden daha güçlü ve kontrol sahibi olduklarını hissetmek rahatsızlık verici bir durumdur.

Çocuklar ebeveynlerinin anne ve baba gibi davranmalarını bekler. Kararlı olmamıza ihtiyaçları vardır. Onlara kesin ve net sınırlar koymamızı beklerler ve buna güvenirler. Sınırlar güven verir. Saygılı sınırların belirlenmesi çocuklara güçlü mesajlar verir: *Ben senin annenim, babanım. Güçlüyüm, becerikliyim. Bana güvenebilirsin, sana doğru yolu gösteririm.* Annesinin kurallarını ve otoritesini zorlarken Chuck'ın duymak istediği mesajlar işte bunlardı.

Sınır Belirleme Dinamik Bir Süreçtir

On yaşındaki bir çocuğa koyduğunuz yatma saatini dört yaşındaki bir çocuk için de koyabilir misiniz? Muhtemelen hayır. On altı yaşındaki bir çocuğun eve dönüş saatiyle on iki yaşındaki bir çocuğun eve dönüş saati aynı olabilir mi? Yine muhtemelen, hayır.

Çocuklar büyür ve değişir. Değiştikçe de daha çok özgürlük, ayrıcalık ve sorumluluk yüklenmeye hazır hale gelirler. Çocuklar; çevrelerini keşfetmeye, becerilerini geliştirmeye, yeni yetenekler kazanmaya ve bağımsız olmaya fırsat bulmalıdır. Onların işi budur. Bizim işimiz de bu normal gelişim sürecini engellemeden, onlara destek olacak sınırlar koymaktır.

Sağlıklı bir gelişimi destekleyecek sınırları nasıl koyabiliriz? Çocukların daha fazla özgürlük ve sorumluluk almaya hazır olduklarını gördükçe sınırlarımızı yeniden düzenler ve genişletiriz. Koyduğumuz bu sınırlar, çocuklarımızın keşiflerine yön verecek kadar kesin, gelişme değişimlerine izin verecek kadar da esnek olmalıdır. Bu prensibi bir örnekle açıklayalım:

On iki yaşındaki Kira'nın, akşamları arkadaşlarıyla sinemaya giderken yanında hep yetişkin biri oluyordu. Yıllardır hiç sorun çıkarmamıştı. Kararlaştırılan zamanlarda gidiyor ve zamanında dönüyordu, geç kalacak olursa da arayıp haber veriyordu.

Kira'nın ailesi onun bu sorumlu tavırlarından çok memnundular. Yanında bir yetişkin olmadan sinemaya gitmek istediğinde Kira'nın sınırlarını genişletmeye karar verdiler. Nasıl gidip geleceğini konuştular, sinemaya bırakılıp alınma saatlerini kararlaştırdılar, bir deneme yaptılar. Her şey yolunda gitti. Sınırlar genişleyince, Kira ve ailesi, onun daha fazla özgürlük ve sorumluluğa hazır olduğunu anlamış oldular. Ondan bekleneni yapmaya devam ederse Kira'nın sınırları daha da genişleyecek.

Sınırlar ve Sağlıklı Gelişme

Bütün çocuklar; becerilerini geliştirmek, sorumluluk almayı öğrenmek ve uyumlu bireyler olabilmek için özgürlüğe, güce ve hayatlarını kontrol etmeye ihtiyaç duyarlar. Sağlıklı denemeleri teşvik edecek kadar geniş, güven sağlayacak ve sorumluluk öğretecek kadar kısıtlayıcı sınırlara ihtiyaç duyarlar. Ama ne kadar özgürlük, güç ve kontrole ihtiyaçları vardır? Ne kadarı çok fazladır? Ne kadarı çok azdır? Ne kadarı tam kıvamındadır?

Bunlar, ebeveynlerin sınır belirleme sürecinde sürekli cevaplamaları gereken sorulardır. Koyduğumuz sınırlar ve bu sınırların içindeki özgürlük, güç ve kontrol; gelişim için bir ortam oluşturur. Ebeveynlerin çocuklara sınırlar koyarken kullandıkları modellere bakalım. Her model gelişim için farklı bir çevre oluşturur ve güç, kontrol ve sorumluluk hakkında farklı dersler öğretir.

Aşırı Kısıtlayıcı Olan Sınırlar (Aşırı Kontrol)

On beş yaşındaki Garret okul danslarına ya da okul sonrası faaliyetlere gidemiyordu. Hafta içinde ödevlerini bitirdikten sonra bile telefonu kullanamıyor, giyim kuşam alışverişini ailesi yapıyordu. İlkokul beşinci sınıfta olduğu gibi, hâlâ 21:00'de yatmaya gidiyordu.

Garret'in ailesi, ondan çok şey bekliyordu. Derslerinden en yüksek notu almasını istiyorlardı ama Garret onları hayal kırıklığına uğratıyordu. Dersleriyle ilgilenmiyor, ortalamanın üstüne çıkamıyor, ailesine karşı ilgisiz davranıyor, sürekli surat asıyordu. Özgür olmadığından yakınmaya başlayınca ailesi de hemen onun soğuk tavırlarını, kötü notlarını gündeme getiriyordu.

Şekil 1A. Çok Kısıtlayıcı Sınırlar (Aşırı Kontrol)

- -

Denemek ve Keşfetmek için Çok Az Özgürlük

- -

Sonuçları

– Öğrenme ve sorumluluk kazanmayı engeller.

– İsyana yol açar.

Garret'in ailesi, iyi niyetli olmalarına rağmen -koydukları kısıtlayıcı sınırlar yüzünden- oğullarının sağlıklı bir şekilde gelişmesi için ihtiyacı olan özgürlüğü vermediler. Garret izlemesi gereken yolun farkındaydı ama bu yol çok dardı. O da buna çok alınıyor, isyan ediyordu. Onun, sağlıklı bir deneme ve keşif süreci için ihtiyaç duyduğu özgürlüğü görmezden gelen ailesi ise oğullarının büyüme ve öğrenme fırsatına engel oluyorlardı. Aşırı kontrol, isyana yol açıyordu (Şekil1A).

Çok Geniş Olan Sınırlar (Yetersiz Kontrol)

Sekiz yaşındaki Jesse, "Okuldan sonra Stacy'lere gideceğim ben" dedi annesine.

"Önce ödevini yapsan daha iyi olur" dedi annesi.

"Aman anne, ödevimi nasıl olsa yaparım!"

"Biliyorum, tatlım ama ders çalışma alışkanlığı edinmen çok önemli. Bence sen önce eve gelip ödevlerini bitir, Stacy'lere sonra gidersin." Ama Jesse okuldan sonra doğruca Stacy'lere gitti ve ancak akşam yemeğinde eve döndü. Annesi kızgındı.

"Önce eve gelip ödevlerini bitirdikten sonra Stacy'lere gidecektin hani?"

"Yemekten sonra ödevlerimi yaparım."

"Bu işten hiç hoşlanmadım" dedi annesi.

Şekil 1B. Çok Geniş Olan Sınırlar (Yetersiz Kontrol)

Denemek ve Keşfetmek için Fazla Özgürlük

Sonuçları

– Öğrenmeyi ve sorumluluk kazanmayı engeller.

– Aşırı denemeyi teşvik eder.

Sizce Jesse ve annesi benzer olayları sıkça yaşayacaklar mı? Mutlaka. Jesse, annesinin ona gösterdiği yolun farkındaydı ama yaşadıklarından çıkardığı sonuca göre bu yolda yürümesi zorunlu değil, isteğe bağlıydı. Sınırlar çok geniş ve kesinlikten yoksun olunca çocuklar hep Jesse gibi davranırlar. Sınırları görmezden gelirler ve onaylanan davranışların dışına çıkarlar. Sorumluluk yüklenmeyi öğrenemezler çünkü onaylanmayan davranışlarının hesabını vermek zorunda kalmazlar (Şekil1B).

Tutarsız Sınırlar (Karışık Kontrol)

6 yaşındaki Byron; futbol, güreş, karate ve boks gibi sert sporlardan çok hoşlanıyordu. Ailesi ona, bu sporların dışarıda yapılması gerektiğini söylemişti ama keyifleri yerindeyken ya da onunla uğraşacak zamanları yokken ev içindeki davranışlarını görmezden geliyorlardı.

Canları sıkkınken ya da yapacak fazla işleri yoksa işler değişiyor; sinirleniyorlar, bağırıp çağırıyorlar, televizyon cezası veriyor ya da diğer şeylerden onu mahrum bırakıyorlardı. Ailesi bağırmaya başlayınca Byron da bağırıyordu.

Şekil 1C. Tutarsız Sınırlar (Karışık Kontrol)

Sonuçları

– Öğrenme ve sorumluluk kazanmayı engeller.

– Deneme ve isyanı körükler.

Buradaki mesaj nedir? Bu sert sporları evde yapmak uygun mu, değil mi? Aslında ikisi de doğru. Byron hangisinin ne zaman doğru olduğunu nasıl bilecek? Bunu nasıl öğreneceğini iyi biliyor. O yapacağını yapıyor ve ailesinin ne kadar sabredeceğine bakıyor.

Byron'un sınırları tutarsız ve gitmesi istenen yol net değil. Davranışlarının ne kadarının kaldırılabileceğini görmek için Byron'un çok deneme yapması gerekiyor. Tutarsız sınırlar, çocukları aşırı denemeye ve isyana yönlendirir (Şekil1C).

Dengeli Sınırlar

Yukarıdaki örneklerden de gördüğümüz gibi aşırı kontrollü, kontrolsüz ve tutarsız sınırlar; sağlıklı denemeleri, öğrenmeyi ve sorumluluk almayı engeller. Peki, ne yapılabilir? Aile ve çocuklar arasında özgürlük, sorumluluk ve kontrolün daha dengeli bir dağılımı mümkün olabilir mi? Büyüme ve gelişme için daha sağlıklı bir çevre yaratmamızı sağlayacak sınırlar koyabilmek için belli bir model var mıdır? Evet, vardır. Andrea'nın ailesinin bu dengeyi nasıl kurduğuna bakalım.

On iki yaşındaki Andrea, okul sonrası faaliyetler konusunda dokuz yaşından beri aynı haklara sahipti. Her gün okuldan eve gelip işlerini bitiriyor, ödevlerini yapıyor, sonra da akşam yemeğine kadar arkadaşlarıyla birlikte oluyordu. Yemekten sonra sofrayı topluyor, bulaşıkları makineye yerleştiriyor, mutfağı temizliyordu. Sonra televizyon seyrediyor, kitap okuyor ya da kardeşiyle oyun oynuyor ve 21:00'de yatıyordu. Andrea ona verilen görevleri daima yerine getiriyordu.

Yedinci sınıfa başlayınca ailesi onda bazı değişiklikler fark etti. Okuldan gelir gelmez ödevlerini yapıyor ama arkadaşlarına yeterince zaman ayıramadığından şikâyet ediyordu. Günlük işlerini akşam yemeğinden sonra yapmak istediğini söyleyince ailesi bir deneme yapmayı kabul etti ama yemekten sonra telefonlar susmaz olmuş, Andrea'nın öncelikleri değişmeye başlamıştı. Zamanının çoğunu telefon başında geçiriyor, işlerini yarım bırakıyordu. Ailesi bundan şikâyet ettiğinde o da şikâyet ediyor, odasına kapanıp müzik dinliyordu. Birkaç hafta sonra bu denemenin işe yaramadığını anlamış oldular. Andrea ve ailesi oturup konuşmaya karar verdi.

> Çocuklar yaşadıkları ortamın kurallarını anlamayı isterler. Kendilerinden ne beklendiğini, kontrolün kimde olduğunu, ne kadar ileri gidebileceklerini ve fazla ileri gittiklerinde neler olacağını bilmek isterler.

"Hem ev işlerine hem de arkadaşlarına zaman ayırmakta zorlanıyorsun, bunun farkındayız" dedi babası. "Sana yardım etmek istiyoruz. Ev işlerini akşam yemeğinden sonra yapabilirsin ama telefonlar çalmaya başlamadan önce işlerini bitirmiş olmalısın. Yatma saatini 21:30'a çekebiliriz, böylece biraz daha zaman kazanmış olursun. Kurallara uyarsan böyle devam ederiz. Uymazsan eski düzene geri döneriz."

Andrea bu yeni düzenlemeyi beğenmişti ve denemek istiyordu. İhtiyacı olan özgürlük ve ayrıcalıkları elde ederken gelişmesine fırsat veren, net bir şekilde çizilmiş sınırları da anlamıştı. İzlemesi gereken yol açık ve netti. Andrea kendisinden ne istendiğini net bir şekilde biliyor, kurallara uymazsa neler olacağını çok iyi anlıyordu. Bu düzenlemeyle herkes kazançlı çıkmıştı.

Şekil 1D. Dengeli Sınırlar

Sorumluluklara Dayanan Özgürlük

Sonuçları

- Öğrenmeyi ve sorumluluk kazanmayı arttırır.
- İşbirliğine yüreklendirir.

Dengeli kontrol bazlı sınırlar, çocukların yeni beceriler edinmek için ihtiyaç duydukları özgürlüğü verir, deneme isteklerini azaltır; büyüme ve gelişme için sağlıklı bir ortam yaratır (Şekil1D).

Çocuklar Büyüdükçe Sınırların Ayarlanması

Çocuklar büyürken; sağlıklı keşiflere izin verecek kadar geniş, güvenlik sağlayacak ve sorumluluk öğretecek kadar kısıtlı, büyüme değişimlerine izin verecek kadar esnek sınırlar koyulmalıdır. Bu bir denge oyunu gibi, değil mi? Anne ve baba olarak bizlerin karşı karşıya kaldığı en zor şey; çocuklar hayatlarında daha fazla özgürlük ve kontrol ihtiyacı duydukça, koyduğumuz sınırları yeniden düzenleyebilmektir.

Daha çok özgürlüğe hazır olduklarından ve hayatlarını kontrol altına alabileceklerinden nasıl emin olacağız? Bunu biz de, çocuklarımız da bilemeyiz. Genellikle sağduyumuzla yolumuzu bulmaya çalışırız ama bizim için daha kolay bir yol var. Hazır olup olmadıklarını anlamak için bir deney yapabiliriz. Çocuğun davranışı, hazır olup olmadığını ortaya koyacaktır. Alan'ın ailesinin yaklaşımına bir göz atalım.

Alan yedi yaşındaydı. Evlerinden dört sokak uzakta oturan arkadaşları vardı ama Alan evlerinden ancak bir sokak uzakta oynamaya izinliydi. Daha çok özgürlük istiyordu.

"Hep Bryan'la Jake bize geliyor" diye şikâyet etti. "Ben de onlara gitmek istiyorum."

"Akşam vakti seni aramaya çıkmak istemem" dedi annesi.

"Ben saate bakmayı biliyorum. Hem bisikletim de var, çabucak eve gelirim. Bana bir saat alırsan zamanında evde olurum."

Makul istekleri var, diye düşündü annesi. *Belki de sorumluluk almasının zamanı gelmiştir.* Alan'a bir saat alıp bu yeni düzenlemeyi birkaç haftalığına denemek istedi.

Alan kendisine verilen bu ayrıcalığı iyi kullandı. Arkadaşlarına gitmek istediği zaman annesine haber verdi, tam zamanında eve döndü. Araştırma verileri çok netti: Alan daha çok özgürlüğe hazırdı.

Alan'ı deneyen annesi, ihtiyacı olan bilgiyi edinmişti. Çocuklarınız size de daha fazla özgürlük için baskı yaparlarsa siz de aynı yolu deneyebilirsiniz. Toplayacağınız bilgiler, çocuğunuzun ne kadar özgürlük ve sorumluluğa hazır olduğunu gösterecektir.

Özet

Çocuklar yaşadıkları ortamın kurallarını anlamayı isterler. Kendilerinden ne beklendiğini, kontrolün kimde olduğunu, ne kadar ileri gidebileceklerini ve fazla ileri gittiklerinde neler olacağını bilmek isterler. Çevrelerindeki insanlarla ilişkilerinde nasıl bir tavır almaları gerektiğini bilmek, artan beceri ve yeteneklerini sınamak isterler. Sınırlar, çocukların hem kendilerini hem de yaşadıkları ortamı kavramalarını sağlar; onlara keşif ve öğrenme fırsatı sunar.

Sınır koymak dinamik bir süreçtir. Bu sınırlar, çocuklar büyüdükçe değişir. Aileler, çocuklar sağlıklı gelişimlerini sürdürürken sınırlarda genişleme ve ayarlama yapmakta zorlanırlar. Bu dengeyi sağlayabilmek için hem sert hem de esnek olmamız gerekir. Sağlıklı denemeler yapılabilmesi için kesin, gelişmeye olanak sağlaması için esnek kurallar koymalıyız.

Aşırı kontrollü, kontrolsüz ve tutarsız sınırlar sağlıklı deneme ve keşifleri engeller; öğrenme fırsatlarını azaltır, aşırı deneme ve isyana yol açar. Dengeli bir özgürlük ve kontrol sağlayan sınırlar sağlıklı bir gelişme için en iyi ortamı yaratır.

Öğrenme ve gelişmede sınırların rolünü ve ailelerin sınır koyarken kullandıkları modelleri anladıktan sonra 2. Bölüm'de ailelerin kuralları öğretmek için uyguladıkları yöntemlere bakacağız.

Ebeveynler için Çalışma Grubu Soruları

1. Evde çocuklarınıza ne tür araştırma verileri sağlıyorsunuz? Kuralları öğretmek için sözel yöntemlere mi ağırlık veriyorsunuz? Çocuklarınız sınırlarınızı zorladıklarında kesin tavır alabiliyor musunuz? Çocuklarınız, koyduğunuz kurallardan ne tür bilgiler ediniyor? Vermek istediğiniz dersleri verebiliyor musunuz?
2. Sınırlarınız, sağlıklı deneme ve keşifleri teşvik ediyor mu? Sınırlarınız, çocuklarınızın yürümelerini istediğiniz yolu açık ve net bir şekilde gösteriyor mu? Koyduğunuz sınırlar, onların kendilerini güvende hissetmelerini ve sorumluluk almalarını sağlıyor mu?

3. Sizin aileniz, size nasıl sınırlar koymuştu? Sizin ailenizin sınırları çok mu kısıtlayıcıydı? Çok mu genişti, yoksa tutarsız ya da dengeli miydi? Ailenizin koyduğu kurallara siz ne tepki vermiştiniz?
4. Çocuklarınıza koyduğunuz kurallar, ailenizin size koyduğu kurallara benziyor mu? Siz de onlarla aynı modeli uyguluyor olabilir misiniz? Yaşadıklarınızı diğer grup üyeleriyle paylaşın.
5. Sizin, ailenizin koyduğu kurallara gösterdiğiniz tepkilerle çocuklarınızın, sizin kurallarınıza gösterdiği tepkiler birbirine benziyor mu? Gözlemlerinizi diğer grup üyeleriyle paylaşın.
6. Çok kısıtlayıcı sınırlar koymanın dezavantajları nedir? Arkadaşlarınız arasında ya da ailenizde çok kısıtlayıcı kurallar yüzünden sorunlar çıktığına şahit oldunuz mu? Yaşadıklarınızı diğer grup üyeleriyle paylaşın.
7. Çok geniş sınırlar koymanın dezavantajları nelerdir? Arkadaşlarınız arasında ya da ailenizde kontrol eksikliği yüzünden sorunlar çıktığına şahit oldunuz mu? Yaşadıklarınızı diğer grup üyeleriyle paylaşın.
8. Tutarsız sınırlar koymanın dezavantajları nelerdir? Arkadaşlarınız arasında ya da ailenizde karışık kontrol yüzünden sorunlar çıktığına şahit oldunuz mu? Yaşadıklarınızı diğer grup üyeleriyle paylaşın.
9. Dengeli sınırlar koymanın avantajları nelerdir? Dengeli kontrole dayalı kurallar koymak için sınırlarınızda ne gibi değişiklikler yapardınız?
10. Çocuklar daha fazla özgürlük ve ayrıcalığa hazır olduğunda ailelerin sınırlarda düzenleme yapma sürecini açıklayın.

2

Ebeveynler Kuralları Nasıl Öğretir?

Sözleriniz davranışlarınızla desteklenirse çocuklar, kurallar ve beklentiler hakkında net mesajlar alırlar.

Yıllar önce -ilk kez ebeveynler için atölye çalışmaları düzenlemeye başladığımda- ebeveynlere ne tür yöntemler kullandıklarını hiç sormamıştım. İlk dersten itibaren konuya dalıp etkin olduğunu bildiğim yöntemleri göstermiştim. Bu hatalı davranışım, beni önemli bir keşfe götürdü.

Atölye çalışmalarının ne kadar faydalı olduğuna dair telefon ve mektuplar almaya başladım. "Sınır koymak çok işe yarıyor! Artık bir bağırmamla ne istersem yapıyorlar." "Sınırlı seçenekler yöntemini çok sevdim. Oğlum odasını toplamak istemediğinde, 'Ya toplarsın ya da dayağı yersin' diyorum." Aldığım yorumlardan bazıları bunlardı. En favorim ise, "Artık kesin kurallar koyuyorum, çocuklarıma ne yapmaları gerektiğini iki üç kereden fazla hatırlatmama gerek kalmıyor" olmuştu.

Biz aynı atölye çalışmasında mıydık? Anlattığım yöntemlerin bu kadar yanlış anlaşılması mümkün müydü? Sonra farklı açılardan baktığımızı anladım. Bu ebeveynler anlattığım yöntemleri eski inançlarıyla yorumluyor, her zamanki davranış biçimleriyle uyguluyorlardı. Ceza yöntemini kullananlar ceza vererek, serbest ebeveynler de serbestlik sağlayarak. Hepsi de farklı bir şey yaptıklarını sanıyor ama yeni yöntemler içinde eski hatalarına devam ediyorlardı. Bunu bilinçli olarak yapmadıkları belliydi.

Bugün atölye çalışması yaparken önce ebeveynlerin, kullandıkları yöntemleri anlamalarını sağlıyorum. Böylece eski hatalarını tekrarlamamış oluyorlar. Genellikle tipik bir disiplin sorununun nasıl üç farklı yöntemle halledileceğini göstererek başlıyorum: Cezacı, yumuşak ve demokratik yöntemlerle. Sonra bu yaklaşımlara eşlik eden öğretme-öğrenme sürecini inceliyoruz. Ailelerin çoğu bunu faydalı buluyor.

Zaman kalırsa ailelerin, kendi yaklaşımlarını fark edebilmeleri için danışmanlık seanslarımda yaptıklarımı yapmayı tercih ediyorum. Onlara, evlerindeki yanlış davranışlardan birini soruyorum. Sonra da ebeveynlerden her birine, bu yanlış karşısında ne yaptıklarını adım adım tarif etmelerini istiyorum. Her biri ne yaptığını anlatırken ben de tahtaya, etkileşimli bu silsileyi çiziyorum. Böylece her ebeveynin kullandığı yöntemin şekli ortaya çıkmış oluyor.

Maalesef bu kitapta sizin yaklaşımınızın şeklini çizemeyiz ama yine de bir şeyler yapabiliriz. Kendi yaklaşımınızı keşfetmeniz için sizinkine benzer yaklaşımlar sergileyen ailelerin yaşadıklarını ve çizimlerini inceleyeceğiz. Şimdi, parkta yaşanan bir sorunu, üç farklı ailenin ele alış tarzına bakalım.

Üç ebeveyn parktaki banklarda oturmuş, oynayan çocuklarını seyretmektedirler. Annelerden biri, oyunun kontrolden çıkmakta olduğunu fark eder. Çocuklar kaydırağın tepesinde itişmeye başlamışlardı.

"Meg, tehlikeli işler yapıyorsunuz bence" dedi annesi. "Bir yeriniz acıyabilir. İtişmezseniz daha iyi olacak."

"Dikkat ederim anne" dedi Meg.

"Biliyorum, tatlım. Ama sen öyle itiştikçe ben endişeleniyorum. Yapmazsan memnun olurum."

Ama Meg ve diğer çocuklar itişmeye devam ettiler.

Jeff'in babası bu itişme oyununun tehlikeli olduğunu düşünüyordu. "Jeff!" diye bağırdı. "Meg'in annesi ne dedi, duymadın mı? İtişmeyi kes, yoksa tokadı yiyeceksin."

"Tamam" dedi Jeff. Ama biraz sonra yeniden başladılar. Bu durum Patrick'in annesinin dikkatini çekmişti.

"Patrick, biraz gelir misin?" dedi. Patrick yanına gelince annesi kesin ve kararlı bir sesle, "Kaydırağın tepesinde itişmeden oynamak mı istersin, yoksa başka bir yerde mi oynamak istersin?" diye sordu.

"İtişmeden oynayacağım" dedi Patrick.

"Teşekkür ederim." Patrick oyununa döndü ve kimseyle itişmeden oynamaya başladı.

Biraz sonra sert bir çarpma sesi ve çığlıklar yükseldi. Jeff, Meg'i itmiş; Meg başını kaydırağa çarpmıştı.

"Kafana sokmak için ne yapmam gerek?" diye bağırdı Jeff'in babası. Poposuna birkaç şaplak attı. "Dersini aldın mı artık?" Babası korkunç bir yüz ifadesiyle oğluna baktı, sonra banka oturdu. Jeff poposunu ovuşturarak oyununa döndü.

Kafası şişmiş olan Meg de oyuna katıldı. Ama daha iki dakika bile geçmeden Meg yine bağırmaya başladı. "Yine itti!" diye bağırarak Jeff'i gösteriyordu.

"Seni arsız!" diye bağırdı Jeff'in babası. "Yeter artık!" Jeff'e daha sert vurdu, onu yakasından tutup eve götürdü.

Ebeveynlerin her biri çocuklarının davranışlarına sınır koymaya çalıştılar ama sadece biri başarılı oldu. Jeff'in babası cezacı yaklaşımı uyguladı. Sınırları kesindi ama yöntemleri çok sert ve saygısızcaydı. Jeff sonunda isyan etti.

Meg'in annesi yumuşak yaklaşımı uyguladı. Yöntemleri saygılıydı ama sınırları kesin değildi. Meg, annesinin isteklerini görmezden geldi.

Patrick'in annesi demokratik yaklaşımı uyguladı. Arkadaşlarının aksine, Patrick uzlaşmayı tercih etmişti.

Aileler çocuklarını kontrol ederken genellikle bu üç temel eğitim modellerinden birini seçerler (Şekil 2A). Bazıları da bir etkinliği olmayan, uçlar arasında gidip gelme eğilimindedir: Cezacı ve yumuşak yaklaşımlar. Her model; çocukların nasıl öğrendiği, ebeveynlerin eğitim sürecindeki rolü, güç ve sorumluluğun ebeveynlerle çocuklar arasında uygun biçimde dağılmış olmasına bağlı olarak ortaya çıkmıştır. Bu modellerin her biri; işbirliği, sorumluluk ve onaylanan davranışlar hakkında farklı dersler verir.

Şekil 2A. Üç Eğitim Modeli

Yumuşak Yaklaşım Sınırsız Özgürlük	**Demokratik Yaklaşım** Sınırlı Özgürlük	**Cezacı Yaklaşım** Özgürlüksüz Sınırlar
İkna Ederek Sorun Çözme Kazanan-Kaybeden	**İşbirliği ve Sorumluluk ile Sorun Çözme** Kazanan-Kazanan	**Güç ile Sorun Çözme** Kazanan-Kaybeden

Cezacı ya da Otokratik Yaklaşım (Özgürlüksüz Sınırlar)

Kardeş kavgası gibi tipik bir davranış sorununun, bu üç eğitim modeliyle nasıl çözüldüğüne bakalım. Cezacı yaklaşımla başlıyoruz. Anne, iki oğlunun bir oyuncak yüzünden bağırıp çağırdıklarını, itişip kakıştıklarını görür. Tartışma kavgaya dönüşmek üzeredir.

Anne (*yüksek bir ses tonuyla*)**:** "Ne yapıyorsunuz siz? Vahşi hayvanlar gibi davranmadan sessizce oynayamaz mısınız?"

1. Kardeş: Önce ben gördüm, o elimden aldı.

2. Kardeş: Hayır, önce ben gördüm. Bana versin.

Anne (*sinirli bir şekilde*)**:** İkiniz de önce görmüş olamazsınız, demek ki biriniz yalan söylüyor. Şimdi doğruyu söyleyin. Önce kim gördü?

1. Kardeş: Ben.

2. Kardeş: Yalan söylüyor! Ben.

Anne: Doğru söylemeyeceğinizi biliyordum zaten. Kavganız da yalanlarınız da yetti bitti artık! Kimse oynamayacak çünkü kaldırıyorum. Bir daha kavga ettiğinizi duyarsam odanıza kapatırım sizi. Anlaşıldı mı? (*Bağırarak*) Kesin artık!

1. Kardeş: Cadının sopasını yedik yine.

2. Kardeş: Bu yoruma güler.

Anne: Komik mi olduğunu sanıyorsun? Benimle kimse böyle konuşamaz. İkiniz de doğru odanıza.

1. Kardeş: Herkese hayatı zehir etmek hoşuna gidiyor, değil mi?

2. Kardeş: Evet!

Anne: Odanıza gidin dedim, çabuk! (*İkisinin de sırtına birer şaplak indirir.*)

Tanıdık geldi mi? Merak etmeyin, yalnız değilsiniz. Cezacı yöntem, dünyada yaygın olarak kullanılmaya devam edilmektedir.

Ceza veren ebeveynler hep polis, dedektif, yargıç, gardiyan, gözaltı memuru gibi rolleri oynamışlardır. Onların görevi çocuklarının hatalarını bulmak, suçu belirlemek, suçlamak, ceza vermek ve bunu uygulamaktır. Çoğu zaman düşmanca olan bu sorun çözme sürecini ebeveyn yönetir ve kontrol eder. Verilen cezalar çok ağırdır.

Neler olduğunu daha iyi anlayabilmek için iki kardeşle anneleri arasındaki etkileşim şemasına bakalım (Şekil 2B). Sol tarafta annenin, sağ tarafta kardeşlerin davranışları görülmektedir.

A noktasında anne sinirli bir şekilde çocukların yanına gelir ve dedektifliğe başlayarak olaya müdahale eder. Sesinde düşmanca bir ton vardır. Doğru-yanlış, suçlu-suçsuz, iyi-kötü ayrımı öne çıkmıştır.

Çocuklar bu durumu hemen kavrayıp birbirlerini yalancılıkla suçlarlar. Dedektifçilik yaklaşımı sadece daha çok suçlamaya ve iftiraya neden olur. Anne iyice çileden çıkmış durumdadır.

Bu etkileşimin orta noktasında annenin öfkesi duruma hâkim olur. Tartışmayı kişisel hale getirir. Kardeşler arasındaki kavga ikinci plana düşmüş, anne ile çocuklar arasındaki çekişme etkileşimde öne çıkmıştır. Problem çözme niyetiyle başlayan etkileşim kötüye giderek kırıcı ve gittikçe artan bir güç savaşına dönmüştür.

Anne, bu tartışmayı B noktasında bir sonuç uygulayarak bitirmek ister. Oyuncağı çocukların elinden alır ve işbirliği yapmazlarsa daha ağır sonuçlar doğacağını söyleyerek onları tehdit eder. Etkileşim bu kadar kolay bitmeyecektir. Artık oyuncağın paylaşılması asıl konu olmaktan çıkmıştır. Duygular incinmiştir ve çocuklar intikam almak istemektedir. Bu sefer çocuklar anneye isimler takar, saygısızlık ederler.

Anne de son kozunu oynamak zorunda kalır. Çocuklara birer şaplak indirip onları odalarına gönderir. Etkileşim sona ermiştir ama işe yaramış mıdır?

Şekil 2B. Cezacı Etkileşim Şeması

Ebeveyn Davranışı		Çocuk Davranışı
	A	
		— Çocuklar tartışıyor
Soruşturma —		
Küçümseme —		
		— Suçlama ve itham
		— Taraf tutma
İtham —		
		— Daha çok suçlama
Alay etme —		
	B	
Oyuncağın alınması —		
Tehdit etme —		
Öfke gösterileri —		
		— Misilleme, isim takma
Daha ağır sonuçlar —		
		— Kırıcı sözler, intikam
Vurma —		
		— Odalarına gitme

Anne yanlış davranışı sonunda durdurabilmiştir ama çocuklar aralarındaki çatışmayı kendi kendilerine çözecek beceriyi kazanabilmişler midir? İşbirliği ve sorumluluk hakkında olumlu bir ders çıkarmışlar mıdır? Ve problem çözme konusunda ne öğrenmişlerdir?

Bir eğitim modeli olarak cezacı yaklaşım, ana eğitim amaçlarımızın sadece bir bölümünü tamamlar. İstenmeyen davranışı durdurur ama bağımsız problem çözmeyi, sorumluluk ya da otokontrol hakkında olumlu dersi verememiştir. Neden? Çünkü kararları ebeveyn verir ve problem çözme aşamalarını onlar yürütür. Bütün güç ve kontrol onlardadır ve çocuklar bu sürecin dışında bırakılmışlardır. Cezacı yaklaşım, çocukların sorumluluk alma ve öğrenme fırsatlarını yok eder.

İki kardeş gelecek sefer tartıştıklarında neler olacağını tahmin edebiliyor musunuz? Elbette içlerinden biri anne ya da babasını çağırıp sorunu çözmesini isteyecek. Ebeveyn zamanında gelmezse çocuklar en iyi bildikleri yoldan sorunu halletmeye çalışacaklar: Bağırmak, tehdit etmek, suçlamak, isim takmak ve vurmak.

Bazılarınız cezacı yaklaşımın işe yaradığını düşünebilir. Sonuçta çocukların yanlış davranışları son bulmuştur. Haklısınız. Etkinlikten anladığınız yanlış davranışın anında durdurulması ise cezacı yaklaşım işe yaramıştır. Ama ceza vermenin ulaştığı işbirliğinin ağır bir bedeli vardır: Yaralanmış duygular, hasar görmüş ilişkiler ve öfkeli güç savaşları.

Ceza vermek çocukları alçaltır. Duygularını incitir, onları öfkelendirir, direnmeye ya da geri çekilmeye iter. Sert yöntemler, işbirliği mesajlarının yerine ulaşmasını engeller.

Şefinizin, sizi iş arkadaşlarınızın önünde eleştirerek daha iyi performans göstermenizi sağlamaya çalıştığını düşünün. Ne derdiniz? "Teşekkürler, buna ihtiyacım vardı. Ne demek istediğinizi anlıyorum, artık daha çok çalışacağım" mı derdiniz?

Muhtemelen hayır. Şefinizle işbirliği yapmak ister miydiniz? Yine muhtemelen hayır.

Büyük olasılıkla duyduğunuz acıyı siz de ona çektirmek ya da şefinizden uzak durmak isterdiniz. Aşağılanan çocuklar da yetişkinler gibi tepki verir. Öfkelenir, isyan eder, intikam almak ister, bazen de korkarak geri çekilir.

Ceza vermenin bu kadar çok kısıtlaması varsa aileler neden cezacı bir yaklaşım uygulamakta ısrar ediyorlar? Israr ediyorlar çünkü öyle görmüşlerdir. Bunun doğal bir şey olduğunu düşünüp etkinliğini sorgulamazlar. Başarısız olduklarında ise sorunun, yöntemlerinde değil; çocuklarında olduğunu düşünürler.

On yaşındaki oğluyla ofisime gelen bir ebeveyn hatırlıyorum. "Bir tür isyan sürecinden geçiyor" demişti baba. "Ona söylenen hiçbir şeyi yapmıyor."

Kyle ile babası bir güç savaşına girmişlerdi. İki taraf da o kadar öfkeliydi ki neredeyse bir haftadır konuşmuyorlardı.

Kyle bir gün, okuldan eve iki saat geç gelmiş, sorun böyle başlamıştı. Basketbol oynarken zamanın nasıl geçtiğini fark etmediğini söylemişti. Kyle'ın babası, bunun bir daha tekrar etmemesi için ne gerekiyorsa yapacaktı. Kyle'ın okuldan sonra oyun oynamasını iki haftalığına yasakladı.

Kyle bu karara karşı geldiğinde ise onu odasına gönderdi. Kyle öfkeden deliye dönmüştü. "Çok kötüsün!" diye bağırdı ve kapısını tekmeleyerek bir delik açtı. Babası da ona bağırdı ve onu süresiz cezalandırarak evden dışarı çıkmasını yasakladı. Kapının tamiri için de iki ay boyunca harçlığını keseceğini söyledi. Kyle ona verilen görevleri yapmayı reddetti.

Aradan üç hafta geçmesine rağmen hâlâ aynı yerdeydiler. Kyle ev işlerine yardım etmiyor, surat asıyordu. Ailesi de acı içindeydi. Her iki taraf da birbirini suçluyor, kimse adım atmıyordu. Kimin cezalandırıldığını söylemek zordu. Kyle mı, ailesi mi?

Şekil 2C. Otokrat ya da Cezacı Yaklaşım

Ebeveynin İnancı:	Çocuklar acı çekmeden öğrenemezler.
	Çocuklar yöntemlerinizden korkmazlarsa kurallara saygı göstermezler.
	Çocuklarımı kontrol etmek benim görevim.
	Çocuklarımın sorunlarını çözmek benim görevim.
Güç ve Kontrol:	Ebeveynde
Sorun Çözme:	Zorla sorun çözme
	Düşmanca tutum
	Kazanana-kaybeden (Öğreten kazanır.)
	Bütün sorunları ebeveyn çözer ve kararları onlar alır.
	Süreci ebeveyn yönetir ve kontrol eder
Çocuğun Öğrendiği:	Problem çözme süreci ebeveynin kontrolündedir.
	İletişimde ve problem çözmede kırıcı yöntemler
Çocukların Tepkisi:	Öfke, inatçılık
	İntikam, isyan
	Geri çekilme, korku, bastırılma

Kyle'ın üstündeki baskısını azaltmasını umarak babasına, "Böyle bir sorunu sizin babanız nasıl çözerdi?" diye sordum.

"Eve gelince dayağı yerdim ve birkaç hafta ceza alırdım" dedi.

"Bu kadarı size fazla gelmez miydi?" diye sordum.

"Bazen gelirdi ama babamın yöntemi buydu. Ben çocukken ailelerin çoğu böyle yapardı, çocuklar da bundan ders alırlardı" dedi.

Ceza ile büyütülmüş pek çok çocuk gibi o da çocukların, öğrenebilmeleri için acı dolu sonuçlara katlanmaları gerektiğini düşünüyor; aynı şeyi kendi oğluna da yapıyordu.

"Babanızın verdiği dersler sizi öfkelendirir miydi?" diye sordum.

"Çoğu zaman" dedi. "Onun kötü kalpli biri olduğunu düşünürdüm. Tartıştığımız da olurdu." Kyle'ın ilgisi uyanmaya başlamıştı.

"O halde cezalar sizi öfkeli ve isyankâr biri yapmış. Tartışmalarınız, Kyle'la yaptığınız tartışmalara benziyor muydu?"

Oğluna bakıp gülümsedi. Sorunun isyan olmadığını, aksine uyguladığı yöntemler olduğunu görmeye başlamıştı (Şekil 2C). İstediği mesajı vermek için daha iyi yöntemler öğrenmeye artık hazırdı.

Yumuşak Yaklaşım (Sınırsız Özgürlük)

Yumuşak yaklaşım, cezacı yaklaşımın katı ve otokrat doğasına bir tepki olarak, 1960 ve 1970'lerde belirgin biçimde ortaya çıktı. Ebeveynlerin çoğu özgürlük, eşitlik ve karşılıklı saygı prensiplerine dayanan yeni ve daha demokratik bir çocuk yetiştirme yöntemi arıyordu.

Bu prensipleri uygulamak, göründüğü kadar kolay değildi. Cezacı modele göre büyümüş olan bizler için bu bilinmeyen bir alandı. Nasıl yapılacaktı? Kurallarımızı ve beklentilerimizi gevşeterek ve çocuklarımıza daha çok özgürlük ve kontrol vererek olacak mıydı? Pek çok ebeveyn bunu denedi ama denemeler başarısız oldu çünkü çok önemli bir husus unutulmuştu: Kesin sınırlar.

Sınırları olmayan özgürlük, demokrasi değil; anarşidir. Anarşi ile eğitilen çocuklar kurallara ya da otoriteye saygı duymayı ve özgürlüklerini sorumluluk içinde yaşamayı öğrenemezler. Önceliği hep kendilerine verirler. Kendi güçlerini ve kontrollerini abartırlar.

Şimdi kardeş kavgasıyla ile ilgili örneğimize geri dönelim ve yumuşak yaklaşım ile nasıl ele alındığına bakalım.

Anne: Çocuklar; bağrışmanızı, tartışmanızı istemiyorum. Savaş alanına çevirdiniz burayı. (*Odadan çıkar ama kavga bitmemiştir.*)

Anne (*yeniden içeri girer, sinirlenmiştir*)**:** Ne dedim ben size? Sesinizi kesin. Kavga etmeyin. Tamam mı? (*Dışarı çıkar ama kavga hâlâ sürmektedir.*)

Anne (*üçüncü kez içeri girer.*)**:** Size kaç defa söyleyeceğim çocuklar? Hoşuma mı gidiyor sanıyorsunuz? Bir defacık birbirinize iyi davransanız olmaz mı? Bağrışıp kavga edilen bir evde yaşamak istemiyorum! Bir gün bu yaptıklarınıza pişman olacaksınız. Şimdi lütfen, barışın artık. (*Kavga devam eder.*)

1. Kardeş: Önce ben gördüm, o elimden aldı.

2. Kardeş: Hayır, almadım. O bıraktı, oynamıyordu. Ben de alıp oynamaya başladım.

Anne: Sırayla oynasanıza.

1. Kardeş: Tamam. Önce ben. (*Oyuncağı kapar.*)

2. Kardeş: Hayır, önce ben. (*Oyuncağı kardeşinin elinden almaya çalışır.*)

Anne (*çileden çıkmış bir halde bağırmaktadır*)**:** Yetti artık! (*Oyuncağı ellerinde alır.*) Artık kimse oynamayacak bununla!

1. Kardeş: Ama haksızlık bu!

2. Kardeş: Evet! Oynuyorduk biz onunla!

Anne: Kavga etmeyeceğinize söz veriyor musunuz?

1. Kardeş: Veriyorum.

2. Kardeş: Ben de.

Anne: Tamam, oyuncağınızı geri vereceğim ama kavga etmek yok. Ciddiyim. (*Oyuncağı 1. kardeşe verir.*)

2. Kardeş (*karşı çıkarak oyuncağı almak ister.*)**:** O oynadı zaten. Benim sıramdı!

1. Kardeş: Hayır, oynamamıştım!

Anne: Siz adam olmayacaksınız! Yeter artık. İstediğiniz kadar kavga edin. Ama sessiz olun. (*Bezgin bir halde odadan çıkar.*)

Yumuşak ebeveynler, çocuklarını işbirliği yapmaya ikna edebilmek için sürekli yöntem değiştirip farklı taktikler uygularlar. Sürekli tekrar eder, hatırlatır, yalvarır, dil döker, pazarlık eder, azarlar, mantık yürütür, müzakere eder ve diğer ikna yöntemlerini kullanırlar. Bütün bunlar çok geç sonuç verir ve genellikle etkili değildir. Söylenecek her şey söylendikten sonra ebeveynler genellikle sınırları değiştirme ya da tümden vazgeçme aşamasına gelirler, çocuklar da bildikleri gibi devam ederler. Yumuşaklık, ebeveynler için aşağılayıcı bir yöntemdir.

Yumuşak eğitim yöntemi, ebeveynler ve çocuklar açısından cezacı yöntemden daha kötüdür. En basit amaçlara bile ulaşamaz. Yanlış davranışları durduramaz. Kurallarımız ya da otoritemizle ilgili vermek istediğimiz dersleri veremez.

Örneğimizle ilgili bir etkileşim şemasını inceleyelim (Şekil 2D).

Bu şemanın uzunluğu dikkatinizi çekmiştir. Yumuşak ebeveynler, işe yaramayan bu yönteme çok fazla zaman ve enerji harcarlar.

Şekil 2D. Yumuşak Etkileşim Şeması

Ebeveyn Davranışı	A	**Çocuk Davranışı**
		— Çocuklar kavga eder
Belirsiz yönler —		
		— Görmezden gelme
Tekrarlama —		
İşbirliği çabası —		
Tekrarlama ve hatırlatma —		
Daha çok çaba —		
Azarlama —		
		— Birbirini suçlama
Çözüm önerme —		
		— Birbiriyle tartışma
Sinirlenme —		
Oyuncağı alma-sonuç —		
		— Karşı çıkma
Suçluluk duyma, oyuncağı — geri verme		
Söz verdirme, pazarlık —		— Sözünü tutmama
Daha çok dil dökme —		— Çatışmanın devamı
Bezginlikle teslimiyet —		

Bu anne de aynıdır. Anne, A noktasından sürekli tekrar ederek ve hatırlatarak başlıyor. Çocuklar ona kulak asmıyorlar. Anne azarlıyor, yalvarıyor ama işe yaramıyor. Çocuklar onu dikkate almıyorlar.

Anne mantıklı bir çözüm öneriyor, sırayla oynamalarını teklif ediyor. İki çocuk da kendi isteklerinin gerçekleşmeyeceği bir çözümü kabul etmiyor. Anne sinirlenmeye başlıyor. Yöntem değiştirerek başka bir şey deniyor. Oyuncağı ellerinden alıyor ama çocuklar derhâl karşı çıkıyorlar. İkisi de çok üzülüyor. Annenin vicdanı sızlıyor ve oyuncağı geri veriyor.

> Çocuklarımızın, davranışlarının sonucuna katlanmalarına engel olursak öğrenmelerine de engel olmuş oluruz.

İşbirliği yapmak için pazarlığa başlıyor. Çocuklar söz veriyor ama tutmuyorlar. Anne sonunda vazgeçip bezgin bir halde odadan çıkıyor. Çocukların yanlış davranışına engel olamıyor ve sorun çözmek için etkili bir ders veremiyor.

Çocuklar neden işbirliği yapmadı? Sebebi çok basit. Mecbur değillerdi. İşbirliği isteğe bağlıydı. Mecbur değillerdi. Davranışlarının hesabını vermelerini zorlayacak bir şey yoktu çünkü anneleri, sözlerini etkin davranışlarla destekleyemiyordu. Bunun yerine mesajını vermek için ikna etmeye çalışıyordu.

Trafik kuralları da bu şekilde uygulansaydı neler olurdu, düşünebiliyor musunuz? Arabanızla eve gidiyorsunuz. Trafik sakin, kavşaklarda araba olmadığını görünce dur levhasına uymadan yolunuza devam ediyorsunuz. Sonunda polis sizi fark edip sağa çektiriyor.

"Dört dur levhasını da geçtiniz" diyor. "Bu kanunlara aykırıdır. Kanunlarsa sizin güvenliğiniz için konulmuştur. Lütfen bir dahaki sefere kanunlara uyun." Sonra arabasına binip uzaklaşıyor. Başka da bir şey yapmıyor.

Bir dahaki sefere dur işaretine uyacak mısınız? Diğer insanlar da uyacak mı? Bütün trafik kuralları bu şekilde uygulansaydı, insanlar ciddiye alırlar mıydı? Herhalde almazlardı.

Yumuşaklık, sarı ışıklara dayanan yönlendirici yaklaşıma ve yumuşak ebeveynler de bu örnekteki polise benzerler. Çocukları dur işaretinde durmadıkları zaman uyarıda bulunur, hatırlatır, mantık yürütürler. Ceza yazmakla tehdit eder, bazen yazarlar da. Ama çoğu zaman çocuklar bildiklerini okur ve basit bir uyarıyla işten sıyrılırlar. Davranışlarının sonucu olarak ceza yazılmazsa çocuklar ebeveynlerinin kurallarını ciddiye alacak bir neden görmezler.

Yumuşak ebeveynler eğitim verirken davranışların sonucuna katlanma aşamasında neden bu kadar isteksizdirler? Pek çoğu iyi niyetlidir. Kurallarının belirsiz olmasını istemezler. Çocuklarını öfkelendirmeden ve üzmeden mesajlarını vermek isterler. Davranışlarının sonucuna katlanmak zorunda olan çocukların öfkelenip sinirlenmelerinin, onları psikolojik yönden yıpratacağına inanırlar. Bu yüzden de çocuklarını üzgün gördüklerinde onları duygusal hasarlardan korumak için hemen geri adım atarlar. Çocuklar üzülmüş numarası yapabilir mi? Elbette!

Şimdi küçük bir deneme yapalım. Kendi bildiğinizi okumaya alışkın biri misiniz? İstediğinizi yapamadığınız zaman bu hoşunuza gidiyor mu? Böyle bir durumda biraz sinirlenmemiz gerekmez mi? Gerçekliğe uyum sağlamayı böyle öğrenmiyor muyuz? Çocuklarımızın, davranışlarının sonucuna katlanmalarına engel olursak öğrenmelerine de engel olmuş oluruz.

Davranışların sonucuna katlanma unsuru eğitim sürecinde etkin olmazsa yanlış davranışı nasıl durduracağız? Çocuklar kurallarımızı nasıl öğrenecekler? Yumuşak ebeveynler, çocukların yanlış davranışlardan vazgeçmeleri için vazgeçmenin doğru olduğunu anlamalarının yeterli olduğunu düşünürler. Dolayısıyla ebeveynin görevi, çocuğunu buna ikna etmektir.

Bu varsayımı, gerçek deneyimlerle sınadığımızda işe yaramadığını görüyoruz. Çocuklar bazen de işbirliği yaparlar çünkü bunun doğru olduğunu fark ederler. Diğer zamanlarda ise sadece mecbur oldukları için işbirliğini kabul ederler.

Varsayalım, evinizde akşam yemeği vakti geldi. Güzel bir yemek hazırladınız ve servise hazırsınız. Çocuklar yan odada en sevdikleri programı seyrediyorlar. Onları sofraya çağırdığınızda koro halinde, "Tamam, anne" diyorlar. Ama beş dakika geçmesine rağmen gelen giden yok. Yemek soğuyor, siz sinirlenmeye başlıyorsunuz.

Tekrar sesleniyorsunuz. "Çocuklar, yemek hazır, dedim." Karşılık gecikmiyor. "Tamam, bir dakika." Bir beş dakika daha geçiyor. Artık iyice tepeniz atmış durumda.

Yan odaya gidiyor, televizyonun önüne geçiyorsunuz. "Sofraya oturma vakti geldi!" diyorsunuz. Ama aldığınız karşılık aynı. "Lütfen, anne! Bitmek üzere! Lütfen..." Ama sabrınız tükendi. Televizyonu kapatıyorsunuz ve çocuklar sofraya geçiyor.

Neden sofraya oturdular? Doğru olan şey bu olduğu için mi? Hayır. Mecbur oldukları için. Televizyon kapandı ve en sevdikleri programı seyredemediler. Sonunda beklentileriniz hakkında net bir mesaj aldılar.

Sözleriniz davranışlarınızla desteklenirse çocuklar, kurallar ve beklentiler hakkında net mesajlar alırlar. Ağzımızdan çıkan kuralları uyguladığımızı bilirler ve bizi ciddiye almayı öğrenirler.

Sözlerimiz davranışlarımızla desteklenmezse çocuklar sözümüzü dinlemez ve bildikleri gibi davranmaya devam ederler. Aldıkları mesaj şöyle bir şey olur: "Yaptığın şey hiç hoşuma gitmiyor ama vazgeçmen için ısrar etmeyeceğim, en azından şimdilik."

Gerçekten durmaları gerektiğini nasıl anlayacaklar? Anlayamazlar. Sadece denemeye devam edip ne kadar ileri gidebileceklerini görmek isterler.

Beş yaşındaki James buna iyi bir örnektir. Onu anaokuluna yeni başladığı zor bir döneminde tanımıştım. Öğretmeninin gönderdiği notta şöyle yazıyordu: "James çok yıkıcı davranıyor, sınıfta uzlaşmaya yanaşmıyor. Sınırları zorluyor. Bir faaliyete katılmasını istediğimde beni görmezden gelip istediği gibi davranıyor. Israr ettiğimde ise ağlamaya başlıyor ya da sinir krizi geçiriyor. Sınıf kurallarının onu kapsamadığını düşünüyor.

Şekil 2E. Yumuşak Yaklaşım

Ebeveyn Yaklaşımı	Çocuklar, işbirliği yapmanın en doğru yol olduğunu anladıklarında işbirliğine yanaşırlar. Benim görevim çocuklarıma hizmet etmek ve onları mutlu etmektir. Çocuklarımı üzen sonuçlar etkin olamaz.
Güç ve Kontrol	Hepsi çocuklarda

Problem Çözme Süreci	İkna yöntemiyle Kazanan-kaybeden (Çocuklar kazanır.) Problem çözümünü ebeveyn üstlenir.
Çocukların Öğrendikleri	Kurallar başkaları içindir, benim için değil. Ben istediğimi yaparım. Çocuklarının sorunlarını çözmek ebeveynin sorumluluğundadır. Bağımlılık, saygısızlık, bencillik
Çocukların Tepkisi	Sınırları test etme Kuralları ve otoriteyi zorlayıp reddetme Söylenenleri duymazdan gelme Sözleriyle ebeveyni yıpratma

Bekâr bir anne olan James'in annesi çok sinirliydi. "Evde de aynı" diye şikâyet ediyordu. "Sabahları giyinmek istemiyor. Yemeğe çağırdığımda gelmiyor. Akşamları yatağa yatırmak kâbustan beter. Hep beni görmezden gelip istediğini yapıyor."

Yumuşaklıkla eğitilen çoğu çocuk gibi James de kendi bildiğini okumaya alışmıştı. Görmezden gelmeyi, direnmeyi, kurtulmayı, tartışmayı, münazara ve pazarlık etmeyi, meydan okumayı ve savunmayı çok iyi beceriyordu. Bu taktikler işe yaramazsa güç kozunu oynuyordu. Öfke krizine giriyor, annesi de suçluluk hissedip geri çekiliyordu.

James kötü niyetli değildi. Bütün bunları işe yaradığı için

yapıyordu. Yaşadıklarından öğrendiğine göre durum şöyleydi: "Kurallar başkaları içindir, benim için değil." James evde ve anaokulunda bu inancına göre hareket ediyordu.

James'in, kendi gücü ve otoritesi hakkında neden bu kadar algıya sahip olduğunu ve neden sürekli denemeler yaptığını anlamak zor değil. Evdeki dur işaretleri onu durdurmuyor ve hayır dendiğinde bu, evet anlamına geliyor. Yanlış bir şey yaptığında çoğu kez tekrarlama, hatırlatma, ders verme ve boş tehditler geleceğini biliyor ve bu yöntemler onu durdurmuyor. James'in eğitimi, dış dünyada karşılaşacağı gerçek dur işaretleri göz önüne alınarak verilmemektedir (Şekil 2E).

Demokratik Yaklaşım (Sınırlı Özgürlük)

Etkin çocuk eğitiminin, sertlik ve saygı arasında bir dengede olması gerektiğini gördük. Cezacı yaklaşım sert ama saygılı değildir. Yumuşak yaklaşım saygılı ama sert değildir. Her iki yaklaşım da kazanan-kaybeden yöntemine göre sorun çözer ve öğrenme konusunda yanlış inançlar barındırır. İkisi de sorumluluk kazanmayı öğretemez ve en temel eğitim amaçlarına bile ulaşamaz. O halde alternatif nedir?

Neyse ki cezacı ve yumuşak yaklaşıma bir alternatif bulunmaktadır. Demokratik yaklaşım, her iki tarafın da kazandığı bir yöntemdir. Sertlikle saygı birleşir ve temel eğitim amaçlarını karşılar.

Şekil 2F.

Ebeveynin İnançları	Çocuklar sorunlarını kendi başlarına çözebilirler.
	Çocuklara seçenekler sunulmalı ve davranışlarının sonuçlarından ders almalarına izin verilmelidir.
	Cesaret verme, işbirliğini artırır.
Güç ve Kontrol	Çocuklara, sorumluluğunu taşıyabilecekleri kadar güç ve kontrol verilmelidir.
Sorun Çözme Süreci	İşbirliği
	Kazanan-kazanan
	Karşılıklı saygı
	Çocuklar sorun çözme sürecine aktif olarak katılır.
Çocukların Öğrendikleri	Sorumluluk
	İşbirliği
	Bağımsızlık
	Kurallara ve otoriteye saygı
	Benlik kontrolü
Çocukların Tepkisi	Daha çok işbirliği
	Sınırların daha az test edilmesi
	Kendi başlarına sorun çözmeleri
	Ebeveyni ciddiye alma

Demokratik yaklaşım yanlış davranışı durdurur, sorumluluk öğretir, onaylanan davranışlarla ilgili kuralları net bir şekilde iletmemizi sağlar. En iyisi de bu yaklaşım bize duygular incinmeden, ilişkiler hasar görmeden ya da güç savaşlarına girilmeden amacımıza ulaşma fırsatı verir.

Atölye çalışmasındaki bazı aileler, 'demokratik' sözü karşısında biraz bocaladılar. Oy kullanarak karar vermeyi ya da uzlaşarak sorun çözmeyi kastettiğimi sandılar. Hayır. Demokratik sözü, sınırların nasıl belirleneceğini anlatmak için kullanılmaktadır.

Cezacı ya da otokratik yaklaşım özgürlükleri kısıtlar. Yumuşak yaklaşım sınırsız özgürlük verir. Demokratik yaklaşım ise bu iki faydasız yaklaşım arasında bir denge kurar. Kesin sınırlar dâhilinde özgürlük sunar. Aşırı geniş ya da aşırı kısıtlayıcı değildir. Çocuklar sağlıklı denemeler yapabilir, aynı zamanda keşiflerine yol gösterecek kesin sınırları vardır.

Diğer yöntemlerin aksine, demokratik yaklaşım işbirlikçidir; düşmanca değildir. Çocuğun eğitimini hedef alır: Öğretme ve öğrenme. Ebeveyn; kesin ve net sınırlar, kabul edilebilir seçenekler ve yapıcı sonuçlar ortaya koyarak çocukların sorun çözme becerilerini destekler (Şekil 2F).

Şu meşhur kardeş kavgamıza geri dönelim ve demokratik yaklaşımla nasıl çözüldüğüne bakalım.

Anne (*sert bir sesle*)**:** Çocuklar bağrışmayı kesin artık. Kavga etmeden de oynayabilirsiniz. Hadi biraz sakinleşin bakalım. Sonra da konuşalım.

1. Kardeş: Ben konuşabilirim.

2. Kardeş: Ben de.

Anne: Bağırıp çağırmak dışında başka ne yapılabilir sizce?

1. Kardeş: Bilmiyorum ama önce ben gördüm. O elimden aldı.

2. Kardeş: Hayır, yere koymuştu; ben yerden aldım.

Anne: Herkes on dakika sırayla oynayabilir ya da oyuncağınızı elinizden alırım. Hangisini istersiniz?

1. Kardeş: Ben paylaşırım.

2. Kardeş: Ben de. Ama ilk ben oynayacağım.

Anne: Aferin çocuklar. Yazı tura atıp kimin başlayacağını bulalım. Ben saati kurayım.

Şekil 2G. Demokratik Yaklaşım

Ebeveyn Davranışı	A	Çocuk Davranışı
		Çocuklar kavga ediyor.
Kesin sınır koyuyor.		
Çocukların sorunu çözeceğine inandığını belirtiyor.		
Sakinleşme sürecini başlatıyor.		
		Tartışma bitiyor. Kontrol sağlanıyor.
Davranışsal seçenekler keşfediyor.		
		Sorun çözme başlıyor.
Mantıklı bir sonuçla sınırlanmış seçenekler veriyor.		
		İşbirliği ve paylaşım

Önceki örneklerin aksine, bu anne çocukların yanlış davranışını durdurabildi ve onlara istediği dersi öğretti. Çatışmaya ve güç savaşlarına girmeden bu işi halletti. Bunu nasıl yaptığını Şekil 2G'ye bakarak görebiliriz.

Şemanın ne kadar kısa olduğunu fark etmişsinizdir. Etkin eğitim yöntemlerinde daha az zaman ve enerji harcanır. Bu anne bir plana uyarak hareket ediyor. Ne yapması gerektiğini biliyor ve ne tür itirazlarla karşılaşacağından haberdar. Etkisiz kulis faaliyetleri ya da dedektiflik işleriyle zamanı boşa harcamıyor.

İlk iş olarak, çocukların susmalarını istediğini net bir şekilde belirtiyor. Sert bir sesle ikisine de susmalarını söylüyor. Sonra "biz" sözcüğünü kullanarak işbirlikçi bir ortam yaratıyor ve çocuklara bu sorunu çözebileceklerine dair cesaret veriyor. İki cümlede işbirliği ve karşılıklı saygıya dayanan bir ortam yaratmış oldu.

Bu anne, öfke ve üzüntü dolu ortamlarda sorun çözülemeyeceğini biliyor. Bu yüzden de çocuklarına öfkelerini kontrol etmeyi öğretiyor. Konuşmaya başlamadan önce biraz sakinleşmelerini bekliyor.

Bu örnekte sakinleşme süreci bir seçenek olarak sunulmuştur. Bu, çocukların öfkelerini kontrol etmelerine yardımcı olacak bir yöntemdir. Öfke seviyeleri daha yüksek olsaydı, sakinleşme süreci bir zorunluluk haline gelecekti. "Konuşmaya başlamadan önce beş dakika sakinleşiyoruz" diyecekti.

Anne, çocukların sakinleştiğini görünce kavga etmelerine sebep olan sorunu tek başlarına halledecek durumda olup olmadıklarına bakar. Aldığı cevaplardan çözemeyeceklerini anlayınca sınırlı seçenekleri olan çözümler önerir. Çözüm önerileri arasından seçim yapan çocuklar sorumluluk almış olurlar ve gelecekte bir tartışma yaşadıklarında ne yapmaları gerektiğini öğrenirler.

Eğitim egzersizi başladığı gibi B noktasında, işbirliği ve karşılıklı saygı ortamı içinde bitiyor. Bütün amaçlara ulaşılmış oluyor. Yanlış davranış engelleniyor. Çocuklar ihtiyaçları olan beceri eğitimini alıyorlar ve duygular incinmemiş oluyor. Herkes kazanan taraftadır.

Bu anne sınır koyma ve sorun çözme konusunda çok etkin davranıyor ve çocuklar, davranışlarının sonucuna katlanmak zorunda kalmıyorlar. Bu gerekli olsaydı, bir sonraki örnekte Amanda'nın babası gibi davranırdı.

Üç yaşındaki Amanda, bardağında baloncuklar yapıyordu. Babası sert bir sesle, "Amanda, sofrada baloncuklar çıkarmıyoruz. Kendi bardağından içebiliyorsun ama böyle devam edersen bardağı elinden alırım" dedi.

Amanda cüretkâr bir bakışla babasına baktı, bardağını alıp baloncuklar çıkarmaya devam etti. Babası tek kelime etmeden uzanıp bardağı elinden aldı. "Alarm çalana kadar bardağını alamazsın" dedi. Saati on dakikaya kurdu. Hatırlatmalar, tehditler, azarlamalar ya da güç savaşları olmadı. Babası sadece net bir mesaj verdi, çocuğunu teşvik etti ve mesajını iletmek için yapıcı uyarılarda bulundu.

Amanda davranışı yüzünden sorumluluk almayı öğrenmekten kaçamadı. İşbirliği yapması için gereken bütün bilgileri almıştı. Baloncuk yapmaktan vazgeçerse ya da devam ederse davranışının sonucunda ne olacağını biliyordu. Ailesinin kuralları hakkında alması istenen dersi almıştı.

Kendinizi bu anne ve baba gibi sorun çözerken hayal edebiliyor musunuz? Tartışmalar ve güç savaşları olmasaydı, ebeveynlik ne kadar keyifli olurdu, değil mi? Merak etmeyin, yalnız değilsiniz.

Onlarla ilk tanıştığımda Mike'ın ailesi yenilmiş, umutları boşa çıkmış gibi hissediyordu. Kitaplar okumuşlar, ebeveynlik kurslarına gitmişler, sekiz yaşındaki çocuklarının yanlış davranışlarının ardında bir hastalık mı var endişesiyle doktorlara taşınmışlar, hiçbir işe yaramamıştı. Çaresizdiler. Mike'ın dört yaşındaki kardeşi de aynı şekilde davranmaya başlamıştı, bu da üzüntülerini daha da arttırıyordu.

Şekil 2H. Karışık Yaklaşım (Yumuşak ve Cezacı)

Ebeveyn Davranışı		Çocuk Davranışı
	A	
		— Mike yanlış davranır.
Kibarca rica eder. —		
		— Duymazdan gelir.
Tekrarlama —		
Hatırlatma —		Duymazdan gelme
Mantıkla açıklama —		
Pazarlık yapma —		
		— Tartışma
Ders verme —		
		— Uyumsuzluk gösterme
İkna etme —		
		— Duymazdan gelme
Öfkeyle suçlama —		
Şikâyet —		Saygısızlık
Bağırma —		
Tehdit —		
	B	
%50 teslimiyet —		
		— Bildiğini yapma
%50 dayak —		
		— Yanlış davranış durur.

"Her şey bir güç savaşına dönüştü" diyor annesi. "Morarana kadar konuşuyoruz ama o bildiğini okuyor. Kuralları umursamıyor, ona verilen işleri yapmıyor, bir şey alırken izin istemiyor. Sert bir dille uyarmaya kalktığımızda saygısızlık edip karşılık veriyor."

Her ikisine de Mike yanlış bir şey yaptığında nasıl tepki verdiklerini sordum. Anlattıklarından Şekil 2H'deki şemayı çıkardım. Kullandıkları yönteme çok benziyordu.

"Aşina geldi mi?" diyerek şemayı onlara gösterdim.

"Kesinlikle!" dedi annesi. "Günde belki altı kez bu rutini tekrarlıyoruz."

Onlara, buraya kadar anlattığım üç eğitim modelini açıkladım, okumaları için bilgiler verdim. Okudukça kaşları kalkmaya, kendi yaklaşımlarını anlamaya başlamışlardı.

"Biz yumuşak yaklaşıyoruz" dedi babası. Şaşırmıştı. "Ona karşı sert davrandığımızı sanıyordum. Sürekli bağırıyor, azarlıyor, davranışları yüzünden şikâyet edip duruyoruz."

"Hayır, bence biz cezacıyız" dedi annesi. "Bazen onu dövüyoruz."

"Aslında ikiniz de haklısınız" dedim. Mike'ın ailesi karışık yaklaşımı uyguluyordu. Yumuşak yaklaşımla başlıyorlar ama Mike'ın direnci karşısında sinirlenerek cezacı yaklaşıma dönüyorlardı. Bu daha çok bağırmalar ve öfkeli tavırlar başladığında oluyordu. Bazen zorbalık ettiklerini düşünerek geri adım atıyorlar bazen de dayağa kadar gidiyorlardı. Mike ne zaman neyle karşılaşacağını bilemediğinden sürekli denemeler yapıyordu.

Onlara seansımızın ilk bölümünde yumuşak ve cezacı yaklaşımı ve çocukların tepkisini anlattım. Kısa sürede mesajlarının neden algılanmadığını anladılar. Koydukları sınırlar kesin ve sürekli değildi. Sonuçların alınması gecikiyor, bu sonuçlar acı verici oluyordu. Kullandıkları yöntem, Mike'ı denemeler yapmaya ve isyana teşvik ediyordu.

Sizin ileriki bölümlerde öğreneceğiniz becerileri hemen öğrendiler. Net mesajlar vermeyi, haber etmeyi, seçenekleri sınırlandırmayı ve mantıklı sonuçlara ulaşıp molalar vermeyi öğrendiler. Bu yöntemleri evde de uygulamak istiyorlardı. O akşam yemekten önce oğullarını karşılarına aldılar ve yanlış bir davranışını gördüklerinde ne yapacaklarını anlattılar.

Mike hemen denemeye girişti. Yemekten sonra sofrayı toplaması istenmişti ama o duymazdan geldi. Yan odaya gidip televizyonu açtı.

Annesi peşinde geldi. "Mike, dediğimi duymadın mı?" dedi sert bir sesle.

"Evet, duydum" dedi Mike. "Biraz sonra toplayacağım."

Annesi televizyonu kapattı. Sakin bir sesle, "Ya iki dakika içinde kalkıp işini bitirirsin ya da on dakika boyunca odanda kalırsın. Hangisini seçiyorsun? Saati kuracağım."

Neler oluyor? diye düşündü Mike. *Annem hiç yapmadığı şeyleri yapıyor.* Kollarını kavuşturup denemeye devam etti. Süresi dolmuştu.

"Peki Mike. Şimdi odana gideceksin. On dakika sonra sana bir şans daha vereceğim."

Mike inanamıyordu. Kardeşi de öyle. *Ne yani? Hatırlatmalar, azarlar yok mu? Tartışma da mı yok? Neler oluyor?* Mike bağırmaya başladı. "Odama gitmeyeceğim. Zorla götüremezsin!"

Annesi sakinliğini koruyarak devam etti. "Ya kendin gidersin ve on dakika orada kalırsın ya da seni ben götürürüm ve on beş dakika kalırsın. Hangisini istersin?" diye sordu. Mike tepinmeye başlayınca annesi onu odasına çıkarıp on beş dakika bekletti.

Süre dolunca Mike'ı çağırdı. Gayet sakindi. "Sofrayı toplayacak mısın?" diye sordu. Mike ters ters baktı ama gidip masayı topladı.

Sonraki birkaç hafta boyunca Mike ve ailesi buna benzer bir sürü tartışma yaşadılar ama sonuç hep aynı oldu. Azarlama yoktu. Dayak yoktu. Güç savaşları yoktu. Mike ya işbirliği yapacak ya da davranışının sonuçlarına katlanacaktı. Sonunda ailesinin öğretmek istediği şeyi öğrenmişti.

Başladıktan dört hafta sonra Mike'ın babası aradı. "Büyük gelişmeler olduğunu söylemek istedim. Mike arada bir denemeler yapmaya devam ediyor ama eskisine göre daha işbirlikçi. Ödevlerini bile yapıyor. Böylesi savaşmaktan çok daha kolay."

Mike ve ailesi gelişmeye devam edecek. Bu değişikliklerin, hayatlarının doğal bir parçası haline gelmesi biraz zaman alacak. Ama artık mesajlar doğru algılanıyor.

Sonraki bölümlerde sizinle de benzer şeyler yaşayacağız. Önce uyguladığınız eğitim yöntemlerini inceleyeceğiz ve öğretme ve öğrenmede nerelerde bozulmalar yaşandığını bulacağız. Siz de nasıl sınır koyduğunuzu ve çocuklarınızın neden belli bir şekilde davrandığını keşfedeceksiniz. Kendi açınızdan yolunda gitmeyen şeyleri gördükçe yeni yöntemler öğrenmeye de açık olacaksınız.

Ebeveynler için Çalışma Grubu Soruları

1. Üç eğitim modelini kullanırken ebeveynler hangi rolleri üstleniyorlar?
2. Sorun çözme, çocukların öğrenme şekli ve neden işbirliği yaptıklarıyla ilgili cezacı ailelerle tartışın. Siz de bu şekilde mi büyütüldünüz? Bu konuda içiniz rahat mı?

3. Sorun çözme, çocukların öğrenme şekli ve neden işbirliği yaptıklarıyla ilgili yumuşak ailelerle tartışın. Siz de bu şekilde mi büyütüldünüz? Bu konuda içiniz rahat mı?

4. Altı yaşındaki Colin'e banyoya girmesi söylendiği halde sürekli bahaneler bularak kaçıyordu. "Ne diyorsam onu yap!" diye bağırdı babası ve, "Tartışamaya kalkma, dayağı yersin!" diye devam etti. İki dakika geçmiş ama Colin yerinden kalkmamıştı. Babası yanına gidip ona bir tokat attı. Kalkıp banyoya gitmezse bir tokat daha atacağını söyledi. Colin ağlayarak banyoya gitti.

   Bu örnekte Colin'in babasının yaklaşımı hangisidir? Sorun çözme, işbirliği, sorumluluk, güç ve otorite konusunda Colin'e neler öğretti? Böyle devam edilirse Colin arkadaşları ve kardeşleriyle arasındaki sorunları ne şekilde çözer?

5. On yaşındaki Jenny, izin almadan annesinin cüzdanını karıştırmaması gerektiğini biliyordu ama dondurmacının geldiğini duyunca bir dolar kapıp kamyonun peşine düştü. Geri geldiğinde annesi elindeki dondurmayı gördü. "Parayı nereden buldun?" diye sordu. Jenny omuz silkti ama cevap vermedi. "Cüzdanımdan mı aldın?" dedi annesi. Jenny yine cevap vermedi, masum masum bakmakla yetindi.

   "Keşke haber vermeden cüzdanımdan para almasaydın" diye ikaz etti annesi. "Bir dahaki sefere haber verecek misin?" Jenny başını salladı.

   Jenny'nin annesi hangi yaklaşımı kullandı? Jenny nasıl bir ders aldı? Bir dahaki sefere nasıl davranacak? İzin istemekle ilgili kural nedir?

6. Yedi yaşındaki Sid'e bisikletle okula giderken kaskını takmasını söylemişlerdi. "Takmak istemiyorum. Komik görünüyor" diye karşı çıktı.

"Ya kaskını takarsın ya da okula bisikletle gidemezsin" dedi babası. "Sen bilirsin. Hangisini istersin?" Sid istemese de kaskını takıp okula gitti.

Sid'in babası hangi yaklaşımı kullandı? Sid'e sorumluluk, işbirliği ve sorun çözme konusunda ne ders verdi? Kuralları net miydi?

7. Şu anda hangi yaklaşımı kullanıyorsunuz? Çocuklarınız beklediğiniz tepkileri mi veriyor? Davranışları size anlamlı geliyor mu? İşbirliği, sorumluluk ve sorun çözme, onaylanan davranışlar için kurallar konusunda onlara ne öğretiyorsunuz?
8. Cezacı ve yumuşak yaklaşım neden etkisiz kalmıştır?
9. Sizin ebeveyniniz hangi yöntemi kullanırdı? Onların eğitim yaklaşımları neydi? Onların yaklaşımıyla sizinki benzeşiyor mu?
10. Yaklaşımınızı tanımladığınızdan emin misiniz? Değilseniz grup üyelerinden yardım alın. Çocuklarınız yanlış davrandığında ne yaptığınızı ve çocuklarınızın tepkisini anlatın. Anlattıklarınız, yaklaşımınız hakkında ipuçları verecektir.

3

Çocuklar Kurallarınızı Nasıl Öğrenir?

Net mesajlar ve etkin davranışlar, derslerimizi öğretmenin en iyi yoludur.

Kurallarınızı öğretmek zorunda olmasanız ebeveynlik ne kadar kolay olurdu, değil mi? Yeni doğmuş bebeğinizle hastaneden çıkmakta olduğunuzu düşünün. Çıkarken hemşire bebeğinizin ayağındaki etiketi gösterip, "Bu bebek sizin kural ve değerlerinize göre programlandı. Nasıl davranması gerektiğini bilecek ve ne isterseniz yapacak. Giyinip okula gidecek, sofrada doğru davranacak, ona verilen işleri ve ödevlerini yapacak, itiraz etmeden yatmaya gidecek. Onu evinize götürün ve büyümesinin keyfini çıkarın" diyor. Siz de gidiyorsunuz.

Bu çok cazip bir hayal ama maalesef gerçek değil. Çocuklar kuralları ve onaylanan davranışları bilerek doğmazlar. Bu; öğretme ve öğrenme süreciyle, zamanla kazanılır. Bizim işimiz öğretmektir. Görevimiz, kurallarımızı en açık ve net biçimde anlatmaktır.

Çocuk yürümeye başladığında bizim de görevimiz başlar. Yeni yürümeye başlayan çocuklar keşfetmeye bayılırlar. En çok da müzik seti, televizyon, kamera gibi elektronik eşyalar ilgilerini çeker. Çocuk bunlarla oynamaya kalkınca ne yapmalıyız? Derhâl kurallarımızı öğretmeye başlayacağız.

Cezacı yöntemi kullananlar, sert bir şekilde hayır der ve ayıplayan bir bakış atar; çocuğu uzaklaştırmadan önce eline vurur. Yumuşak yaklaşımı seçenler, defalarca hayır dedikten sonra mantıklı açıklamalar yapar; çocuğu uzaklaştırmadan önce uzun uzun anlatırlar. Demokratik olanlar kesin ve net bir biçimde hayır der ve çocuğu oradan uzaklaştırır.

Aynı şeyi on, on iki kez yaptıktan sonra ilginç bir şey olur. Çocuk hedefine yaklaşmadan önce duraksar ve bize bakıp tepkimizi ölçer. Neden? Kuralımızı anlamaya çalışır. Ama bizi test etmeye gerek duyarlar.

Çocuklar bizi denemeye başladığında ne yapmalıyız? Cezacı yaklaşımı seçtiysek sertçe yüzüne bakar, vuracakmış gibi elimizi kaldırır, uyarırız: "Sakın!" Yumuşak yaklaşımı seçtiysek açıklamalarda bulunmaya başlarız. Demokratik yaklaşımı seçtiysek daha önce yaptığımızı yaparız. Kesin ve net bir şekilde hayır deriz ve bir şey yapmadan önce çocuğun tepkisini bekleriz.

Yukarıdaki örnekteki bütün ebeveynler onaylanan davranışları öğretmek için kural koymaya çalışıyor ama sadece demokratik yaklaşımı uygulayanlar başarılı oluyor. Bu bölümde bunun sebebini göreceksiniz. Çocukların kuralları nasıl öğrendiklerini, öğretme-öğrenme sürecinin neden kırıldığını anlayacaksınız. Bunu yaptıkça net ve anlaşılır mesajlar iletmeye bir adım daha yaklaşacaksınız. Simon'un ailesinin ne yaptığına bakalım:

Üç yaşındaki Simon, oyuncak telefonu kordonundan tutmuş başının üstünde çevirip duruyordu ve neredeyse lambaya çarpacaktı. Babası müdahale etti.

"Simon, evin içinde telefonu öyle döndürme" dedi sert bir sesle. "Ya düzgünce oynarsın ya da elinden alırım."

"Ama çok eğlenceli" dedi Simon. Telefonu daha çok çevirmeye başladı.

Babası yanına gidip telefonu elinden aldı. "Düzgünce oynayacağın zaman geri alabilirsin" dedi.

Simon evin içinde oyuncakla nasıl oynanması gerektiği hakkında bir ders almış oldu. Bu kuralı iyice öğrenene kadar ailesi bunu defalarca tekrar etmek zorunda kalacaktı ama bu yöntem istenen sonucu verecekti.

Simon'un babası kuralları etkin bir şekilde öğretiyor. Durmasını söylediğinde, davranışıyla bu sözünü destekliyor ve oyuncağı elinden alıyor. Verdiği mesajla koyduğu kural net ve anlaşılır.

Çocuklar Somut Yollarla Öğrenir

Jean Piaget'in, çocukların zihinsel gelişimi ile ilgili araştırması; düşünme ve öğrenmenin, çocuklarda yetişkinlerden daha farklı olduğunu ortaya çıkarmıştır. Çocuklar somut şeyleri öğrenirler. Özellikle küçük yaştaki çocuklar, gerçeklikle ilgili inançlarını şekillendirirken duyulara dayanan deneyimlerini kullanırlar.

Günlük hayatta bu ne demektir? Çocukların duyularıyla algıladıkları şeyler (gördükleri, duydukları, dokundukları, kokladıkları ve hissettikleri) o şeyleri belirler. Dünyanın işleyişine ilişkin algı ve inançları, yaşadıkları somut şeylere dayanır.

Piaget'in buldukları, çocuklarımıza kuralları nasıl öğreteceğimiz konusunda önemli ipuçları verir. Bunu iki temel yoldan yaparız: Sözlerimiz ve davranışlarımızla. İkisi de bir ders verir ama somut olan davranışlarımızdır. Sözler değil, davranışlar kuralları belirler.

Örneğin, dokuz yaşındaki oğluma yatma saatinin 20:30 olduğunu söylediğim halde o düzenli olarak 21:00'de yatıyorsa yatma saati konusunda nasıl bir ders almış oluyor? Elbette, yatma saatinin 21:00 olduğunu öğreniyor. Ona 20:30'da yatmasını söylesem beni dinler mi?

Ona yatma saatinin 20:30 olduğunu söyledikten sonra saatinde yatmasını sağlasaydım, yatma saatinin 20:30 olduğunu öğrenecekti. Zamanı geldiğinde yatmasını söylediğimde ciddi olduğumu bilecekti.

Sözlerimizle davranışlarımız birbirini tutarsa çocuklar sözlerimizi ciddiye alır ve kuralı anlarlar. Sözlerimizle davranışlarımız birbirini tutmazsa çocuklar dediklerimizi duymazdan gelir ve bildiklerini okurlar. Aslında iki farklı kural öğretiyoruz: Teorideki kural pratikteki kurala karşı.

Öğretme ve öğrenme sürecindeki çoğu kırılmaların kaynağında bu temel iletişim yanlışı yatmaktadır. Çoğumuz neler olduğunun farkına bile varmayız. Sözlerimizle kurallarımızı öğretmeye devam ederiz ama çocuklarımız davranışlarımızdan öğrenirler. İşte size tipik bir örnek.

Beş yaşındaki Sarah keçeli kalemlerini almış, kanepede resim yapıyordu. Annesi içeri girince kanepenin riskli durumunu fark etti.

"Sarah, o yaptığın hiç de iyi bir fikir değil" dedi. "Kanepeyi boyayabilirsin."

"Dikkat ederim anne" dedi Sarah ikna edici bir sesle.

"Edersin, biliyorum tatlım. Ama masada yapsan daha iyi olur, orada leke olacak bir şey yok."

"Tamam ama önce resmimi bitireyim."

"Bitirince masaya geç, tamam mı?" diyerek odadan çıktı annesi.

"Tamam." On dakika geçmesine rağmen Sarah hâlâ kanepede oturmuş resim yapıyordu.

"Sarah, sana resmini masada yapmanı söylememiş miydim?" Annesinin sesindeki kaygı belli oluyordu. "Kanepeyi boyarsan babanla ben çok üzülürüz. Sana ne söyleniyorsa onu yap, haydi."

"Tamam, anne" dedi Sarah. "Şu resmi bitireyim, masaya geçeceğim. Neredeyse bitti."

"Çabuk bitir o zaman" dedi annesi. "Kızmaya başlıyorum." Annesi bekledi, ayağını sinirle yere vurdu ama Sarah resim yapmaya devam ediyordu.

"Sarah!" diye bağırdı annesi en sonunda. "Yeter artık, küçük hanım! Beni anladın mı?"

"Tamam, zaten bitirmiştim." Sarah resmini bırakıp kanepeden kalkar.

Sarah'nın annesi, kanepede keçeli kalemle resim yapmanın tehlikeli olduğunu söylerken bir mesaj verdiğine inanıyordu. Sarah beklediği gibi davranmayınca çok sinirlendi. Aslında annesi iki mesaj veriyordu ama Sarah sadece birini alıyordu.

Annesi sözleriyle durmasını söylüyordu ama Sarah ne yaşamıştı? Durması gerektiğini anlamamıştı. Sadece konuşup duran annesi vardı. Annesinin davranışları aslında, "İstediğini yapabilirsin. Hoşuma gitmiyor ama şimdilik sana engel olmayacağım" diyordu.

Sarah bu karmaşık mesaja çocukların çoğu gibi tepki verdi. Sözleri duymazdan gelip yaşadıklarından ders çıkardı. Kanepede keçeli kalemle resim yapma konusunda annesinin kuralından ne öğrenmişti? Annesinin sürekli konuşmasına katlandığı sürece istediğini yapabilirdi.

Sarah'nın iletişimle ilgili öğrendiği çok daha önemli bir dersi gözden kaçırmayalım. Masaya geçmesi her söylendiğinde ne diyor? "Tamam" diyor ama ne yapıyor? Yerinden kalkmıyor. Sarah'nın asıl demek istediği şuydu: "Mecbur kalırsam kalkarım."

Sarah karışık mesajlarla iletişim kurmayı annesinden daha iyi beceriyor. Ebeveyn, durmasını gerektirmeyen dur mesajları verirse çocuk da "Durmayacağım" anlamına gelen "Tamam" ya da "Bir dakika" gibi cevaplar verir.

Sınırları Test Etme: Çocuklar Nasıl Araştırma Yapar?

Çocuklara yanlış davranışlarını bırakmalarını söylediğimizde onlar, "Senin ne kadar gücün ve otoriten var? Gerçekten durmamı istediğini nereden bileyim? Dediğini yapmazsam ne yaparsın?" diye sormazlar pek. Başınıza böyle bir şey geldiğini hiç sanmam.

Çocuklar bu soruları sözlü olarak sormazlar ama bunları düşünür ve davranışlarına yansıtırlar. Onlara durmalarını söylediğimizde bildiklerini yapar ve ne olacağını merak ederler. Bu, sınırları test eden bir davranıştır ve araştırma, sorularına kelimelerden çok daha net yanıtlar verir.

Çocuklarda yanlış davranış olarak kabul ettiğimiz şeyler sınırları test etme ya da basit sorulara vermek istedikleri cevaplardır: Neler yapılabilir? Neler yapılamaz? Kontrol kimde? Ne kadar ileri gidebilirim? Çok ileri gidersem ne olur? Bu soruların cevapları, kabul edilebilir olanı belirler ve kurallara uymanın isteğe bağlı mı, yoksa zorunlu mu olduğunu anlamalarına yardımcı olur.

Aşağıdaki örneğe bakalım:

Altı yaşındaki Heather, danışmanlık yaptığım ailelerde rastladığım pek çok çocuktan biriydi. Zeki, yetenekli bir çocuktu ama evde de, okulda da ona söyleneni yapmayı reddediyordu. Ailenin deyimiyle, "Heather sınırları zorluyor, herkesi çileden çıkarana kadar rahat etmiyordu." Cevap verilmemiş yığınla sorusu olan bir çocukla karşı karşıya olduğumu tahmin ediyordum.

Heather ailesiyle beraber ofisime geldiğinde kendini döner koltuklardan birine atıp beni süzmeye başladı. Birkaç dakika içinde benimle ilgili çalışmalarına başlamıştı.

Heather ve diğer çocuklar, ofisime ilk geldiklerinde ne yaparlar? Evet. Döner koltuğa oturup dönmeye başlar, hatta bazen koltukta ayağa kalkarlar. Ailelerinin bu davranışı onaylamayacağını bilirler ama yine de yaparlar. Önce bana, sonra ailelerine bakarlar ve olacakları beklemeye başlarlar. Bu sınırları test eden bir davranıştır. Bu durumda ailenin tepkisini beklerim çünkü sınırlar konusunda aldıkları tavırla ilgili önemli şeyler öğreneceğimi bilirim.

Heather'ın ailesi de diğer ailelere benzer bir tepki verdi. Ayıplayarak ona baktılar. Tek kaş havada, baş yukarıda, gözler sabit, ayıplayan bir bakış.

Heather, bu durumda pek çok çocuğun verdiği tepkiyi verdi. O bakışı iyi biliyordu. Durdu ama ailesi dikkatini başka yere verince yeniden koltuğu döndürmeye başladı. Heather ve ailesi, defalarca yaptıkları o çekişmelerden birini yaşamaya başlamıştı. Heather neler olacağını ezbere biliyordu.

Bu davranışıyla evde ve okulda sorduğu soruyu sormaya devam ediyordu: Kontrol kimde? Ne kadar ileri gidebilirim? Fazla ileri gidersem ne olur? Benim gücümü, otoritemi ve ofisimde koyduğum kuralları test etmek için araştırma yapmaya başlamıştı. Ayıplayan bakışlar altında koltuğu döndürmeye devam etti. Ailesinin bundan sonra ne yapacağını beklemeye başladım.

Biraz sonra babası, her babanın yaptığını yaparak uzandı ve dönen koltuğu tutarak durdurdu. Annesi ayıplayarak bakıyordu hâlâ. İki mesaj da aynı karşılığı aldı. Heather annesinin bakışını iyi tanıyordu. Babasından beklemediği davranışla bir süreliğine durdu ama koltuğu tutan el çekilir çekilmez yeniden dönmeye başladı.

Ailesi, Heather'ı durdurmaya çalışıyordu ama Heather durmak zorunda olmadığını, kimsenin bunu gerçekten istemediğini biliyordu. Ailesi farkında olmadan, yıllar boyunca ona kurallara uymasının zorunluluk olmadığını aşılamıştı. Söyledikleri ve yaptıkları her şey anlamsızdı. Koltuk dönmeye devam ediyordu. Heather'ın okulda öğretmenini neden dinlemediğini anlıyordum.

> Bütün çocuklar, kurallarımızı ve beklentilerimizi belirlemek için sınırları zorlar.

Beş dakika geçmiş, Heather hâlâ ailesinden net bir mesaj alamamıştı. Annesi çileden çıkmış bir halde bana dönüp, "Evde de aynen böyle yapıyor!" dedi.

Bu noktada müdahale edip Heather'ın bazı sorularını cevaplamaya çalıştım. Sert bir sesle, "Heather, o koltuk çok rahattır. Orada oturabilirsin. Ama iki kurala uyman gerek: Döndürmeyeceksin ve ayaklarını koymayacaksın. Bu kurallara uyacağını biliyorum ama uymazsan seni turuncu sandalyeye oturturum." Dönen koltuk heveslilerine karşı bir önlem olarak ofisimde eski, turuncu bir sandalye vardı. Yılda yüzden fazla çocuk geliyordu böyle.

Sizce Heather ne yaptı? Çoğu çocuğun yaptığını elbette. Test etti. Hemen değil ama birkaç dakika sonra koltuğu döndürmeye başlayıp tepkimi bekledi. Bu davranışıyla soruyordu. Dediğinde ciddi misin? Kural bu mu? Ciddi olup olmadığımı anlamak için bilgi topluyordu.

Bu durumlarda yaptığım gibi turuncu sandalyeyi çekip, sakin bir sesle, "Artık bunda oturacaksın. Bir dahaki gelişinde dönen koltukta oturabilirsin" dedim. Sonra ayağa kalkıp Heater'ın turuncu sandalyeye geçmesini bekledim. İstemese de kalkıp sandalyeye geçti. Gözlerini devirerek sinirle bana baktı ama tercihini doğru yönde yapmıştı.

Heather'la neyi halletmiş olduk? Onun araştırma sorularına cevap verdim. Artık ne kadar ileri gidebileceğini biliyordu ve daha fazla ileri giderse neler olacağını gördü. Kurallarımın neler olduğunu ve ondan ne beklediğimi anlıyor. Uygun seçimi yapabilmesi için ihtiyacı olan bilgiyi almış oldu. Bu yüzleşmeden sonra Heather'ın tavırları konusunda ailesiyle konuşmaya geçtik.

Mizaç ve Araştırma Tarzı

Bütün çocuklar, kurallarımızı ve beklentilerimizi belirlemek için sınırları zorlar. Bu normaldir ama tüm çocuklar aynı denemeleri yapmazlar. Huyları, araştırma yöntemlerini etkiler. Örneğin uysal çocuklar karşısındakini memnun etmek ister. Kurallarımıza uymak için ikna edici, açık ve net mesajlar almalarına gerek yoktur. "Dur" dediğimizde durmaları gerektiğini düşünerek dururlar. İhtiyaç duydukları bilgiyi sözlerimizden alırlar. Uysal çocuklar sınırları zorlamazlar ve istenen sonuca ulaşmak için fazla bilgiye ihtiyaç duymazlar.

İradesi güçlü çocuklar ise saldırgan tipte araştırmacılardır. Sınırların kesin olduğunu anlayana kadar zorlamaya devam ederler. Kurallarımıza uymak için çok fazla bilgiye ihtiyaçları vardır. "Dur" dediğimizde durmazlarsa ne olacağını merak ederler. Heather gibi hep sınırları zorlamaya devam ederler. Yeterli bilgiyi topladıklarında istenen sonuca ulaşırlar ama bu, uzun zaman alır. İradesi güçlü çocuklar daha çok bilgi toplamak ister. Bunu gerçek bir örnekle anlatalım:

Büyük oğlum Scott genelde uyumlu bir çocuktu. Ona söylenenleri yapıyordu. Küçük oğlum Ian ise iradesi güçlü bir çocuktu. Ciddi olduğumu anlaması için çok fazla bilgiye ihtiyaç duyuyordu. Çocuklarım araştırmalarını farklı biçimlerde yapıyordu, ben de tepkilerimi onlara göre ayarlıyordum.

İkisi de televizyonun sesini çok açmayı sever. Scott'a, "Televizyonun sesi çok açık, biraz kısar mısın?" dediğimde hemen kısar. Onun işbirlikçi yapısına güvenmeyi öğrendim. Sözlerimi, ihtiyacı olan bilgiler olarak kabul eder.

Aynı mesajı Ian'a verdiğimde bazen beni duymazdan gelir ve daha net bir mesaj bekler. Ya da, "Tamam" deyip bildiğini okur. Bunun anlamı şudur: "Kısarım ama mecbur kalırsam ve şu an kendimi mecbur hissetmiyorum."

İradesi güçlü pek çok çocuk gibi Ian da davranışlarına nereye kadar tahammül gösterileceğini görmek için bilgi toplamak ister. Ben de onun ihtiyacı olan bilgileri vermeyi yıllar içinde öğrendim. Televizyonun sesi çok açıksa, "Ian, sesini kıs, yoksa kapatmak zorunda kalacağım" derim.

Artık Ian, uygun bir seçim yapabilmek için gerekli bilgiye sahiptir. Ne beklediğimi biliyor, işbirliği yapmazsa ne olacağını da. Teoride de olsa araştırma sorusunun cevabını aldı. Ama teorik cevaplar Ian'a yetmez. Sınırı zorlamaya devam eder.

Küçükken isteklerimi görmezden gelirdi, ben de kalkıp televizyonu kapatmak zorunda kalırdım. Mızmızlanırdı, kötü kalpli bir baba olduğumu söylerdi ama on-yirmi denemeden sonra Ian öğrendi ki televizyonun sesini kısmasını istiyorsam bunda ciddiyim. Bu süreç hiç de eğlenceli geçmedi ama Ian sınırlarımın kesin olduğunu öğrendi ve işbirliği yapmaya başladı. Sonunda sorunu halletmiştik.

Uysal mizaçlı ebeveynler, iradesi güçlü çocukların düşünme ve davranış biçimlerini anlamakta güçlük çekerler. Ben Ian'la bunu yaşamıştım; ben onu eğiteceğime, o beni eğitiyordu sanki. Bakış açılarımız çok farklıydı. Çoğunlukla onun davranışlarına anlam veremiyordum. O, saldırgan araştırma yöntemlerini sürdürürken ben, *"Neden hep sınırları zorlamak zorunda? Bir defa da dediğimi yapsa olmaz mı? Tek istediğim bu"* diye düşünürdüm.

Ama Ian dünyayı benim gözümle görmüyordu. Huylarımız farklıydı, araştırmalarımızı farklı şekillerde yapıyorduk. Beklediğim işbirliğini görmek istiyorsam Ian'a, araştırması için ihtiyacı olan bilgileri vermem gerektiğini yıllar içinde öğrenmiştim.

İradesi güçlü bir çocuğunuz varsa sınırlarınızı kesin olarak koymalısınız. Saldırgan araştırmacıların çok bilgiye ihtiyaçları vardır. Kurallarınızı öğretmek için hangi yöntemi kullanırsanız kullanın, sık sık tekrar yapmak zorunda kalacaksınız. Cezacı ya da yumuşak, iki yöntemde de kırılmalar olacağını bilmelisiniz.

Cezacı Kurallar

Kuralları öğretmek için cezacı yöntemi uygulayanlar, genellikle istediklerinden farklı şeyler öğretir. Steven'ın ailesinde de bu olmuştur. Onlarla ilk tanıştığımda dördüncü sınıfa giden çocukları, kavga ettiği ve vurduğu için dört kez okuldan uzaklaştırma cezası almıştı ve daha ekim ayındaydık. Okul yılı epeyce zorlu başlamıştı.

"Steven'la yaşamak, patlamaya hazır bir bombayla yaşamak gibi" demişti annesi. "Vurmanın yanlış olduğunu biliyor ama yine de yapıyor. Kardeşine, okuldaki ve mahalledeki çocuklara vuruyor. Onunla defalarca konuştuk ama vazgeçmiyor."

"Kardeşine vurduğunda ona ne diyorsunuz?" diye sordum. Sözlü mesajı merak ediyordum.

"Sesimi yükseltiyorum" dedi babası. "Steven'ın kardeşine kötü davrandığını görünce çok sinirleniyorum. Buna izin vermeyeceğimi açıkça anlatıyorum."

"Nasıl açıklıyorsunuz?"

"Gerektiğinde ona vuruyorum. Yumuşak yaklaşımın doğruluğuna inanmıyoruz. Çocuklar ciddi olduğumuzu anlamak zorunda."

"Steven haftada kaç kez böyle uyarılıyor?"

"İki ya da üç kez. Mesela bu hafta okuldan ceza alınca da vurduk. İleri gittiğinde ne olacağını bilmesi gerek" dedi annesi.

"Bu kadar sık hatırlatma yapılmasına rağmen Steven neden kurallarınızı öğrenemiyor?" diye sordum.

"Öğrenme güçlüğü olduğunu düşünüyoruz" dedi annesi. "Bu konuda test yaptırmak istiyoruz."

Steven'ı tanıdıkça onun teste falan ihtiyacı olmadığını gördüm. Öğrenme güçlüğü yoktu. Asıl sorun öğretme güçlüğüydü. Steven çok zeki bir çocuktu. Ailesinin, kaba kuvvetle sorun çözme konusunda öğrettiği her şeyi kavrıyordu. Bağırıp çağırmada, tehdit etme ve korkutma konusunda çok iyiydi. Nasıl vuracağını ve hasar vereceğini iyi biliyor, yakalandığında suçu başkalarına ustaca atıveriyordu.

Steven, ailesinin ona, vurmaması konusunda söylediklerini anlıyordu ama ailenin sözleriyle davranışları uyuşmuyordu. Ne yapıyorlardı? Onlar da vuruyorlardı. Sorun çözme yöntemleri buydu ve Steven da bu kuralı öğrenmişti. Ailesi Steven'a istediklerinden farklı bir ders öğretmişti.

> Sözlerimizle davranışlarımız birbirine uymazsa öğretme-öğrenme süreci kolayca kırılabilir.

Yumuşak Kurallar

Yumuşak yöntem de öğretme-öğrenme sürecinde kırılmalara sebep olur. Bu yaklaşımı uygulayan ebeveynler, sözleriyle davranışlarını karıştırırlar ve mesajları alınmayınca da sinirlenirler. Bekâr bir anne olan Natalie'nin annesi buna iyi bir örnektir. Ofisime gelme sebebi, kızından sürekli direniş görmesiydi.

"Natalie on iki yaşında, çok bencil, saygısız bir çocuk" diye şikâyet etti. "Kurallarımı biliyor ama uyma zahmetine katlanmıyor. O kuralları neden koyduğumu açıklamaya çalışıyorum ama beni umursamıyor ve bildiğini okuyor." Natalie'nin annesi, her sabah yaşadıkları şeyi benimle paylaştı.

"Sabahları yüksek sesle müzik dinlememesi gerektiğini biliyor. Ama her sabah aynı şey. Sesi o kadar çok açıyor ki karşı evden bile duyuluyor. Bu da beni delirtiyor."

"Ne tepki veriyorsunuz?"

"Önce odasına gidip sesi kısmasını söylüyorum. Ama işe yaramıyor. Defalarca söylememe rağmen beni dinlemiyor."

"Sonra ne yapıyorsunuz?"

"Sinirleniyorum. Odasına gidip sesi kısmazsa müzik setini kapatacağımı söylüyorum."

"İşbirliği yapıyor mu?"

"Genellikle azıcık kısıyor ama ses yine de çok yüksek oluyor. Bütün evde duyuluyor. Biraz sonra yeniden açıyor."

"O zaman elinden alıyor musunuz?" Annenin, davranışların sonucuna katlanma yöntemini uygulayıp uygulamadığını merak ediyordum.

"Henüz öyle bir şey yapmadım. Ama yakındır. Sadece kapısını kapatıyorum. Kendi kulaklarını sağır etsin."

Natalie'nin annesi, bu konuda iki farklı mesaj verdiğinin farkında değildi. Biri sözlü, bir davranışsal mesajdı. Sözleri, "Sesi kıs" diyordu ama davranışları, "Aslında mecbur değilsin, istediğini yapabilirsin" diyordu. Natalie'nin seçimi belliydi. O yüksek sesle müzik dinlemek istiyor ve öyle de yapıyordu. Annesi ona farklı bir bilgi verene kadar da bu böyle gidecekti.

Steven ve Natalie örneklerinden anladığımız gibi sözlerimizle davranışlarımız birbirine uymazsa öğretme-öğrenme süreci kolayca kırılabilir. İki örnekte de çocuklar bilgi toplar, sonuçlara ulaşır ve ebeveynlerinin vermek istemediği dersleri öğrenirler. Ebeveynler sözleriyle kurallarını öğrettiklerini sanırken aslında davranışlarıyla öğretmektedirler.

Etkili Öğretme

Steven ve Natalie'nin ebeveynleri gibi siz de aynı dersi defalarca öğretmeye çalışıp başarısız oluyor musunuz? O halde etkili öğretme yönteminin, şu anda kullandığınız yöntemden daha az zaman ve enerji harcadığını söylersek epeyce rahatlayacaksınız. Doğru araçları kullanırsak kuralları öğretmek çok kolaylaşır: Net ve anlaşılır sözler ve etkin davranışlar. Şimdi bu iki örneğe bakalım:

Sekiz yaşındaki Kenny, çok istediği on vitesli dağ bisikletine doğum gününde kavuşmuştu. Bisikleti denemeden önce babası ona kuralları anlattı. "Bisikletin çok güzel, herkes böyle bir bisikleti olsun ister. Okula gidince kilitlemeni akşam eve gelince de garaja koymanı istiyorum."

"Tamam" dedi Kenny. Ama iki gün sonra işten eve döndüğünde bisikleti bahçede buldu. Hava kararmıştı.

Belki yemekten sonra garaja koyar, diye düşündü babası. Yemeklerini yediler ama bisiklet hâlâ dışarıdaydı. Kenny yattıktan sonra babası bisikleti alıp garajın duvarına astı.

Kenny sabah kalkıp da bisikletini bahçede göremeyince garaja gitti, duvarda asılı olduğunu gördü. "Bisikletime ne oldu?" dedi heyecanla.

"Cumartesi günü geri alabilirsin. Dün gece bahçede unutmuşsun."

"Çok özür dilerim" dedi Kenny pişmanlıkla. "Bir daha yapmam. Söz veriyorum. Bugünlük alsam, okula gideceğim ya?"

Kenny'nin babası kararlıydı. "Cumartesi alabilirsin." Kenny otobüse yetişmek için koşarak evden çıktı.

Çoğumuz gibi Kenny'nin babası da kararından dönebilirdi ama kuralları hakkında yanlış bir mesaj vereceğini biliyordu. Vazgeçmek yerine kararlılığını korudu ve mesajını verdi. Sözleri, "Bisikletini alırım" diyordu ve davranışları da bunu destekledi. Kenny net bir mesaj almıştı ve bisikletine sahip çıkmayı öğrendi.

Kızı okuldan eve iki saat geç geldiğinde Shelly'nin annesi de kurallarını net bir biçimde anlattı. On altı yaşındaki Shelly, hafta içi 18:00'de evde olması gerektiğini biliyordu ama kendi arabası olduğundan beri sık sık eve geç gelmeye başlamıştı.

Hep bir bahanesi vardı ve evdekiler önceleri bu gecikmeleri pek önemsememişti. İki saat geç kaldığı gün ise haber vermek için telefon bile etmemişti.

"Neredeydin?" diye sordu annesi. Hem rahatlamış, hem de tedirgin görünüyordu. "Başına bir şey geldi sandım."

"Carolyn'lerdeydim. Saati fark etmemişim. Hem ne var ki bunda? Kendi arabam var. Evin yolunu da biliyorum."

"Bildiğini biliyorum. Ama hafta içi 18:00'de evde olman gerek. Gecikecek olursan da haber vermelisin. Bu hafta arabanı kullanamayacaksın. Kurallara uyarsan pazartesi günü arabanı geri alabilirsin. Anahtarı verir misin lütfen?"

Shelly istemese de anahtarı annesine verdi. Sonraki günlerde eve hep zamanında geldi ve gecikeceği zaman telefon etti.

Shelly'nin annesi kuralını etkin bir biçimde öğretmişti. Shelly uygun seçimi yapabilmek için gerekli bilgiyi almıştı.

Özet

Çocuklar yetişkinlerden farklı biçimde somut şeylerle öğrenirler. Duyduklarını ve yaşadıklarını test ederek aktif bir araştırma yaparlar. Ama kurallarımıza uymaları, duyduklarına değil; yaşadıklarına bağlıdır. Bu da bize, kurallarımızı öğretme yöntemleriyle ilgili önemli ipuçları verir. İki temel yöntem vardır: Sözler ve davranışlar. İkisi de ders öğretir ama somut olan davranışlardır. Davranışlar, kurallarımızı belirler.

Sözlerimizle davranışlarımız uyumlu ise çocuklarımız sözlerimize güvenmeyi öğrenir ve bu sözlerin ardındaki kuralları kavrar. Sözlerimizle davranışlarımız uymazsa çocuklar sözlerimizi dikkate almaz ve davranışlarımızdan çıkardıklarına göre tepki verirler. İki aşamada kural öğrenirler: Teorideki ve pratikteki.

Kurallar ve beklentilerle ilgili bu temel iletişim eksikliği, iyi niyetle ders verme çabalarımızın boşa çıkmasının en büyük sebebidir. Çoğumuz bunun farkına bile varmayız. Steven ve Natalie'nin ebeveynleri gibi sözlerle mesaj vermeye çalışırken onların davranışlarımızdan öğrendiğini göremeyiz. Net mesajlar ve etkin davranışlar, derslerimizi öğretmenin en iyi yoludur.

Kurallar Hakkında Sorular

1. *Altı yaşındaki çocuğumdan bir şey yapmasını istediğimde bana, "Neden?" diye soruyor. Ona açıklama yaparsam kurallarımı anlayacağını düşünüyorum. Bu işe yarar mı?*

   Cevap: Üç-yedi yaş arasındaki çocuklar, bir kuralın mantığını anlayacak yaşta değildir. Daha temel kuralları bile anlamakta zorlanırlar. Neden, diye sorduklarında o kuralın ardındaki mantığı anlamak peşinde değildirler; sadece ne kadar kararlı olduğumuzu merak eder, sınırları test ederler.

Uzun açıklamalar, tartışma ve münazaralar içine girersek bizi vazgeçirebileceklerini düşünürler ve sınırlarımızın pazarlığa tabi olduğu sonucuna varırlar. Açıklama yaptıktan sonra kararlılığınızı korursanız çocuğunuzun daha ender soru sorduğunu göreceksiniz. Demek istediğim; neden, diye sormasının asıl sebebi sınırlarınızı test etmek ve ne kadar ciddi olduğumuzu görmek istemesidir.

Küçük çocuğunuza açıklama yapmayı seçtiyseniz bunu, kuralları çiğnemesine izin vermeden önce yapmalısınız. Açıklamayı yanlış davranış sırasında yaparsanız sınırların test edilmesine ve pazarlığa açık olduğunuza dair bir mesaj iletmiş olursunuz.

2. *Sözlerimizle davranışlarımız arasında uyumluluk gerekliyse hayır, sözünün ardından gelen bir tokat, net bir mesaj vermiş olmuyor mu?*

Cevap: Bu, öğretmeye çalıştığınız kurala bağlı. Belli bir davranışı durdurmaya çalışıyorsanız, mesela taş atmak gibi, bu etkili olabilir.

Ancak dayağı düzenli olarak kullanırsanız farklı bir mesaj iletirsiniz: Dayak, sorun çözmenin tek yoludur. Böyle bir mesaj mı vermek istemiştiniz?

3. *Kuralları öğretirken anne-baba arasındaki tutarlılık ne kadar önemlidir?*

Cevap: Kuralları net bir şekilde öğretmek istiyorsak anne-baba arasında tutarlılık olması çok önemlidir. Anne ve baba, "Ev işlerini oynamadan önce bitirmen gerek" derse ve bu sözleri davranışlarıyla desteklerse çocuklar ebeveynlerinin mesajını net bir şekilde almış olurlar.

Ama aynı şeyi söyledikten sonra sadece anne davranışlarıyla bu kuralı desteklerse çocuklar, sadece annelerinin ev işi yapmalarını beklediğini düşünür. Aslında iki kural vardır: Annenin ve babanın kuralı. Zorunlu olan annenin kuralına uymaktır. Ama babanın kuralı test edilebilir.

Ebeveynler için Çalışma Grubu Soruları

1. Piaget'in araştırmaları, çocukların somut şeylerle öğrendiğini göstermiştir. Bu ne demektir? Sınır koyma konusunda ne önemi vardır?
2. Dört yaşındaki Nicholas'a TV seyretmeden önce oyuncaklarını toplaması üç kez üst üste söylendi. Birazını topladı ama program başlayınca TV'nin karşısına kuruldu, kalan oyuncakları annesi topladı. Annesi sözleriyle ne mesaj verdi? Davranışıyla ne mesaj verdi? Kural neydi? Nicholas gelecek sefer oyuncaklarını toplayacak mı?
3. Yumuşak yöntemi uygularsanız çocuklarınız ne öğrenir? Sizin öğretmek istediğiniz de aynı şey midir?
4. Cezacı yöntemi uygularsanız çocuklarınız ne öğrenir? Sizin öğretmek istediğiniz de aynı şey midir?
5. Sözlerimizle davranışlarımız uyuşmadığında çocuklar hangisini dikkate alır?
6. Dayak atmak çocuklara ne öğretir?
7. Uzun uzun anlatarak işbirliği sağlamaya çalışırsak çocuklar ne öğrenir?
8. Kurallarımızı en açık şekilde öğretmenin anahtarı nedir?

4

Aile Dansı

Aile dansları; nesilden nesile geçen iletişim, problem çözme süreçlerinin yıkıcı modellerini oluşturur.

Net olmayan ve etkisiz sınırlar geliştirmiş ailelerin neredeyse tümü, anlaşmazlık durumunda defalarca tekrar eden bir iletişimsizlik dansı yaparlar. Etkisiz sorun çözmenin bu öğrenilmiş modeli, tartışma ve güç savaşlarının artmasına yol açar. Zamanla bu dans alışılmış, kanıksanmış hale gelir ve aile üyeleri sürekli bunu yaşamaya başlar. Dans etkilerinin farkına bile varmazlar.

Bu bölümde inceleyeceğimiz ailelerin durumunda olanlar, iletişimin yıkıcı modelleri içinde sıkışıp kalırlar. Farkındalık ve yeni beceriler olmayınca dansa devam etmekten başka çareleri de yoktur. Bu döngüyü kırmanın ilk aşaması farkındalıktır.

Aile dansı içinde sıkışıp kaldığınızı hissediyorsanız bu bölüm, kurtulmanız için size yardımcı olabilir. İlerleyen sayfalarda dansın nasıl başladığını, nasıl bittiğini, neden devam ettiğini öğreneceksiniz. En önemlisi de dans pistinden nasıl uzaklaşacağınızı ve problem çözmenin etkin yollarını göreceksiniz. Bir çiftin, danslarını nasıl keşfettiklerine bakalım:

Yumuşak Bir Dans

Paul ve Julie tam zamanlı çalışan; dört, altı ve sekiz yaşlarında üç çocuk sahibi bir çifttir. Evleri daima çok hareketlidir. Danışmaya gelmelerinin sebebi Julie'nin, evdeki bağırışlardan ve tartışmalardan dolayı çok gerilmiş olmasıydı.

"Ne dersek diyelim, hep kendi bildiklerini okuyorlar. Her şeyi bir savaş halinde yapıyoruz. Biz onlara bağırmasak, onlar birbirlerine bağırıyorlar. Artık dayanamıyorum!" dedi anne.

Paul de çok bezmişti. "Çocuklarımızı çok seviyoruz ama itiraf edeyim ki artık onlardan hoşlanmıyorum. Onlara adil davranmaya çalışıyoruz ama sürekli üstümüze geliyorlar."

Farkında değillerdi ama Paul ve Julie çocuklarıyla dans ediyorlardı. Çatışma ve güç savaşlarının artan modeli arasında sıkışıp kalmışlardı. İlk amacım, bu dansın farkına varmalarını sağlamak oldu.

"Evinizde yaşanan yanlış bir davranışı, ne tepki verdiğiniz, çocukların ne yaptığını adım adım anlatın."

İkisi de aynı anda, "Kahvaltı saati" dedi.

"Peki. Kahvaltıda neler oluyor?" Önce Julie başladı. Olanları anlatırken iletişim aşamalarını şemalandırdım. Görsel şemalar, ebeveynlerin dans ettiklerini açıkça görmelerini sağlar. Julie sözünü bitirince beraber şemayı inceledik (Şekil 4A).

Şekil 4A. Julie'nin Şeması

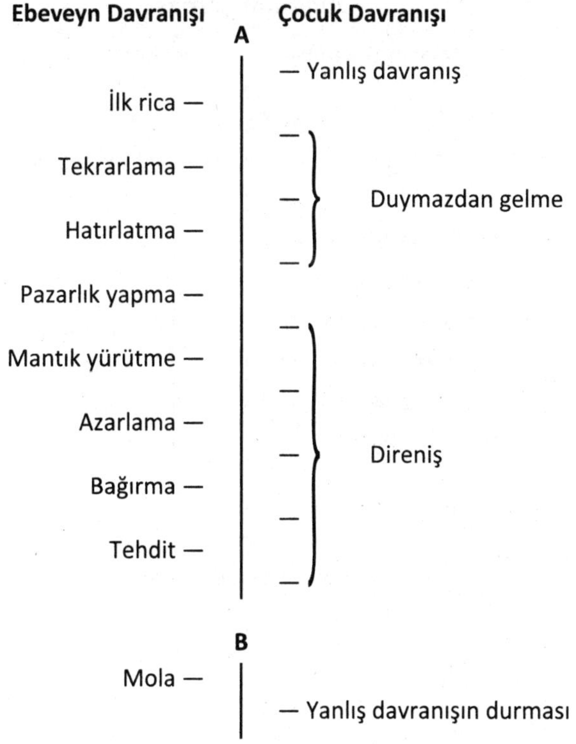

"Bu kadar çok konuştuğumun farkında değildim. Neden çok yorulduğumu şimdi anlıyorum! Ev işleri, ödevler, akşam yemeği, banyo, yatma zamanı derken aynı şeyleri her gün defalarca yapıyormuşum demek" dedi Julie.

"Evet. İşte buna dans etmek diyoruz" dedim.

Ebeveynlerin çoğu için aile dansları, stres kuponları biriktirmek gibidir. Yeterince kupon birikince ödül alırız: Baş ağrısı, mide ağrısı ve buna benzer şikâyetler. Bütün bunlar, çocuklarımızla birlikte olmaktan keyfi almamıza engel olur.

Şekil 4B. Sözel ve Davranışsal Aşamalara Bölünmüş Olarak Julie'nin şeması

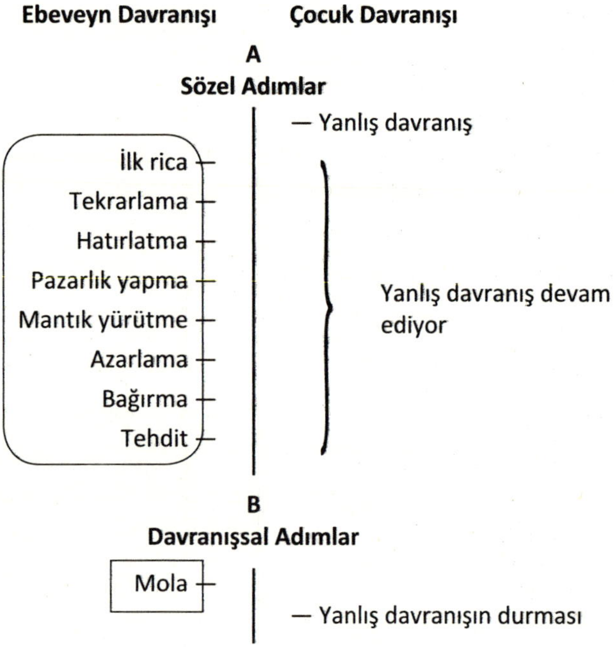

Julie'nin şeması her şeyi açıklıyordu. Müdahale ettiği ilk andan son ana kadar ikna etmek için türlü yollar deniyor ama hiçbiri, yanlış davranışın durmasına yetmiyordu.

Çoğu yumuşak ebeveyn gibi Julie de hatırlatma ve tekrarlama ile başlıyor ama sözleri duymazdan geliniyordu. Sonra pazarlık etmeye başlıyor, mantık yürütüyor ve azarlıyordu ama direniş devam ediyordu.

O, konuştukça sinirleniyor; sonunda bağırıp çağırmaya, tehditler savurmaya başlıyordu. Sonunda kırılma noktasına geldiğinde çocukları odalarına gönderiyor (mola), böylece yanlış davranış sona eriyor ama Julie kendini suçlu hissediyordu.

Onlar şemaya bakarlarken ben de sözlerin kullanıldığı adımları işaretledim. Şemanın neredeyse tümü daire içine alınmıştı. Bunları sözel adımlar olarak niteledim. Mola adımını kutu içine aldım. Bu kutu, şemada çok az bir yer tutuyordu (Şekil 4B).

"Yanlış davranışı durduran neydi?" diye sordum. Yüzündeki ifadeden, nereye varmak istediğimi anlamış görünüyordu. Julie bütün zamanını ve enerjisini işe yaramayan şeyler yaparak harcıyordu. Kendini tükenmiş ve umutsuz hissetmesi çok normaldi. Çabaları onu bir yere götürmüyordu.

"Bu dansın hangi noktasında sinirlenmeye başladın?" diye sordum.

"Açıkçası her noktasında. Zaten sinirle başlamıştım. Sözümü dinlemeyeceklerini biliyordum ama dayanamayacak hale gelene kadar sinirime hâkim oldum." Julie şemayı gösterdi. "İşte burası. Pazarlıkla azarlama arasında bir yerde artık gücüm kalmıyor ve kontrolümü kaybetmeye başlıyorum."

Julie'nin şemasının başına "öfkelenmeye başlıyor" sonuna da "öfkeden kuduruyor" yazdım.

Model açıktı (Şekil 4C). Julie'nin şemasını özetlemiştim. "Anlaşılan, sen konuştukça çocuklar direniş gösteriyor, sen de gittikçe sinirleniyorsun. Dansınız gittikçe hızlanıyor ve sonunda dansı sen bitiriyorsun." Julie başını sallayarak onay verdi.

"Şimdi biraz da sizin anne babanızın yöntemlerini hatırlayalım. Siz yanlış bir şey yaptığınızda onlar ne yaparlardı?" Julie anlatırken ben de yeni bir şema çizdim.

Şekil 4C. Julie'nin Öfke Şeması

Ebeveyn Davranışı	Çocuk Davranışı
A	
Sözel Adımlar	
	— Yanlış davranış
İlk rica —	Yanlış davranış devam ediyor
Tekrarlama —	
Hatırlatma —	
Sinirlenmeye başlamak —	
Pazarlık yapma —	
Mantık yürütme —	
Azarlama —	
Bağırma —	
Tehdit —	
Çok sinirlenmek —	
B	
Davranışsal Adımlar	
Mola —	

"Ben çocukken evde disiplini annem sağlardı. Sürekli tekrarlar, hatırlatır, pazarlık eder, azarlayıp bağırırdı. İşler çığırından çıkarsa akşam babam geldiğinde bizi ona şikâyet etmekle tehdit ederdi. Babam bizi döverdi, bu yüzden işi oraya kadar götürmemeye çalışırdık."

"Annen ne zaman çok sinirlenirdi?" diye sordum.

"Nasihatlerini dikkate almadığımız zaman" Julie, benzer bir davranış modelini fark etmişti.

Şekil 4D. Julie'nin Ebeveyninin Şeması

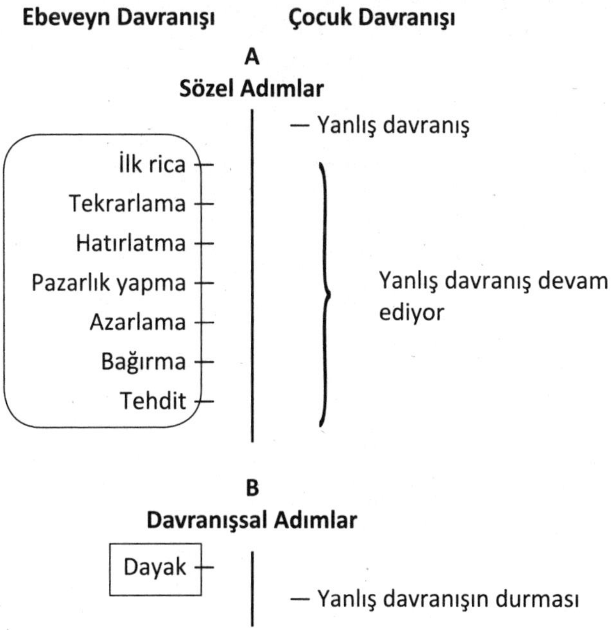

Bütün sözel adımları daire içine aldım, sonra da Julie'nin şemasıyla yan yana koydum. Son kısmı dışında, iki şema birbirinin aynıydı.

"Çok şaşırdım. Onlardan farklı davrandığımı sanıyordum" dedi.

Julie'nin tepkisi normaldi. Ebeveynlerin çoğu, kendi anne ve babaları gibi davrandıklarını fark ettiklerinde çok şaşırır. Onlarda hata olarak gördüğümüz şeyleri değiştirebiliriz. Kendi ebeveynimizin katı olduğunu düşünüyorsak yumuşak davranırız, onların çok yumuşak olduklarını düşünürsek biraz katı davranırız. Çoğumuz ise, Julie gibi, farklı bir sonla biten ama geneline bakıldığında aynı konuşmaları içeren, aynı dansı yaparız.

Sıra Paul'ün şemalarına gelmişti. "Paul, çocuklar sabah yaramazlık ettiğinde sen ne yapıyorsun? Julie'yle yaptığımız gibi en başından başlayalım." O kahvaltı savaşlarını anlatırken ben de şemasını çizdim (Şekil 4E).

Şekil 4E. Paul'ün Şeması

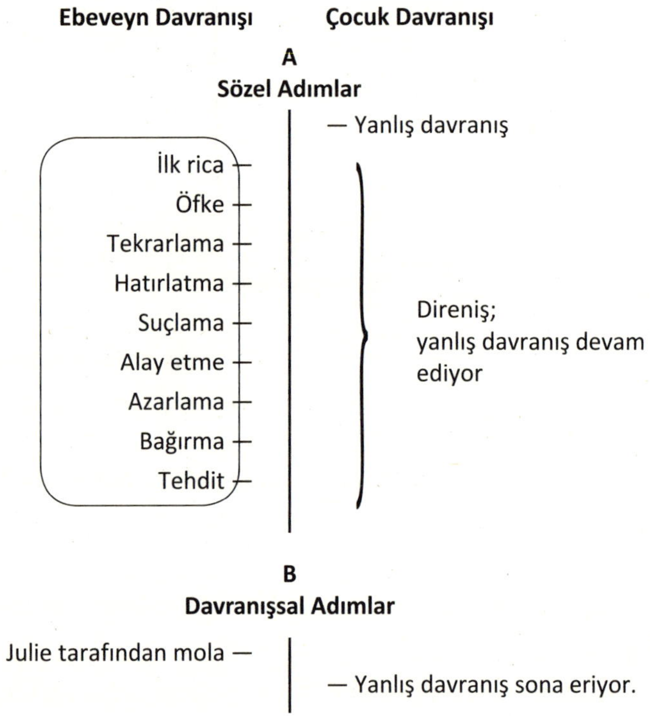

Paul'ün şeması bitince durup onlara da gösterdim. "Tanıdık geldi mi?" diye sordum.

"Hem de çok" dedi Paul. "Bu dansı o kadar çok yaptım ki ne diyeceğimi daha söylemeden biliyorum."

"Çocuklarınız da biliyordur" dedim. (Bu durumlarda bazen çocuklar da yanımızda olur, onlara ebeveynlerinin bir aşamadan sonra ne diyeceklerini sorarım ve doğru cevap vermeleri beni hiç şaşırtmaz.)

Paul'ün şeması çok açıktı. Julie gibi o da yumuşak bir ebeveyndi ama Julie'den farklı olarak o asla sonuca ulaşamıyordu. Bu yüzden çocuklar onu daha çok zorluyor, onunla dansları daha uzun sürüyordu.

Paul'ün dansı tipik olarak fazlaca tekrarlama ve hatırlatmayla başlıyor; suçlama, alay etme, azarlama ve tehditlerle devam ediyordu. İşler çığırından çıkınca Julie geliyor ve mola vererek yangını söndürüyordu.

Paul'ün şemasında sözel adımları daire içine aldım. Bütün şema daire içindeydi. Dansı sonlandıran davranışsal adım Julie'ye aitti.

"Paul, ne zaman sinirleniyorsun?" diye sordum.

"Son zamanlarda öfkeyle başlıyorum ve öyle devam ediyorum" dedi. "Önceleri böyle değildi. Birkaç ay öncesine kadar ben de Julie gibi sakin başlıyordum ama kimse beni dinlemiyordu. Ben de sinirlenip bağırmaya başladım."

Paul'ün şemasının başına, "öfkeyle başlıyor" diye yazdım. Onun dansı öfkeliydi.

Paul'ün şeması tamamlanmıştı ama ona özetlememe gerek yoktu. Model çok belirgindi. O konuştukça çocuklar direniyor, onu zorluyor; Paul de daha çok sinirleniyordu.

Şekil 4F. Paul'ün Ebeveyninin Şeması

Ebeveyn Davranışı	Çocuk Davranışı
A Sözel Adımlar	
	— Yanlış davranış
İlk rica —	
Bağırma —	
Eleştirme —	
Suçlama —	
Daha çok bağırma —	
B Davranışsal Adımlar	
Paul'ün babası dayak atar. —	

Julie'nin neden üzgün olduğunu da anlıyordu. Paul'ün bütün danslarında o da vardı. Dansı bitirmek onun göreviydi.

"Siz çocukken yaramazlık yapınca anne ve babanız ne yaparlardı?" diye sordum. Paul'ün kendi yöntemiyle onlar arasında bir benzerlik kurmasını bekliyordum.

"Benim ailem sürekli bağırır, eleştirir, suçlar, döverdi. Babamın, akşam eve gelince ilk işi anneme o gün ne yaptığımızı sormak olurdu. Annem olumsuz şeyler söylerse hemen kemerine davranırdı. Sürekli korku içinde yaşardık."

Paul babasını asabi, sürekli patlamaya hazır biri olarak tanımlamıştı. Onun öfkesinden kaçmak için her şeyi yapabilirlerdi. Mutfağın bir duvarında asılı duran kalın deri kemer, onun otoritesini temsil ederdi. O kemerin ve yediği dayakların anısı o kadar acı veriyordu ki Paul kendi çocuklarına asla vurmayacağına ve kötü davranmayacağına yemin etmişti.

Pek çok ebeveyn gibi Paul de acı dolu aile dansından duygusal yaralarla çıkmıştı ve bu dansı tekrar etmek istemiyordu. Acıyı, dansın sonundaki dayakla özdeşleştirmiş; ona yol açan aşamaları göz ardı etmişti. Paul kendi aile dansını, acı dolu sonu yaşamayarak değiştirmeye çalışıyordu. Ona, kendi ebeveyninin şemasını gösterdim (Şekil 4F). Yüzündeki ifadeyi görünce, "Şaşırdın mı?" diye sordum.

"Evet. Kendi annemle babamın bana yaptıklarını yapacağımı hiç düşünmezdim."

Şemalar, Paul ve Julie'nin kendi ailelerinde öğrendiklerini tekrar ettiklerini kanıtlıyordu. Bildikleri tek dansı yapıyorlardı ve bu dansı kendi çocuklarına da öğretiyorlardı.

Dans Pistinden İnmek

"Peki, bu döngüyü nasıl kıracağız?" dedi Paul.

"Dansınızı fark ederek en önemli adımı attınız zaten" dedim. "Bundan sonra sözel adımlarınızla davranışsal adımlarınızı daha çok yaklaştıracaksınız. Julie'nin şemasıyla bu süreci özetleyelim.

Julie'nin etkisiz sözel aşamada bütün enerjisini ve zamanını tükettiğini hatırlayalım. Çok fazla konuşmuş, yeterince davranış göstermemişti. Davranış adımına gelene kadar dansına devam etti. A ve B noktasındaki bütün etkisiz sözel adımları atlayarak dansa bir son verebilirsiniz. A noktasında net bir mesaj vererek başlar ve doğrudan B noktasındaki davranış adımına geçersek net ve anlaşılır bir iletişim sağlamış oluruz. Dans etmeye gerek kalmaz." Bir süre sonra Julie ve Paul'ün şeması aşağıdaki gibi olmuştu (Şekil 4G). Sizinki de böyle olabilir.

Şekil 4G. Julie ve Paul'ün Yeni Şeması

Ebeveyn Davranışı **Çocuk Davranışı**

A
Sözel Adımlar

— Yanlış davranış

Net sözel mesaj —

B
Davranışsal Adımlar

Mola ve mantıksal sonuçlar —

Yanlış davranışın durması
Dansa gerek yok.

Cezacı Dans

Yedi ve on üç yaşlarında iki çocuk sahibi olan Rick ve Linda'nın danslarını hiç unutmayacağım. Daha bekleme odasındayken ilk izlenimi almıştım.

Görüşme sırası onlara gelince annesi on üç yaşındaki kızına, "Haydi, Lisa" dedi. Ama Lisa kollarını kavuşturmuş oturuyor, yerinden kımıldamıyordu.

"Siz girin" dedi annesiyle babasına. "Danışmana ihtiyacı olan sizsiniz."

"Biraz söz dinleseydin burada olmazdık" dedi annesi öfkeyle.

"Laf sokacak bir şey daha buldun, değil mi?" diye karşılık verdi Lisa. "Çok iyi beceriyorsun zaten."

"Senin saygısızlıklarını çekecek değilim" dedi Linda.

"Ya! Ne yapacaksın? Cezalandıracak mısın? Senin bana saygısızlık yapman umurunda değil, değil mi?"

"Ben senin annenim."

"Hayır, sen diktatörsün!"

"Yeter artık, Lisa" diye araya girdi Rick. "Hadi, gel içeri girelim." Lisa istemese de peşlerinden odama geldi. Ama daha oturmadan dansları başlamıştı.

"Görüyor musunuz?" dedi Linda. Beni yanına çekmeye çalışıyordu.

Ben daha tarafsız tavrımı ortaya koyamadan Lisa laf sokmaya başladı. "Ben de senden çok haz ediyor sayılmam."

"Hepinizin çok öfkeli ve bıkkın olduğunu görüyorum" diyerek dikkatleri Lisa'dan uzaklaştırmaya çalıştım. "Böyle durumlarda sorun çözmede ben de çok başarısız olurum. Birkaç dakika durup sakinleşmeye çalışalım." Lisa'nın annesiyle babasına doldurmaları için birer form verdim.

Seansımız yeni başlamasına rağmen danslarını kesmek için ihtiyaçları olan tekniğe alışmışlardı: Sakinleşmek. Herkes sakinleşince Rick'e döndüm. "Az önce yaşadığınız tartışma evde de oluyor mu?"

"Lisa altı hafta önce dışarı çıkmama cezası aldığından beri sürekli yaşanıyor." Rick, danışmaya gelmelerine sebep olan olayları anlatmaya başladı.

Sorun, Lisa'nın birinci dönem karnesini getirmesiyle başlamıştı. En zor dersler olan fen ve matematikten D almıştı. Linda karneyi görünce çok kızmış, "Bu evde D diye bir not olamaz!" demişti.

Lisa, "Dönem sonuna kadar altı hafta var, notlarımı düzeltirim" diye karşılık vermişti.

"Çok zamanın olacak, merak etme çünkü notların yükselene kadar evden okula, okuldan eve. Dışarı çıkmayacaksın." Lisa ceza almıştı.

Annesinin bu kararına karşı çıkmaya kalkınca Linda cezayı arttırmakla tehdit etmiş, tartışmayacağını söylemişti. Lisa çok öfkelenmiş, "Çok kötüsün!" diye bağırmıştı. Annesi de bir süreliğine telefon etmeme cezası vermişti.

"Daha çok ceza istiyorsan, böyle devam et" diye azarlamıştı Lisa'yı.

O akşam Rick ara bulmaya çalışmış ama her şey daha kötüye gitmişti. Linda kızını tembel ve saygısız olmakla suçlamış, Lisa da annesinin kötü kalpli biri olduğunu söylemişti. Linda bağırınca Lisa da ona bağırarak karşılık vermişti. Tartışma alevlenince Lisa annesine, "Kaltak!" diye bağırmış, sonradan çok pişman olmuş ama geç kalmıştı. Annesi Lisa'ya tokat atmak üzereyken Rick araya girmiş, Lisa'nın en sevdiği şeylerden birini daha elinden almıştı: Cumartesi günleri paten kayması süresiz yasaklanmıştı.

"Ne yapacağımı bilemedim" dedi Rick bezgin bir sesle. Lisa hafta içi hâlâ cezalıydı ve telefonu kullanması da yasaktı. "Dayak yiyecek yaşta değil, artık büyüdü ama yaptığının yanına kalmasına da dayanamazdım." Linda gibi Rick de yol açtığı sonuçlarla işleri daha da kötü hale getirmişti.

"Lisa ya da diğer çocuğunuz Cody yanlış bir şey yapınca ne tepki verirsiniz?" diye sordum. Rick anlatırken ben de şemayı çizdim.

"Önce durmasını söylerim."

"Şu andaki ses tonunuzla mı?" Rick başını salladı. "Sözünüzü dinlerler mi?"

"Hayır, genellikle sesimi yükseltmem ve birkaç kez tekrar etmem gerekir."

"Sonra ne yaparsınız?"

"Yaptıkları şeyin neden yanlış olduğunu anlatmaya çalışırım."

"Anlarlar mı?"

"Her zaman değil. Genellikle tartışmaya başlarız."

"O zaman ne hissedersiniz?"

"Öfkelenirim. Bir defa olsun sözümü dinlesen ölür müsün, derim."

"Tehditleri ve azarları unutma" diye araya girdi Linda.

"Evet, biraz o da var."

"Biraz mı?" Lisa gözlerini devirdi.

"Peki, epeyce var ama ilk dediğimde sözümü dinleseler sorun çıkmayacak."

"Sonra ne olur?" diye sordum.

"Cody çok ileri giderse dayak yer ya da bir hafta ceza alır. Çok kötü bir şey yapmışsa hem dayak yer hem ceza alır. On iki yaşına gelince Lisa'ya vurmayı bıraktım. Artık daha çok telefon, TV, müzik mahrumiyetleri; arkadaşlarla görüşmeme; paten kaymama gibi cezalar veriyorum."

"Bunlar yanlış davranışı önlüyor mu?"

"O anda önlüyor. Ama cezaları bitene kadar öfkeleri geçmiyor, bize surat asıyorlar. Bazen bu işin bizim için daha zor olduğunu düşünüyorum." Linda, kocasının dediklerini onaylıyordu.

Şekil 4H. Rick'in Şeması

Ebeveyn Davranışı		Çocuk Davranışı
	A	
		— Yanlış davranış
İlk rica —		Yanlış davranış devam ediyor
Tekrarlama —		
Hatırlatma —		
Ses yükseltme —		
Mantık yürütme —		
Tartışma —		
Öfkelenme —		
Yalvarma —		
Tehdit —		
Azarlama —		
	B	
Dayak —		Yanlış davranışın durması
Ayrıcalıklardan mahrumiyet —		
Ceza —		

Rick'in şeması bitmişti (Şekil 4H). Beraberce incelemeye başladık. "Tanıdık geliyor mu?" dedim.

Şekil 4I. Sözel ve Davranışsal Adımlara Göre Rick'in Şeması

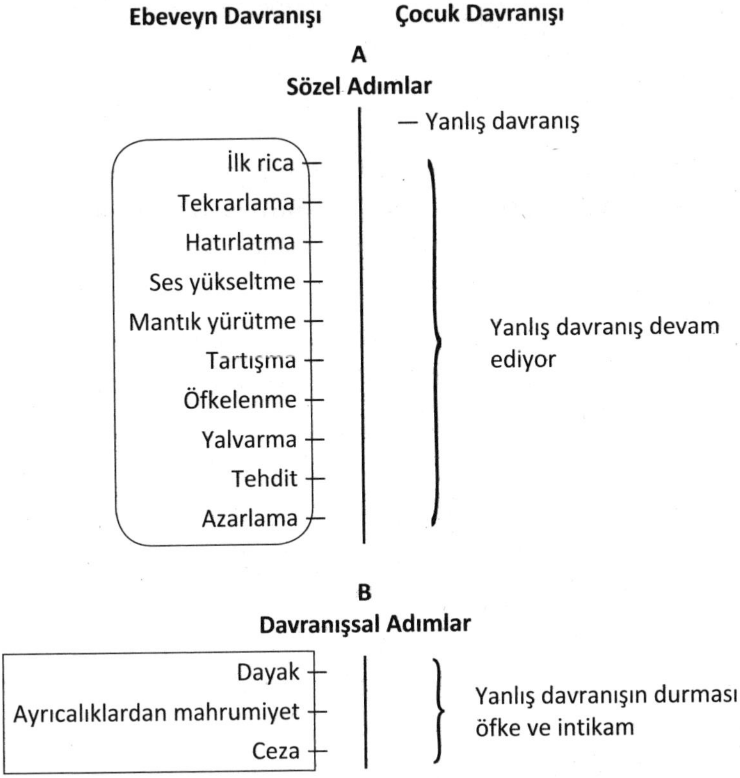

"Önemli bir şey yakalamışsınız" dedi. "Ne olduğunu bilmiyorum ama çok sık yaptığım bir şey."

"Ben buna dans derim. Merak etmeyin, sadece siz değilsiniz. Çocuklarına söz dinletmek için dans eden çok ebeveyn var. Şimdi dansınızdaki adımlara bakalım" dedim.

Rick'in şemasına döndüm ve sözel adımları daire içine aldım. Bu daire, şemanın büyük bir bölümünü kapsıyordu. Sonra da davranışsal adımları kutu içine aldım. Bu da şemanın az bir kısmını kapladı (Şekil 4I).

"Çocuklarınıza söz dinletmek için iki yöntem kullanıyorsunuz: Sözel ve davranışsal adımlar. Hangisi yanlış davranışı sona erdiriyor?" diye sordum.

"Tamam. Davranışsal adımınız dansı bir müddet durduruyor. Bu adımları atarken neler hissettiğinize bakalım. Az önce mantıklı açıklamalar yapmaya kalktığınızda çocuklar tartışmaya başlayınca sinirlendiğinizi söylemiştiniz. Tartışmalar azarlama ve tehditlere dönüşüyor. Davranışsal adıma geçip dansı bitirene kadar da işler iyice kızışıyor."

Rick başını salladı. Konuştukça daha çok direnişle karşılaştığını, bu yüzden de sinirlendiğini fark etmişti. Zamanının çoğunu işe yaramayan şeyler yaparak geçiriyordu.

"Davranışsal adımlarına bakalım" dedim. "Çocuklar yanlış davranıştan o anda vazgeçiyorlar ama sonra ne oluyor? Size öfkelenip alınganlık gösteriyorlar. Siz de aynı dansa yeniden başlıyorsunuz."

"İşte tam bu noktada sıkışıp kalıyoruz" dedi Rick. "Ne yapacağımı bilemiyorum. Artık mahrum edeceğim bir şey de kalmamış oluyor. Ama yaptıklarının cezasız kalmasına da göz yumamam. Yanlış davranışlarda bulunamayacaklarını ve sözümü dinlemeleri gerektiğini öğrenmeleri gerek." Haklıydı.

"Onları kızdırmadan ve gücendirmeden mesajınızı iletecek bir yol olduğunu söylesem bunu uygular mıydınız?"

"Elbette. Tartışıp durmaktan bıktım artık."

Şekil 4J. Rick'in Ailesinin Şeması

Ebeveyn Davranışı	Çocuk Davranışı
A Sözel Adımlar	
	— Yanlış davranış
Tehdit —	Korku
Öfkeli bakışlar —	
Bağırma —	
Daha çok tehdit —	
Korkutma —	
B Davranışsal Adımlar	
Şiddetli dayak —	— Acı, öfke, gücenme

"Çok güzel" dedim. "Şimdi size bu yöntemi anlatacağım. Önce dansınızın nasıl başladığını görelim. Çocukken yaramazlık yaptığınızda sizin aileniz ne yapardı?" Rick onların tepkilerini anlatırken ben de şemasını çizdim (Şekil 4J).

"Benim ailem, Linda'yla kurduğumuz aileden çok farklıydı. Cezayı babam verirdi. Annem de bizi ona şikâyet etmekle tehdit ederdi. Babam çok sıkı bir disiplin uygulardı. Bugün olsa çocuk istismarı yaptığı için suçlanırdı mutlaka."

"Çok döver miydi?" dedim.

"Dayak işin kolay yanıydı. Yaramazlık yaptığımızda öfkeli, soğuk gözlerini üstümüze diker; bağırıp tehditler savururdu. Korkuyla çığlıklar atarak odamıza kaçardık. Bizi daha da korkutmak için kemerini çıkarır, sandalyeye ya da masaya vurur, sonra da peşimize düşerdi."

Rick'in gözlerindeki yaşlardan, o şiddet aile dansının acı

ve öfkesini hâlâ taşıdığını anlamıştım. Linda'yla kendisinin neden farklı davrandığına inandığı da açıktı. Kendi ailesiyle karşılaştırıldığında onların yöntemi çok daha yumuşak görünüyordu ama iki şemaya da bakınca benzerlikleri Rick de fark etmişti. Lisa'nın alınganlığı daha tanıdık gelmeye başlamıştı.

Rick'le ailesinin şemasını alt alta koyup Linda'ya döndüm. "Linda, çocuklar yaramazlık edince sen ne tepki veriyorsun?"

"Ben de Rick gibi davranıyorum. Ama onun kadar sabırlı değilim. Dansa öfkeyle başlıyorum, bağırıyorum ve dans boyunca da sinirli oluyorum."

Linda'nın şeması Rick'inkiyle aynıydı ama farklı olarak onun başına, "öfkeyle başlıyor" diye yazdım. Şemayı bitirince ona gösterdim. "Böyle mi?"

"Unuttuğunuz şeyler var sanırım" dedi Lisa. "Alay ederek azarlama ve meydan okuma kısmı yok. Sen bize hep, 'Haydi yapabiliyorsanız yapın bakalım' diyorsun ama babam öyle söylemiyor."

"Evet, galiba bazen kendimi fazla kaptırıyorum" dedi Linda. "En çok da onları bir şeylerden mahrum bırakmakla tehdit ettiğimde benimle tartıştıkları zaman."

Linda'nın şemasındaki düzeltmeleri yaptım. Sonra da her zamanki gibi sözel adımları daire içine, davranışsal adımları da kutu içine aldım. Şema tamamlanmıştı (Şekil 4K). "Böyle mi?" Linda başını salladı. Beraberce şemayı incelemeye başladık.

Şekil 4K. Linda'nın Şeması

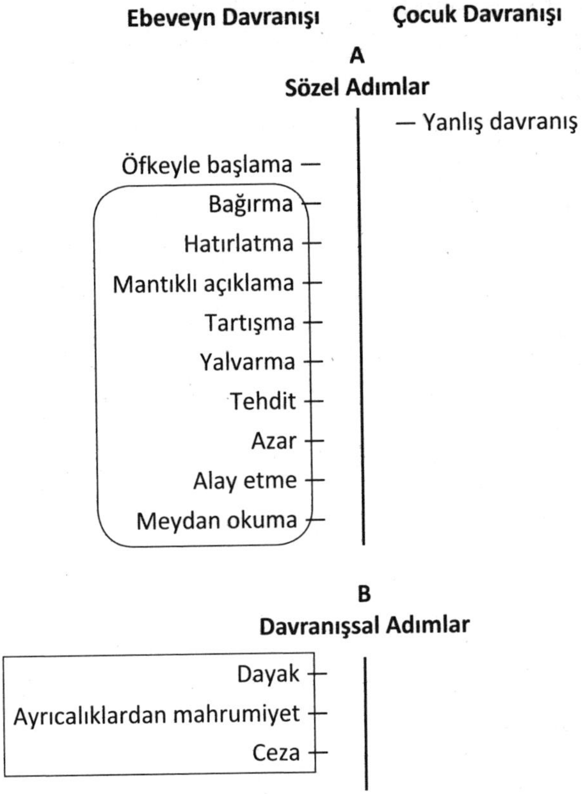

Linda'nın dansı Rick'e göre daha duygusaldı ama benzerlikler de gösteriyordu. O da Rick gibi zamanının çoğunu sözel adımlarla harcıyordu. Konuştukça direnişle karşılaşıyor ve daha çok sinirleniyordu. Olay iyice uzayınca acı verici sonuçlarla son veriyordu: Dayak, mahrumiyet ve ceza.

Linda şemayı incelerken, "Sözel adımı atlayıp doğruca davranışsal adıma geçseydin ne olurdu?" diye sordum.

"Daha az tartışma olurdu" dedi.

"Sen de daha az sinirlenirdin. O adımları atlayınca yanlış davranışın bitmesi daha az zaman ve enerji alır. Ama çocuklar davranışsal adımda yine öfkeli ve alıngan olacaktır. Şimdi varsayalım ki hem onları hem de seni öfkelendirmeyecek bir davranışsal adım olsun. O zaman dansa gerek kalır mıydı?" Linda başını iki yana salladı.

"Çok basit anlattınız" dedi.

"Sana öğreteceğim yöntemleri nasıl kullanacağını öğrenince de çok basit bulacaksın. En zor kısım, danstan vazgeçmektir. Bunun farkına vararak en önemli adımı attınız bile. Şimdi siz bu dansı nasıl öğrendiniz, ona bakalım. Çocukken yaramazlık ettiğinizde aileniz size nasıl davranırdı?"

"Bu yeteneğimin kaynağını biliyorum sanırım. Annem sürekli bize bağırıp çağırırdı. Söylenip durur, tekrar tekrar aynı şeyleri söylerdi. Sonunda dediğine gelirdik ama sözünü dinlemezsek bizi sevdiğimiz şeylerden mahrum bırakır ya da ceza verirdi. Çok küçük şeyler yüzünden haftalarca evden çıkmama cezası aldığımızı hatırlarım."

"O zamanlarda ne hissederdin?"

"Öfkeli ve gücenmiş."

"Lisa gibi mi?"

Linda nereye varmak istediğimi anlamıştı. "Ben de Lisa gibiydim. İsyankârdım ve annemin bana adil davranmadığını düşünürdüm. Onu çok severdim ama fırtınalı bir ilişkimiz vardı."

Şekil 4L. Linda'nın Annesinin Şeması

Ebeveyn Davranışı **Çocuk Davranışı**

A
Sözel Adımlar

— Yanlış davranış

Öfkeleniyor. —
Bağırma —
Çığlık atma —
Söylenme —
Hatırlatma —

Yanlış davranış devam ediyor.

B
Davranışsal Adımlar

Ayrıcalıklardan mahrumiyet —
Ceza —

"Lisa'yla ilişkinize benziyor muydu?" diye sordum.

Linda yine gülümsedi. Annesiyle dansının, Lisa'yla dansına çok benzediğini şemada görüyordu (Şekil 4L). Dansın çevresinde gelişen ilişkiler de benzerdi.

"Baban nasıl tepki verirdi?" dedim.

"Babam cezalandırırdı ama asla sesini yükseltmez, sinirlenmezdi. Bize durmamızı söyler, sözünü dinlemezsek döverdi. Çok şiddetli değil ama bizi durdurmaya yeterdi. Büyüdükçe bizi sevdiğimiz şeylerden mahrum etmeye de başladı, evden çıkmama cezası verdi ama annem kadar sık değil. Adil davranmaya çalışırdı (Şekil 4M).

Linda şemalara bakınca annesiyle babasının karışımı olan bir yöntem kullandığını anlamıştı. Sözel adımları annesine, davranışsal adımları ise anne ve babasına benziyordu.

Şekil 4M. Linda'nın Babasının Şeması

Ebeveyn Davranışı	Çocuk Davranışı
A Sözel Adımlar	
	— Yanlış davranış
İlk rica —	
B Davranışsal Adımlar	
Hafifçe vurma —	
Ayrıcalıklardan mahrumiyet —	
Ceza —	

Rick'le Linda o gün seansı bitirdiklerinde yöntemlerinin işlemeyen taraflarını görmüşlerdi. Danslarının ve bu dansa eşlik eden konuşmaların farkına varmışlardı. Artık yeni bir şey denemeye hazırdılar.

Şekil 4N. Rick ve Linda'nın Yeni Şeması

Ebeveyn Davranışı	Çocuk Davranışı
A Sözel Adımlar	
	— Yanlış davranış
Net sözlü mesaj —	
B Davranışsal Adımlar	
Sakinleşme ya da son verme —	} Yanlış davranış biter. Dansa gerek yoktur.
Teşvik etme —	
Mola ya da sonuçlara katlanma —	

Daha sonraki seanslarda net mesajlarla başlamayı, işler kızınca sakinleşmeyi ve son verme tekniklerini (6. Bölüm) kullanmayı öğrendiler. Tehditlerin ve azarlamaların yerini net mesajlar ve olumlu teşvikler almıştı. Dayak ve cezanın yerinde de molalar ve sonuçlara katlanma aşaması vardı. Yeni şemaları şekil 4N gibiydi ve bu çok fazla zaman almamıştı. Sizin şemanız da böyle olabilir.

Özet

Aile dansları; nesilden nesile geçen iletişim, problem çözme süreçlerinin yıkıcı modellerini oluşturur. Daima kurallar hakkında net olmayan ve etkisiz mesajlarla başlarlar. Öfke, direniş ve yanlış anlama ile kamçılanır ve çatışmalara, güç savaşlarına yol açar.

Zaman geçtikçe bu, aile üyelerinin gayet normal bir şeymiş gibi algıladığı tanıdık ve içselleştirilmiş bir dans haline gelir. Bu bölümde incelediğimiz aileler gibi onlar da dans ettiklerinin farkında değildir. Farkına varmak, bu döngüyü kırmanın ilk adımıdır.

Dansa son vermenin en iyi yolu, hiç başlamamış olmaktır. Ebeveynler kuralları ve beklentileri hakkında net mesajlar vererek danstan kurtulabilirler.

Basit görünüyor, değil mi? İşinize yaramayan mesajları keşfettiğinizde bu süreç daha da kolaylaşacaktır. Bir sonraki bölümde bu konuda bilgiler bulacaksınız.

Ebeveynler için Çalışma Grubu Soruları

1. Siz de çocuğunuzla dans ediyor musunuz? Bu yumuşak mı, cezacı mı, yoksa ikisinin karışımı bir dans mı? Ne zamandır devam ediyor?
2. Dansınızdaki adımlarını açıklayın. Belli bir yanlış davranış karşısında nasıl davrandığınızı anlatın. Sürece nasıl son veriyorsunuz? Siz ve çocuğunuz bunun devamı için neler yapıyorsunuz? 4O numaralı şemayı doldurun. Bu faaliyet ayrı ayrı yapılıp sonradan sonuçlar karşılaştırılabilir.

Şekil 4O. Sizin Şemanız

Ebeveyn Davranışı **Çocuk Davranışı**

A
Sözel Adımlar

B
Davranışsal Adımlar

3. Şemanızdaki sözel adımları daire, davranışsal adımları kutu içine alın. Hangi adımda daha çok zaman ve enerji harcıyorsunuz? Hangi adım yanlış davranışa son veriyor?
4. Dansınızın hangi noktasında sinirleniyorsunuz? O noktayı şemada işaretleyin. Bu noktada çocuklarınıza öfkeli, eleştirel, cesaret kırıcı sözler söylüyor musunuz? ("Bir kere de dediğimi yapsan ölür müsün?" gibi.)
5. Öfkeli olduğunuzda dansa son vermek için kullandığınız sonuçlar değişiyor mu?
6. Sizin aileniz hangi yöntemi kullanırdı (Şekil 4P ve 4Q)? Nasıl başlarlar ve nasıl bitirirlerdi? Siz nasıl tepki verirdiniz?

Şekil 4P. Annenizin Yöntemleri

Ebeveyn Davranışı **Çocuk Davranışı**

A
Sözel Adımlar

B
Davranışsal Adımlar

Şekil 4Q. Babanızın Yöntemleri

Ebeveyn Davranışı **Çocuk Davranışı**

A
Sözel Adımlar

B
Davranışsal Adımlar

7. Sizin yöntemleriniz anne ve babanızın yöntemlerine benziyor mu? Benziyorsa hangi yönlerden?
8. Çocuklarınızla çatıştığınız noktalar, sizin ailenizle çatıştığınız noktalara benziyor mu? Kendi yöntemlerinizi kullandığınıza inanıyor musunuz?

5

Sınırlarınız Sert mi, Yumuşak mı?

Yumuşak sınırlar karmaşık mesajlar iletir, sert sınırlar çocuğu yanlış yönlendirebilir.

Arabanızla giderken trafik ışıklarına yaklaştığınızda ışık sarıya dönerse ve ışıktan geçecek zamanınız da varsa yine de durur musunuz? Çoğu yetişkin bunu yapmaz. Çocuklar da bu tür bir sinyal aldıklarında yanlış davranışlarını durdurmazlar. Yetişkinler sarı ışıkta neden durmuyorlarsa çocuklar da aynı sebepten durmazlar. Yani, durmak isteğe bağlıdır; zorunlu değildir.

Günümüzde ebeveynlerin çoğu, çocuklarının yanlış davranışlarını durdurmak için yanlış sinyaller göndermektedir. Dur işaretinin gerçekten durmayı zorunlu kılmadığını, "hayır"ların aslanda "evet" ya da "olabilir" anlamına geldiğini göremezler. Çoğu durumda sorun, sınırlar konusunda net olmayan iletişimden kaynaklanır.

Çoğu durumda sorun, sınırlar konusunda net olmayan iletişimden kaynaklanır.

Sınırların iki temel biçimi vardır: Sert ve yumuşak. Her biri de istediğimiz mesajı verirken kurduğumuz iletişimin etkinliğinde farklılık gösterir. Bu bölümde hangi sınırları kullandığınızı ve çocukların bu sınırlara verdikleri tepkilerin sebebini göreceksiniz. Kural ve beklentilerinizle ilgili net mesajlar vermeye başlayarak çocukların sınırları zorlamasını engellemiş olacaksınız.

Yumuşak Sınırlar: 'Hayır' Ne Zaman 'Evet' ya da 'Olabilir' Anlamına Gelir?

Beş yaşındaki Kevin, annesinden izinsiz meşrubat içmemesi gerektiğini biliyordu ama annesi telefonda konuşurken gizlice buzdolabını açıp bir gazoz almıştı. Annesi fark edince, "Kevin! İzin almadan gazoz içemezsin, biliyorsun" dedi. Kevin masum masum annesine bakarak içmeye devam etti.

> Yumuşak sınırlar teoriktir, pratik değildir. Karmaşık mesajlar içerdiğinden sınırların zorlanmasına yol açarlar.

Annesi konuşmaya devam ediyordu. "Her istediğinde gazoz içersen dişlerin çürür. Önce bana soracaksın. Tamam mı?" Kevin başını sallayıp duruyor ama içmeye de devam ediyordu. Son yudumunu da içerken annesi, "Peki tatlım, bir dahakine izin almayı unutma, olur mu?" dedi. Kevin başını salladı.

Kevin'in annesinin yumuşak sınırları vardır. Konuşmasını bitirince mesajını verebilmiş olduğunu düşünür ama gerçekten de öyle midir? Kevin izin almadan gazoz içemeyeceğini öğrenebilmiş midir?

Elbette söylenenleri anlamış ve kendisinden beklenen karşılığı vermiştir ama annesi nasihat ederken bir şişe gazozu da midesine indirmiştir! Kevin bu dersten zaten bildiği bir şeyi; yani, annesinin nasihatlerini sabırla dinlediği sürece istediği zaman gazoz içebileceğini öğrenmişti. Bu örnekte Kevin'in annesi, vermek istediği mesajdan çok daha farklı bir mesaj vermiştir.

> Eğitim açısından yumuşak sınırlar etkisizdir daha da kötüsü, asıl istenen şeyin tam tersine sebep olurlar.

Yumuşak sınırlar teoriktir, pratik değildir. Karmaşık mesajlar içerdiğinden sınırların zorlanmasına yol açarlar. Sözlü mesaj, dur der ama davranışsal mesaj durmanın gerekli ya da zorunlu olmadığını söyler. Kevin bu durumu net bir şekilde kavramış ve sarı ışığa denk gelen çoğu yetişkinin verdiği tepkiyi vermiştir. Sinyali görmüş ama yoluna devam etmiştir. Kevin'le annesi, gazoz içme konusunda muhtemelen daha önce de defalarca aynı dansı yapmışlardır.

Eğitim açısından yumuşak sınırlar etkisizdir çünkü temel eğitim amaçlarımızı karşılamazlar. Yanlış davranışa son vermez, kurallarla ve beklentilerimizle ilgili olumlu öğrenmeyi sağlamazlar. Yani işe yaramazlar.

Daha da kötüsü, asıl istenen şeyin tam tersine sebep olurlar. Sınırların zorlanmasına, yanlış davranışın ve güç savaşlarının artmasına yol açarlar. Pek çok aile dansının sebebi yumuşak sınırlardır.

Yumuşak sınırlarla eğitilen çocuklar, karmaşık mesajlarla iletişim kurmayı ailelerinden daha iyi becerirler. Ev işi ya da ödev yapmaları istendiğinde, "Tamam" ya da "Biraz sonra" derler ama aslında, "Yapmayacağım" ya da "Asla yapmam" demek isterler. Alışveriş merkezine gitmek isterler ve izin alamayacaklarını bilirlerse bisikletle dolaşmaya çıkacaklarını söylerler. Kabul edilebilir sözlü mesajların; asıl niyetlerini gizleyeceğini, sorumluluktan kurtulacaklarını ve bildiklerini okuyabileceklerini bilirler.

Yumuşak sınırların türleri vardır. Etkisiz sözel mesajlar ya da etkisiz davranışsal mesajlar şeklinde görülebilirler. Bazen ikisi de aynı anda görülür. İki türde de istenen mesajı verirken etkisiz kalma gibi ortak bir nokta vardır. Söz dinlemek beklenmemektedir ve zorunlu değildir. Belli bazı örneklere bakalım.

İstekler, Umutlar ve Gereklilikler

Dört yaşındaki Jessica, babasının bilgisayarıyla oynayamayacağını biliyordu ama tuşlara hiç dayanamıyordu. Annesi içeri girdiğinde bilgisayarı açmış, klavyeyle oynuyordu.

"Jessica, keşke babanın bilgisayarıyla oynamasaydın." Jessica onu duymazdan geldi.

Annesi devam etti. "Jessica, baban bilgisayarıyla oynanmasına çok kızıyor, biliyorsun." Ama Jessica tuşlara basmaya devam etti.

"Jessica! Kızmaya başlıyorum. Beni daha fazla kızdırmadan dursan iyi olur!" Ama Jessica durmadı.

Bilgisayarı bırakması için verilmiş net bir mesaj var mı? Jessica böyle bir şey duymadı. İstekler, umutlar ve gereklilikler, "Dursan iyi olur ama mecbur değilsin" anlamına gelir. Söz dinlemek isteğe bağlıdır, zorunlu değildir. Çocuklar böyle bir mesaj aldıklarında genellikle test etmek isterler. Jessica da bilgisayarla oynamaya devam ederken test ediyordu.

Tekrarlama ve Hatırlatma

Terry oturma odasında oturmuş, yüksek sesle televizyon izliyordu. Babası sinirle içeri girip, "Terry, şunun sesini kıs!" dedi ama Terry onu duymazdan geldi. Biraz sonra babası yine bağırdı. "Terry, kaç defa söyleyeceğim? Sesini kıs! Sağır mısın?"

Terry yine duymazdan geldi. İyice sinirlenen babası içeri gelip TV'nin önüne geçti, kumandayı eline alıp, "Ya sesini kısarsın ya da kapatırım" dedi. Terry sesi kıstı.

Terry'nin, babasını ilk duymazdan gelişinde bir şey olmadı. Terry istediğini almıştı. İkincisinde de bir şey olmadı. Babası ciddi olduğunu ilk seferde belli edebilseydi, Terry neden ikinci ya da üçüncü tekrarı beklesin ki? Elbette beklemezdi.

Sözlü mesaj, sesi kısmasını söylerken davranışsal mesaj, bir şey yapmayacağını söylüyordu. Yüksek sesle TV izlemeyi sevseydiniz, hangi mesajı dikkate alırdınız?

Sürekli tekrarlayan ve hatırlatan ebeveynler, çocuklarını duymazdan gelmeye alıştırmaktadırlar. Çoğu çocuk gibi Terry de mecbur kalmadığı sürece babasının sözünü dinlemiyor.

Konuşmalar, Nasihatler, Nutuk Çekmeler

Dokuz yaşındaki Sandra, 18:00'de akşam yemeği yeneceğini ve evde olması gerektiğini biliyordu ama arkadaşlarıyla o kadar eğleniyordu ki eve kırk beş dakika geç geldi.

"Neredeydin bakalım, küçük hanım?" dedi annesi sinirle. "Eve geliş saatini bilmiyor musun? Babanla kardeşin açlıktan öldü, seni beklerken yemekler soğumasın diye fırına koydum. Herkes istediği saatte eve gelirse ne olur o evin hali? Haydi, çabuk elini yüzünü yıka da sofraya gel. Yemeğe oturalım artık."

Yemeğe geç kalmanın hoş görülemeyeceğine dair bir mesaj aldınız mı? Sandra da almadı. Bu nasihatler Sandra'nın eve zamanında gelmesini sağlayacak mı? Pek sayılmaz. Sandra bütün bunlardan ne öğrendi?

Eve geç kalmanın o kadar da kötü bir şey olmadığını, fazladan kırk beş dakika daha oynayabileceğini öğrendi. Hatta annesi, onu beklerken yemeği soğutmamak için çaba bile gösteriyordu. Annenin verdiği mesaj sarı ışıktı.

Yanlış Davranışı Görmezden Gelme

Net olmayan, ucu açık yönlendirmeler sınırları zorlamaya davetiye çıkarır ve ebeveynler ile çocuklar arasında çatışmalara sebep olur.

Üç yaşındaki Tina, sofradayken pipetinden baloncuklar çıkarabileceğini keşfetti. Annesiyle babasına göre ise bu sinir bozucu bir davranıştı ve kendiliğinden bırakmasını bekliyorlardı. Tina'nın ağabeyleri ise bu oyundan çok hoşlanmışlardı. Ebeveynleri onlara, Tina'yı teşvik etmemelerini söylediyse de Tina durmadı. Annesiyle babası, yemek saatinde artık hep gergin oluyorlardı.

Yeşil ışığın olmaması, kırmızı ışığın yandığı anlamına mı gelir? Öyle olsaydı Tina baloncuk yapmayı çoktan bırakmış olurdu. Görmezden gelerek yanlış davranışı durdurabileceğimize neden inanırız? Yanlış davranışı görmezden gelmek, "Evet, yapabilirsin. Devam et. Durmana gerek yok" demektir.

Tina'nın ailesi, baloncuklara son vermeyi gerçekten istiyorsa doğru sinyali yakmak zorundadır. Sözleriyle durmasını söylemeli, gerekirse etkin davranışsal adımlar atarak bardağı elinden almalıdır.

Net Olmayan Mesajlar

On altı yaşındaki Janet erkek arkadaşıyla buluşmaya gitmiştir. Kapıdan çıkarken babası, "Çok geç kalma" diye seslenir.

"Çok geç"ten kasıt nedir? 23:00 mü? Gece yarısı mı? Sabah karşı bir mi? Yoksa daha geç bir saat mi? Buna kim karar veriyor? Babası, eve zamanında gelme konusunda Janet'in kendisiyle aynı şeyi düşündüğünü varsayıyor.

Net olmayan, ucu açık yönlendirmeler sınırları zorlamaya davetiye çıkarır ve ebeveynler ile çocuklar arasında çatışmalara sebep olur.

Dört yaşındaki Tyler'ın, ninjacılık oynarken arkadaşı Harold'un üstüne uçtuğunda neler öğrendiğine bakalım. Tyler becerebiliyordu! Harold midesine bir tekme yemiş, ağlayarak iki büklüm olmuştu. Tyler'ın annesi olanları görünce hemen müdahale etti.

"Tyler! Çok sert oynuyorsun. Kibar ol." Harold nefes almaya çalışırken onunla ilgilendi, sonra mutfağa döndü. Ama Tyler karate numaralarına devam ediyordu.

Tekme atmaktan vazgeçmesi gerektiğine dair bir mesaj almış mıydı? Hayır. Ona "çok sert" oynadığı, daha "kibar" olması gerektiği söylenmişti. Dört yaşındaki bir çocuk bunlardan ne anlar? Çok sert olmanın derecesini kim belirler?

Tekme atmaması konusunda net bir mesaj almadığı için eğlenceli oyununa devam etti. Yanlış davranışa son vermek istiyorsak doğrudan ve net mesajlarla yönlendirme yapmamız gerekir.

Etkisiz Örnek Oluşturma

Paul ve Chris adındaki iki kardeş, uzaktan kumandalı arabanın başında çekişip duruyordu. Kavga yüzünden yan odada gazete okuyan babaları çok rahatsız oldu, sinirle yanlarına gitti, oğlanların birbirlerine girmek üzere olduklarını gördü.

Yüksek sesle, "Bıktım sizin kavgalarınızı ayırmaktan!" dedi. İkisinin de poposuna birer şaplak atıp, "Sessiz olun bakalım" diyerek odadan çıktı.

Çocuklar bu durumdan ne öğrendi? Aralarındaki çatışmayı bağırarak ve vurarak çözmeye çalışırlarken babaları rahatsız olmuştu. Ne yaptı? Çatışmayı çözmek için daha çok bağırdı ve o da vurdu.

Bu yöntem kavgayı ayırmıştı ama süreç içinde çocuklar ne öğrenmiş oldu? Babaları, vermek istemediği bir mesaj vermişti: Bağırarak ve vurarak çatışmaları çözeriz. Aslında, onlara cezalandırmasına neden olan davranışı teşvik etmiş oldu.

Pazarlık

Nathan cumartesi günü çimleri biçecekti ama arkadaşlarıyla dışarı çıkmayı tercih etti ve ailesine haber vermeyi unuttu. Tam kapıdan çıkarken annesi, "Çimleri biçmeden bir yere gitme" dedi.

"Anne, mecbur muyum?" dedi Nathan. "Çimler o kadar da uzamadı."

"İki haftadır biçilmiyor. Bence uzadı."

"Yemekten sonra yapsam? Söz veriyorum."

"İşlerini bitirirsen akşam geç yatmana izin verebilirim."

"Peki, şimdi ön bahçeyi biçsem, arkayı da sonra bitirsem, yine de bir saat geç yatabilir miyim?"

Elinin zayıfladığını görerek sinirlenen annesi, "Sıkılmaya başlıyorum artık!" dedi.

"N'olur anne, bir kerelik. Söz veriyorum." Nathan annesini ikna etmeye çalışıyordu.

"Peki, ama sadece bu seferlik. Haftaya iki tarafı da biçmeden dışarı çıkmak yok."

"Tamam."

Dışarı çıkmadan önce çimlerin biçilmesinin zorunlu olduğuna dair bir mesaj aldınız mı? Nathan almadı. Annesi onu işbirliğine ikna edebilmek için pazarlık yöntemini kullandı. Böyle yaparak kurallarının pazarlığa açık olduğunu söylemiş oldu.

Çocuklara göre pazarlık, isteğe bağlı olmakla aynı gibidir. Nathan bu konuda ne kadar ileri gidebileceğini görmek istedi. Sonuç olarak, pazarlık ederek kaçış yolu bulamadığı bazı hafta sonları çimleri biçmesi gerektiğini öğrenmişti. Sınırlar üzerine pazarlık etmeye meyilli olan ebeveynler, çocuklarını sınırları zorlamaları ve kuralları yeniden belirlemeleri için teşvik ederler.

Tartışma ve Çekişme

Dokuz yaşındaki Karen, oynamaya çıkmadan önce odasını temizlemek zorundaydı. "Neden ben temizliyorum da sen kendi odanı temizlemiyorsun?" dedi.

"Bizim odamız temiz. Şimdi söz dinle de odanı temizle" dedi babası.

"Ama yatağınızı yapmamışsınız. Hiç de temiz değil."

"Çünkü annen çarşafları değiştirecek. Haydi, söz dinle."

"Ama olmaz ki! Siz istediğiniz zaman yatağınızı yapabiliyorsunuz ama ben yapamıyorum!"

"Şımarıklığı kes! Mızmızlanmalarından bıktım artık! Kuralları biliyorsun. Ne diyorsak o."

"İğrenç kurallarınız var!" Karen istemese de odasına gidip temizledi.

Babası kurallar üzerinde tartışıp çekişerek Karen'a nasıl bir mesaj verdi? Ne sebeple tartışmışlardı? Karen odasını temizlemiyordu. Tartışma bitene kadar da temizlemeyecekti ve bazı tartışmalar çok uzun sürebilirdi.

Kızıyla laf dalaşına giren baba, kurallarının tartışma ve çekişmeye açık olduğunu söylemiş oldu. Karen'ı sınırları zorlamaya ve yanlış davranışını devam ettirmeye teşvik ederek istemediği halde bir güç savaşı başlatmıştı.

Rüşvet ve Özel Ödüller

Justin'in annesi çok sinirliydi çünkü oğlu hiç söz dinlemiyordu. Komşusu bütün iyi niyetiyle, "O yaştaki çocuklar parayı çok sever. Sözünü dinlemesi için ona para vermeyi denesene" dedi.

Justin'in annesi, *belki de haklı,* diye düşündü. *Justin sürekli harçlık ister.* Böylece bir deneme yapmaya karar verdi.

Ertesi gün oturma odasını dağıtan Justin'e ortalığı toplamasını söyledi. "Olmaz" dedi Justin. "Charlie'lere gideceğim, komandoculuk oynayacağız."

"Ortalığı toplarsan sana 75 kuruş veririm."

"Bir lira verirsen toplarım."

"Peki, bir lira. Ama hemen toplayacaksın." Justin annesinin sözünü dinledi, o da oğluna parasını verdi.

Koşarak dışarı çıkan Justin, *fena değilmiş,* diye geçirdi içinden.

Annesi o hafta, bu yönteme defalarca başvurdu ve her seferinde başarılı oldu. Ya da öyle zannetti. Sonuçta, daha önce yaptıramadığı bir sürü işi artık yaptırabiliyordu. Ama daha hafta bitmeden yirmi liraya yakın para vermiş olduğunu fark etti. İkinci hafta ödemeler 25 liraya, üçüncü hafta ise 30 liraya kadar çıkmıştı. Justin parayı seviyordu ama annesi ona ne öğretmiş oluyordu?

Bu yönteme başladıktan bir hafta sonra Justin'in annesi, ona görevi olan işleri yaptırabilmek için 90 liraya yakın para ödemişti. Yaptığı şeyin doğruluğundan endişe duymaya başladı.

"Ben çocukken bir iş yaptığımda kimse bana para vermezdi" dedi. Bu konuda düşündükçe daha çok sinirleniyordu.

O gün Justin'e, ön bahçedeki oyuncaklarını toplamasını söyledi. "Kaç para vereceksin?" diye sordu Justin.

"Zaten görevin olan şeyleri yapman için sana para vermeyeceğim."

"O zaman ben de yapmam!" dedi Justin öfkeyle. "Para vermezsen yapmayacağım."

Annesi, Justin'e yanlış bir mesaj verdiğini anlamıştı. Söz dinlemeleri için çocuklara rüşvet ya da özel ödüller vaat ettiğimizde bu davranışımızla aslında, para vermezsek söz dinlememeleri gerektiğini söylemiş olmuyor muyuz? Rüşvet ve özel ödüller, işbirliği yapmanın isteğe ve şarta bağlı olduğunu söylemek demektir.

Justin'in annesi gibi rüşvet ve özel ödüller vaat eden birçok ebeveyn; çocuklarına işbirliği yapmayı, sorumluluk almayı, kurallara uymayı öğrettiklerine inanır. Ancak asıl öğrettikleri, sadece karşılığında para alınan işlerin yapılmaya değer olduğudur. Para ödülü ortadan kalkınca Justin işbirliğine son vermiştir.

Ebeveynler Arasındaki Tutarsızlık

Annesi, "Oynamaya gitmeden önce odanı topla, Jimmy" derken babası, "Bırak gitsin, canım. Arkadaşları bekliyor" der ve kapıyı açıp Jimmy'yi dışarı gönderir. Jimmy bu durumdan ne öğrenmiştir?

Bu olayda iki kural işlemektedir: Annenin kuralı, o işin yapılmasını söyler; babanın kuralı ise yapılmamasını. Jimmy oyuncaklarını toplamadan çıkmak istediği için davranışsal mesaj, babanın kuralının geçerli olduğudur.

Gelecek sefer Jimmy'ye oyuncaklarını toplaması söylendiğinde ebeveynlerini birbirlerine karşı kullanacak, hangisinin kuralının geçerli olduğunu görmek için sınırları zorlayacaktır. Annesi ondan bir şey yapmasını istediğinde, "Babam diyor ki yapmayacakmışım" diyecektir. Babası ondan bir şey istediğinde de, "Geçen sefer yapmasam da olur, demiştin?" diyecek. Her halükârda bu üç kişi arasında çatışmalar çıkacaktır.

Etkisiz Takip

Jake yemekten önce kurabiye ve şeker yememesi gerektiğini biliyor ama haftada en az üç, dört kez gizlice kurabiye kavanozuna dalıyor, bazen de yakalanıyordu. Annesi yemekten önce kurabiye yiyemeyeceğini hatırlatırken Jake o anda elinde ne varsa çarçabuk midesine indiriyordu.

Jake'in annesinin sözleri durmasını söylüyor ama davranışları, yakalanana kadar kurabiye aşırmasına yeşil ışık yakıyordu. Kurabiye seven biri için bu kötü bir durum değildir. Jake'in annesi onun yemekten önce kurabiye yemesini istemeseydi, kuralını net bir şekilde ortaya koyacak davranışsal mesajları vermesi gerekirdi (Jake kuralı her çiğnediğinde kurabiye kavanozunu bir hafta boyunca boş bırakmak gibi).

Etkisiz Sözel Mesajlara Diğer Örnekler (Yumuşak Sınırlar)

"Banyo zamanı geldi, tamam mı?"
"Bir kerecik uslu olsan, ölür müsün?"
"Haydi, gel anlaşalım."
"Bir kerecik sözümü dinlesen, neyin eksilir?"
"Telefondayım, görmüyor musun?"
"Kısık sesle konuşur musun? Bebeği uyandıracaksın."
"Kendine gelsen iyi olur."
"Bu davranışını hiç beğenmiyorum."
"Ödevlerini erkenden bitirsen ne güzel olurdu."
"Ben senin sözünü kessem hoşuna gider mi?"
"Pislik yapma!"
"Bir adım da sen atsan? Çok şey mi istiyorum?"
"Yettin artık."

Etkisiz Davranışsal Mesajlara Diğer Örnekler (Yumuşak Sınırlar)

Çocukların ortalığı dağıtıp toplamadan gitmelerine göz yummak

Çocukların dağıttıklarını arkalarından toplamak

Kendisi giyinebilen çocuğu giydirmek

Yanlış davranışın kendiliğinden sona ereceğini umarak görmezden gelmek

Keyfiniz yerindeyken onaylanmayan davranışa göz yummak

Birini döven çocuğu döverek ona bunun nasıl bir şey olduğunu göstermek

Sert Sınırlar: Hayır, hayır demektir

Sekiz yaşındaki Patrick kahvaltı sofrasında mısır gevreği kutusundan çıkan düdükle oynuyordu. Bütün çocuklar gibi o da hevesle düdüğü öttürmek istiyordu. Birkaç kez üfleyerek denedi. Çok güzel ötüyordu. İki kardeşi ise kulaklarını kapatmış, durması için ona bağırıyorlardı. Patrick bu gürültüden çok hoşlanmıştı. Düdüğü hızla öttürmeye devam etti.

Babası gürültüye koşup geldi. Kesin bir ifadeyle, "Patrick, o düdüğü evde öttürme. Dışarıda oynayabilirsin" dedi. Patrick ters ters babasına baktı, sonra düdüğü bıraktı.

Ama babası gider gitmez derhâl düdüğü kapıp üst üste birkaç kez hızla öttürdü. Niyeti tepkisini ortaya koymaktı. Babası geri geldi, hiçbir şey söylemeden düdüğü Patrick'in elinden aldı.

Patrick'in babası, düdük kuralını öğretmek için sert sınırlar kullanıyordu. Sözleriyle dur diyor, davranışlarıyla da bunu destekleyerek düdüğü elinden alıyordu. Patrick gayet net bir mesaj almıştı. Kurala uyması bekleniyordu ve buna mecburdu. Bir dahaki sefere daha uygun davranması için ihtiyacı olan bilgiyi almıştı.

Sert sınırlar, kural ve beklentilerimizle ilgili net sinyaller gönderir. Bu sinyallerle eğitilen çocuklar ne dediğimizi anlarlar çünkü dediklerimizi yaptığımızı görmüşlerdir. Sözlerimizi ciddiye almayı öğrenirler ve işbirliği yaparlar. Bunun sonucu daha iyi bir iletişim, sınırların daha az zorlanması ve aile dansına ihtiyaç duyulmamasıdır. Sert sınırlar, oldukça etkin eğitim araçlarıdır.

> Sert sınırlar, kural ve beklentilerimizle ilgili net sinyaller gönderir.

Sert Sınırlar Belirlemenin Yolları

Etkili bir yönlendirme, kural ve beklentilerimiz hakkında net mesajlar vererek başlar. Bu adıma sözlerimizle ve çoğunlukla iletişimin koptuğu noktada başlarız. Aşağıdaki ipuçları, sözlü mesajlarınızı etkinleştirmenize yardımcı olacaktır.

1. Mesajı davranış üzerinde yoğunlaştırın.

Asıl amaç, onaylanmayan davranışı reddetmektir; o davranışta bulunan çocuğu değil. Bu yüzden vereceğimiz mesaj, davranışı düzeltmeye yönelik olmalıdır. Tavır, duygular ya da çocuğun değerine vurgu yapılmamalıdır.

Örneğin altı yaşındaki Kenny'nin kardeşini rahatsız etmesini istemiyorsanız mesajınız, "Kenny, kardeşini rahat bırak" şeklinde olmalıdır. "Kenny, bela mısın, nesin?", "Bu çirkin hareketlerini kimse sevmiyor", "Kenny, kardeşin ne kadar üzüldü bak" şeklinde değil.

Sekiz yaşındaki Melinda'nın sizi telefondayken rahatsız etmemesini istiyorsanız mesajınızı, "Melinda, sözümü kesme lütfen" ya da "Melinda, telefonu kapatana kadar bekle" şeklinde vermelisiniz. "Görmüyor musun, meşgulüm!" "Bela mısın, nesin?", "Ne kadar düşüncesizsin!" şeklinde mesajlar vermemeliyiz.

2. Açık, anlaşılır ve kesin olun.

Sınır koyan kesin bir mesaj, çocuktan ne yapmasını istediğinizi açık ve anlaşılır biçimde belirtir. İhtiyaç duyulduğu hallerde yapılacak şeyin ne zaman ve nasıl yapılması gerektiğini de belirtmelisiniz. Ne kadar az konuşursanız o kadar net olursunuz.

Örneğin on iki yaşındaki çocuğunuzun 18:30'da evde olmasını istiyorsanız, "Akşam 18:30'da evde ol" cümlesi yeterlidir. "Fazla geç kalma", "Zamanında gel" gibi mesajlar etkisizdir. Bu mesajlardaki "fazla geç" ve "zamanında" sözlerinin neyi kast ettiği açık değildir. Eve geliş saatine sizin mi, çocuğunuzun mu karar verdiği belirsizdir. Bu iki mesaj da sınırları zorlamaya teşvik eder.

On yaşındaki çocuğunuz banyoyu baştan savma temizlemişse, "Jill, banyoyu güzelce temizlemen gerek. Havluları yerden al, kirlileri sepete koy, dökülen saçları topla, diş macununu kapat" demeniz gerekir.

Bunun yerine, "Jill, banyoyu daha iyi temizleseydin ya", "Banyoyu daha özenli temizleyebilirdin" gibi mesajlar verirseniz temizliğin derecesi belirsiz kalacaktır. "Daha temiz" ne demektir, temizliğin derecesine siz mi, çocuğunuz mu karar verecektir? Açık ve anlaşılır bir mesaj vermezseniz Jill'in yaptığı işten memnun kalmayabilirsiniz.

3. Normal ses tonunuzla konuşun.

Sesinizin tonu çok önemlidir. Yüksek ses yanlış mesaj verebilir: Kontrol kaybı. Kontrolü elinizde bulundurduğunuzu, beklentilerinizde kesin ve kararlı olduğunuzu belli etmek için sesinizi yükseltmemeniz gerekir. Mesajınızı vermenin en iyi yolu, kararlı ve normal bir ses tonuyla konuşmaktır.

Kesin sınırlar sert bir sesle belirtilmemelidir. Çocuğu ikna etmek için bağırmaya gerek yoktur. Davranışlarınız, sözlerinizden daha etkili olabilir. Normal ses tonunuzla yapması gereken şeyi söyleyin ve gerekirse davranışsal adıma geçin.

4. Gerekli durumlarda sonuçları belirleyin.

Çocuklar sınırlarınızı zorluyor, kurallarınıza uymuyorsa onlara katlanacakları sonuçları anlatmanız gerekir. Bu bir tehdit değildir. Siz inanırlığınızı korumalı ve çocuklarınızın onaylanabilir seçimler yapmaları için gerekli olan bilgiyi vermelisiniz.

Örneğin; çocuğunuzun sokakta bisiklete binmesini istemiyorsanız ve sözünüzü dinlemeyeceğini de biliyorsanız, "Sokakta bisiklete binme, yoksa elinden alırım" demelisiniz.

Böylece çocuğunuz işbirliği yapmak için gereken bilgiyi almış olur. Sınırı zorlamak isteyebilir, o zaman da davranışsal adıma geçerek sözünüzün arkasında durmalı ve bisikleti elinden almalısınız. Birkaç kez aynı şeyi yaşadıktan sonra çocuğunuz sizin ciddi olduğunuzu anlayacak. Siz de her seferinde katlanacağı sonucu belirtmek zorunda kalmayacaksınız.

5. Sözlerinizi davranışlarınızla destekleyin.

Sözleriniz, mesajınızın sadece bir bölümünü oluşturur. Pek çok durumda sadece sözlü mesaj yeterli olabilir ancak en açık mesaj bile davranışlarla desteklenmediği sürece etkisiz kalacaktır.

Örneğin oğluma, "İşler bitmeden oyun oynamak yok" dersem ama oynamalarına izin verirsem bir dahaki sefere sözlerimi ciddiye alırlar mı? Elbette almazlar. Sözlerin, davranışlarla desteklendiği sürece inanılır olduğunu onlar da bilirler.

Etkili Sözel Mesajlara Örnekler (Kesin Sınırlar)

"Vurma!"

"Oturma odasında cips yeme."

"Ayaklarını kanepeden indir."

"Oyuncaklarını topla, kutusuna koy. Sonra sokağa çıkabilirsin."

"17:30'da evde ol."

"Ya kuralına göre oynarsın ya da başka bir oyun bulursun. Ne yapmak istiyorsun?"

"TV'nin sesini kıs, yoksa kapatacağım."

"Oyuncağınla kırmadan oyna, yoksa elinden alırım."

Etkili Davranışsal Mesajlara Örnekler (Kesin Sınırlar)

Vuran çocuğa mola yöntemi uygulamak

Sözünüzü dinlemeyen çocuğun elinden cips paketini almak

> Sınırlar, kurallarımızı iletir ve ilişkilerimizdeki güç ve otorite dengesini sağlar.

Oyuncaklarını toplamayan çocuğa, birkaç gün o oyuncakları vermemek

Eve zamanında gelmeyen çocuğun geliş saatini erkene almak

Kurallarına göre oynamak istemeyen çocuğa bir süre oyun oynatmamak

Çocuk, TV'nin sesini kısmıyorsa TV'yi kapatmak

Oyuncağıyla kırmadan oynamayan çocuğun elinden o oyuncağı almak

Çocuğun kirli sepetine koymadığı kıyafetlerini yıkamamak

Dikkatsizlik yüzünden kırılan oyuncağın yenisini almamak

Özet

Bu bölümde, çocuk yetiştirmede sınırların önemini öğrendik. Sınırlar, kurallarımızı iletir ve ilişkilerimizdeki güç ve otorite dengesini sağlar. Açık olmayan kuralları netleştirmek için çocukların sınırları nasıl zorladığını gördük.

Sınırların başlıca iki türü vardır: Kesin ve yumuşak (Şekil 5A). Kesin sınırlar çok etkilidir. Kural ve beklentilerimizle ilgili net mesajlar verir. Kesin kurallarla yetiştirilen çocuklar sınırları daha az zorlar çünkü söz dinlemeleri gerektiğini, ebeveynlerinin bunu beklediklerini bilirler.

Yumuşak sınırlar teoriktir, pratik değildir. Çocuklar bizim aslında ne demek istediğimizi net bir şekilde anlamak istediklerinden yumuşak sınırlar direnişle karşılaşır ve zorlanır. Yumuşak sınırlar farklı türlerde olabilir ama hepsi de zorlanır ve söz dinlememeye yol açar. Çatışmaların, güç savaşlarının ve yıkıcı aile danslarının sebebi yumuşak sınırlardır.

Bu bölümde hangi tür sınırlar kullandığınız ve çocukların bu sınırlara tepkisi hakkındaki düşünceleriniz biraz daha netleşmiş oldu. Kesin ve yumuşak sınırlar hakkında en çok sorulan sorular şunlardır:

Şekil 5A. Kesin ve Yumuşak Sınırların Karşılaştırılması

	Kesin Sınırlar	Yumuşak Sınırlar
Özellikler	Net, anlaşılır, somut Sözler davranışlarla desteklenir. Onaylanabilir davranış için bilgi verir. Sorumluluk yükler.	Belirsiz, anlaşılmaz Sözler davranışlarla desteklenmez. Onaylanabilir davranış için bilgi vermez. Sorumluluk yüklemez.
Tahmini Sonuçlar	İşbirliği Sınırları daha az zorlama Kural ve beklentileri net bir şekilde anlama Ebeveynin sözlerini ciddiye alma	Direniş Sınırları çok zorlama Kural ve beklentilerde belirsizlik Ebeveynin sözlerini dikkate almama
Çocukların Öğrendiği	Hayır, hayır demektir. Kurallara uyman gerekiyor. Kurallar herkes içindir. Davranışlarımdan sorumluyum. Yetişkinler dediklerini yaparlar.	Hayır; 'evet', 'belki', 'olabilir' demektir. Kurallara uyman gerekmiyor. Kurallar başkaları içindir. Benim kendi kurallarım var. Yetişkinler dediklerini yapmazlar. Davranışlarımdan büyükler sorumludur.

Kesin ve Yumuşak Sınırlarla İlgili Sorular

1. *Çocuklarımın bazı davranışlarını yanlış buluyorum ama eşim bunları görmezden geliyor. Bu konuda ortak karara nasıl varacağız? Sınırları belirlemenin kuralları var mıdır?*

Cevap: Ev, çocukları hayata hazırlar. Çocuğunuz evin dışında da onaylanmayan davranışlarda bulunuyorsa o davranışlara sınır konmalıdır. Evdeki ve ev dışındaki onaylanabilir davranışlarda tutarlılık olmalıdır.

Yanlış davranışı görmezden gelirsek o davranışın onaylanabilir olduğu mesajını vermiş oluruz. Çocuklara göre kırmızı ışığın yanmaması, yeşil ya da sarı ışığın yanması demektir. Sarı ışık yanlış davranışa son vermez. Yeterli ve gerekli tepkiyi göstermezsek kurallarımız hakkında farklı mesajlar vermiş oluruz.

2. *Çocuklarıma hangi tür sınırlar koyduğumu nasıl anlarım?*

Cevap: Bunun en iyi göstergesi, çocukların sınırlar karşısında verdikleri tepkidir. Direnerek ve sınırları zorlayarak karşılık veriyorlarsa yumuşak sınırlar kullanıyorsunuz demektir. Mesajınızı verdikten sonra doğrudan geri bildirim almanın farklı yolları vardır:

a) Eşinizden ya da arkadaşınızdan sizi izlemesini, sınır koyarken ne dediğinizi ve ne yaptığınızı söylemesini isteyin.

b) Çatışma çıkabilecek anlarda konuşmalarınızı teybe kaydedin.

c) Kontrol sürecini kullanın.

3. *Çocukların, koyduğum sınırları anladıklarından emin olmadığım zaman uyguladığım tekrarlama ve hatırlatma yönteminden nasıl kurtulacağım?*

Cevap: Tekrar ve hatırlatma yaptıkça çocuklar bizi duymazdan gelirler ve sürekli aynı şeyleri söylememiz işlerine gelir. Bundan kurtulmak için bazı özel yöntemlere ihtiyacınız olacak. Sonraki bölümde tekrardan kurtulmak için gereken üç önemli tekniği öğreneceksiniz.

4. *Kesin sınırları istikrarlı bir şekilde uygulamaya başladığımda çocukların sınırları zorlama alışkanlıkları ne kadar sürede azalır?*

Cevap: Bu, çocuğun yaşına ve yumuşak sınırları kullanma sürenize göre değişir. Yaşı küçük olanlar daha kolay alışırlar.

5. *Ebeveynlerin kurallarının esnek ve tartışmaya açık olması gerektiğini savunan kitaplar okudum ama kesin kurallar hiç esnek değil!*

Cevap: Buna katılıyorum. Ebeveynlerin kuralları, çocukların kapasitelerine ve koşullara göre değişecek şekilde esnek olmalıdır. Ancak sınırlar zorlandığında ya da itaat edilmediğinde esneklik gösterilmemelidir.

Kesin sınırlar bu gibi durumlarda yıkılmazlar. Bu bağlamda esneklikleri yoktur ama uygun zamanlarda tartışılma ve gözden geçirilme esneklikleri vardır.

Ebeveynler için Çalışma Grubu Soruları

1. Net mesajlar verememişsek çocuklar bu mesajları netleştirmek için neler yapar? Bu durum öğrenmenin bir parçası mıdır, neden? Çocuklarınızın, kural ve beklentilerinizi netleştirmeye çalıştığı örnekleri paylaşın.
2. Çocuklar yumuşak sınırlara nasıl tepki verir? Neler öğrenirler? Sizin çocuklarınız da aynı tepkileri mi veriyor? Hangi olaylarda? Eğitim aracı olarak yumuşak sınırlar neden etkisiz kalır?
3. Çocuklar kesin sınırlara ne tepki verir? Bu mesajları etkili eğitim araçları yapan şey nedir?

4. Siz hangi sınır türünü kullanıyorsunuz? Verdiğiniz mesajlardan bazılarını diğer üyelerle paylaşın ve çocuklarınızın tepkisini anlatın. Sizin çocuklarınız da diğer örneklerdeki gibi mi tepki veriyor?
5. Sözel mesajlarınızın etkinliğini artırmak için neler yapacaksınız? Kesin sınırlar uygulamanın yöntemlerini tartışın. Yapacağınız şeyleri diğer üyelerle paylaşın.

Alıştırma: Çocuklarınıza net mesajlar verme alıştırması yapın. Tepkilerine bakın ve bu mesajlarla ne ölçüde işbirliği yaptıklarını inceleyin. Bir sonraki seansta bu deneyimlerinizi paylaşın.

6

Dans Pistinden inmek

Başlangıçta, ne kadar net mesajlar verirseniz verin, sizi zorlamaya ve dansa çekmeye çalışacaklardır.

Sherman daha beş yaşındaydı ama aile dansı konusunda, sanırsınız Fred Astaire*. Sabahları giyinirken nasıl ağırdan alacağını, ebeveynlerinin yumuşadığı anı yakalayıp ağlamaya başlamayı çok iyi beceriyordu. Sherman, hayırları evet yapmada mahallenin en hızlı çocuğuydu.

Ancak Sharman; anne babasının bu numaraları anlamaya başladıklarının farkında değildi. Davranışlarını anlıyorlar ve buna bir son vermeye hazırlanıyorlardı.

Yine bir sabah, Sherman işleri ağırdan almaya başlayınca annesi, "Sherman, giyinmek için on beş dakikan var. Giyinmiş olsan da olmasan da dışarı çıkacaksın. Saati kuruyorum" dedi.

Ciddi değildir, diye düşündü Sherman. *Birkaç kere daha söyleyecek, sonra gelip beni giydirecek.* Ağırdan almaya devam etti. On beş dakikanın sonunda üstünde sadece çorapları, iç çamaşırları ve tişörtü vardı. Alarm çalmaya başladı.

"Gitme zamanı" dedi annesi. Giymediği kıyafetlerini bir poşete koyup onu kapıya götürdü. Tekrarlama ve hatırlatma yoktu. Yalvarmak, ikna etmeye çalışmak da. Sherman inanamıyordu. Şaşkınlık içindeydi.

---

* Amerikalı ünlü dansçı, şarkıcı ve oyuncu. (e.n.)

"Yapma!" diye bağırdı. Ama bu arada çoktan dışarı çıkmışlardı bile. Kapının önünde yaşanan kargaşa, okula giden diğer çocukların dikkatini çekmişti. *Olamaz,* diye düşündü Sherman. Utanç içindeydi. Bu numaraları arkadaşları için yapmıyordu, onlar Sherman'ın kendi başına giyinip çıkabilecek becerisi olduğunu biliyorlardı. Koşarak arabaya gitti.

"İşte torban burada" dedi annesi. Sherman gözyaşları içinde giyinmeye çalışıyordu. Araba daha park yerinden çıkmadan pantolonunu, gömleğini ve ayakkabılarını giymişti bile. Kimse tek laf etmemişti. Ertesi sabah Sherman tam zamanında giyinip dışarı çıktı.

Şekil 6A. Sherman'ın Şeması

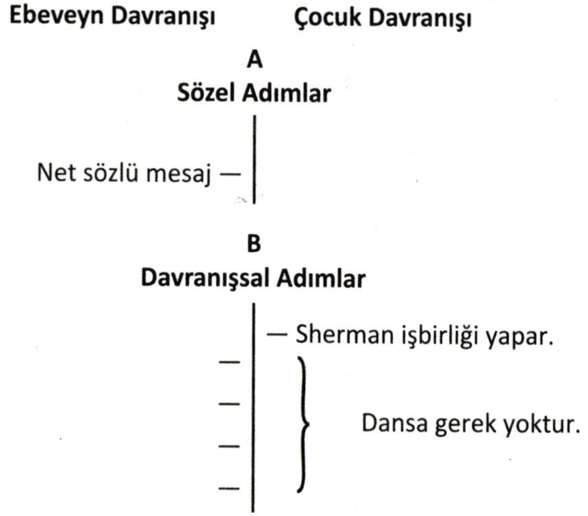

Şimdi şemaya bakalım (Şekil 6A). Dansa son vermenin en iyi yolu hiç başlamamaktır. Beklentilerimizi net bir sözel mesajla verip doğrudan davranışsal mesaja geçmeliyiz. Sherman'ın annesi bunu gayet etkin bir biçimde yaptı. Siz de yapabilirsiniz ama çocuğunuzun sınırları zorlamaktan kolayca vazgeçmesini beklemeyin.

Başlangıçta, ne kadar net mesajlar verirseniz verin, sizi zorlamaya ve dansa çekmeye çalışacaklardır. Siz de buna dayanamayabilirsiniz. Bu bölümde öğreneceğiniz üç yöntem, dansa karşı koymanızı ve başlamadan son vermenizi sağlayacaktır. Bu yöntemlerin nasıl işlediğine bakalım.

Kontrol Tekniği

Kesin bir sınır koyduğumuzda çocuğumuz beklediğimiz tepkiyi vermez ya da bizi dikkate almazsa verdiğimiz mesajın alınıp alınmadığından emin olamayız. Mesajımı aldı mı? Beni duymazdan mı geldi? Davranışsal adıma geçmenin zamanı geldi mi?

Kontrol süreci, tekrar ve hatırlatma yapmadan, bu soruların cevaplarını bulabileceğiniz basit bir tekniktir. Şüpheye düştüğünüzde şunlardan birini söyleyerek kontrol edin:

"Ne dediğimi anladın mı?"

"Söylediklerim yeterince açık mı?"

"Ben ne dedim?"

"Duyduklarını bir de sen söyler misin?"

Akşam yemeği vaktiydi ve altı yaşındaki David televizyon izliyordu. Annesi ona seslendi: "David, TV'yi kapatıp ellerini yıka, yemeğe oturacağız." David boş boş annesine bakıp TV izlemeye devam etti.

Annesi, *beni duydu mu,* diye düşündü. Kontrol etmeye karar verdi. İçeri girip TV'nin önüne geçti. Kesin bir sesle, "Az önce senden ne istedim?" diye sordu.

"TV'yi kapatıp ellerini yıka, dedin" dedi David.

"Yap o zaman." David, TV'yi kapatıp ellerini yıkamaya gitti.

Nesi var bunun, diye düşündü David. *Hiç böyle yapmazdı. Tekrarlar, hatırlatmalar nerede? En az beş dakika daha TV seyredebilirdim.*

Bu örnekte David annesinin mesajını almış ama duymazdan gelmeyi tercih etmiştir. Sınırları zorlamıştır. Annesinin tekrar ve hatırlatma yapmasını ve TV'yi kapatıp ellerini yıkayana kadar onu ikna etmek için uzun uzun konuşmasını beklemiştir. David'in annesi ise kontrol sürecini kullanarak dansa ve duymazdan gelmelere son vermiştir (Şekil 6B).

Bu örneğe bir ilave yapalım. Annesi kontrol sürecine girdiğinde, David onu dikkate almamayı seçtiği için boş boş bakmaya devam etseydi, annesi ne yapmalıydı?

İlk söylediğinde duymadığı bilgiyi ona vermeli ve sözlerini desteklemek için TV'yi kapatmalıydı. Böylece mesajın yerine ulaştığından emin olacaktır. David de mesajı etkin bir şekilde alacaktır.

Kontrol tekniği, çocuklar mesajı almalarına rağmen bildiklerini okuduklarında da yardımcı olur.

Şekil 6B. Kontrol Tekniği

Ebeveyn Davranışı	Çocuk Davranışı
A	
Sözel Adımlar	
Net sözlü mesaj —	
	— David duymazdan geliyor.
Kontrol —	
	— David işbirliği yapıyor.
	Dansa gerek yoktur.

On yaşındaki Hillary, bu konuda tam bir profesyoneldi. Cumartesi akşamı pijama partisine davetliydi. Yirmi dakika sonra gelip onu alacaklardı. TV'nin karşısında beklerken babası, "Hillary, gitmeden dağınıklığını toplayacaksın" dedi.

"Tamam." Ama on beş dakika geçmiş, Hillary yerinden kıpırdamamıştı. Dağınıklığını toplamaktan kurtulacağını umuyordu. Babası da bundan şüphelenmiş olacak ki kontrol etmek istedi.

"Hillary, ben senden ne istedim?" diye sordu.

"Toplayacağım." Ama Hillary hâlâ TV izliyordu.

Babası mesajını netleştirdi. "Tamam diyorsun ama yapmıyorsun. Daha açık olayım. Ortalığı toplayana kadar evden çıkamazsın." Artık mesaj daha netti.

Kahretsin! Rahat bırakmadı bir türlü, dedi Hillary kendi kendine. Dansın bittiğini anlayınca koşa koşa oturma odasına gidip etrafı toplamaya başladı.

Son Verme Tekniği

Çocuklar bizi tartışma ve pazarlığa sürüklemeye çalıştıklarında kullanacağımız yöntem, sona erdirmektir. Adından da anlaşıldığı gibi bu teknik, katlanılacak sonucu belirterek etkileşimi bitirmek için kullanılır. Çocuğunuz sınırları zorlamaya devam ederse sonucu uygularsınız. Her halükârda dans sona erecektir.

Çocuğunuz sizi tartışma, pazarlık ya da diğer sözel çatışmaların içine çekmeye çalıştığında şöyle yapmalısınız:

"Konuşma bitmiştir. Devam edecek olursan..." Katlanacağı sonucu belirteceksiniz.

"Tartışma bitti. Ya söz dinlersin ya da söz dinlemek için on dakika odanda beklersin. Hangisini seçiyorsun?"

On üç yaşındaki Erin, izin almadan annesinin takılarını takamayacağını biliyordu ama küpelerinin kıyafetine çok uyacağını fark etti. Denemek için taktı ama çıkarmayı unuttu.

Tam dışarı çıkacakken annesi, "Erin, yeni küpelerimi mi taktın?" diye sordu. "Hani izin almadan takılarımı takmayacaktın?"

"Unutmuşum" dedi Erin pişmanlık dolu bir ifadeyle. "Takabilir miyim? Lütfen anne. Kıyafetime çok yakıştı."

Haklı, diye düşündü annesi. *Kıyafetine çok yakıştı. Ama uyması gereken kurallar var. Benim ne giyeceğimi düşünmedi. Şimdi vazgeçersem ileride yine aynı şeyi yapacak.*

Erin'in annesini kararlıydı. "Bugün olmaz. Belki bir dahaki sefere izin alırsan takabilirsin."

"Ama anne!" diye yalvardı Erin. "İzin istiyorum işte. Takamaz mıyım? Lütfen! Bir dahaki sefere izin isterim. Söz." Erin kuralları yıkmak için her şeyi denedi, pazarlık etmeye çalıştı. Annesini ikna etmek için biraz esnekliğe ihtiyacı vardı.

Erin ustaca tuzak kurmuştu, annesi de bu tuzağa düşmek üzereydi. Ama atölye çalışmasında öğrendiklerini hatırladı. *Buna izin vermeyeceğim, dans pistinden ineceğim,* dedi kendi kendine.

"Çıkar onları Erin. Tartışma bitmiştir." Annesi mutfağa dönerken Erin de küpeleri çıkardı. Erin'in annesi, dansa son vermek adına çok önemli bir adım atmıştı (Şekil 6C).

Şekil 6C. Son Verme Tekniği

Ebeveyn Davranışı	Çocuk Davranışı
	A **Sözel Adımlar**
	— Erin küpeleri alıyor.
Kuralları belirliyor. —	
	— Yalvarıyor.
	— Söz veriyor ve pazarlık ediyor.
Son verme tekniği —	
	— Erin söz dinliyor.
	Dansa gerek yoktur.

On altı yaşındaki Zack ev işlerinden kaçmaya çalışınca babası son verme tekniğini gayet etkin biçimde kullandı. "Cumartesi dışarı çıkmadan önce garajı temizle" demişti hafta başında.

"Tamam" diye cevap veren Zack, cumartesi geldiğinde akşama kadar aylak aylak gezindi, TV'de basket maçı izledi. Akşam olurken garaj hâlâ temizlenmemişti.

"Baba, bu akşam maça giderken arabayı alabilir miyim?" diye sordu Zack.

"Garajı temizlemeden alamazsın."

"Ama baba, saat beş oluyor. Garajı temizlemek iki saat sürer. Yarın yapsam?" Zack pazarlık etmeye çalışıyordu. Böylece işten sıyrılacağını düşünürken babasının buna hazırlıklı olduğunu gördü. Kararlıydı.

"Dışarı çıkmak istiyorsan temizliğe başlasan iyi olur."

"Ama baba! Haksızlık ediyorsun!" Zack, babasının direnemeyeceği bir tuzak kurarak onu dansa çekmeye çalışıyordu. "Eve gelir gelmez garajı temizleyeceğim. Söz!"

Zack'ın babası gerçekten haksızlık ettiğini düşünüyordu ki son verme tekniği ile ilgili okuduklarını hatırladı. "Konuşma bitmiştir, Zack. Devam edecek olursan garajı temizledikten sonra bile dışarı çıkamazsın."

Zack sınırları zorlayacak olursa kötü şeyler olacağını biliyordu. Dışarı çıkmayı da çok istiyordu. Şansını denemiş ama başarısız olmuştu. İstemese de gidip garajı temizledi.

Sakinleşme

Ebeveyn için de, çocuklar için de öfke anında etkin bir şekilde problem çözmek zor bir iştir. Sakinleşmek, kendimizi kontrol etmek ve öfkeli aile dansını başlamadan bitirmek için mükemmel bir tekniktir. Bu yöntem iki tarafında pistten inmesini ve sorunun çözülmesi için uygun zamanın gelmesini sağlar.

Bu kolay bir tekniktir. Öfke anında şunları söyleyerek çocuktan uzaklaşmanız gerekir:

(*İki taraf da öfkeliyken*) "İkimiz de biraz sakinleşelim. Beni odanda bekle. Beş dakika sonra devam ederiz" diyerek saati kurun.

(*Çocuk öfkeliyken*) "Bana çok kızdın. Beş dakika bekleyip sakinleşelim. Saati kuruyorum. Gidip biraz sakinleş."

(*Ebeveyn öfkeliyken*) "Çok sinirliyim, biraz sakinleşmem gerek. Odama gidiyorum. Sakinleştiğimde kaldığımız yerden devam ederiz."

Bu tekniğin işe yaraması için sakinleşme sürecinde iki tarafında ayrı odalarda olması ve sakinleşmek için yeterli zaman gerekir. Daha sonra sorun çözme sürecine geçilebilir. Siz sakinleştiğinizde çocuğunuzun da sakinleşmiş olduğunu sanmayın. "Konuşmaya hazır mısın?" diyerek sakinleştiğinden emin olun. İşler yine kızışırsa aynı tekniği yine uygulayın. Bunu istediğiniz kadar yapabilirsiniz. Aşağıdaki örneğe bakalım:

Dokuz yaşındaki Sam ve babasıyla tanıştığımda öfkeli bir dansta sıkışıp kalmışlardı. Sam ne zaman yaramazlık yapsa babası bağırıyor, sonradan pişman olacağı laflar ediyordu.

Sam buna çok kızıyor, güceniyor ve aynı karşılığı o da babasına veriyordu. Bu acı verici dansa bir son vermeleri gerekliydi. Onlara sakinleşme tekniğini önerdim ve nasıl yapacaklarımı gösterdim. Denemeye karar verdiler.

İlk randevumuzdan kısa bir süre sonra Sam garajda çivilerle bir şey yapıyordu. Projesi bitince kalan çivileri ortada bıraktı. Babası çivileri yerde görünce çok sinirlendi.

"Sam! Çabuk buraya gel!" diye bağırdı ama hemen sonra konuştuklarımızı hatırladı.

Sam kötü bir şeyler olacağı endişesiyle babasının yanına gitti ama babası, "Sam, biraz sakinleşmem gerek. Beni odanda bekler misin?" deyince çok şaşırdı.

Sam'in babasının sakinleşmesi beş dakika kadar sürdü. Sonra oğlunun odasına gidip sakince, çivileri toplamasını söyledi. Bağırmamış, aşağılamamış, oğlunun hislerini incitmemişti. Kendisine saygıyla yaklaşılması Sam'in tuhafına gitmiş ama aynı zamanda çok da mutlu olmuştu. İkisi de öfkeli danslarına son vermek ve aralarındaki iletişimi güçlendirmek için önemli bir adım atmıştı (Şekil 6D).

Şekil 6D. Sakinleşme Tekniği

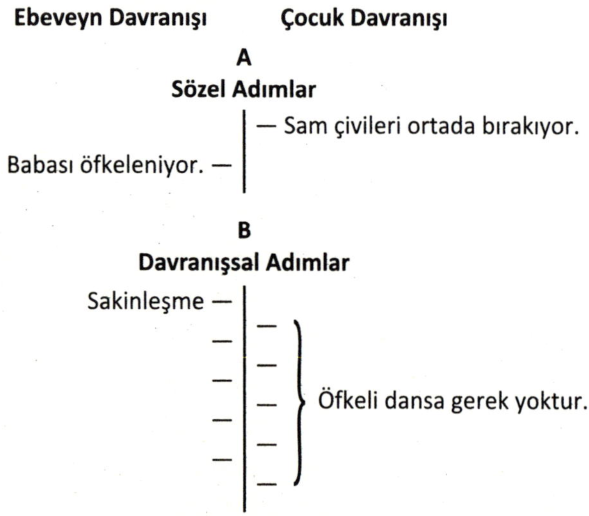

Danışmanlık çalışmalarım, ailelerinde şiddet ve taciz döngüsüne son vermek isteyen ebeveynleri de kapsamaktadır. Bu ebeveynlerin çoğu, çocukken istismar edilmişlerdir. Öfke ve şiddet dolu danslarla büyümüş, bu dansları kendi çocuklarıyla tekrar etmektedirler.

İlk amacım, öfkeleri şiddete dönüşmeden, bu ebeveynlerin dans pistinden inmelerini sağlamaktır.

Sakinleşmek, genellikle sorunu çözer. Şimdi, kendi ailesindeki şiddet döngüsünü kırmak için bu tekniği kullanan bir anneyi inceleyelim.

Sandra'yla ilk karşılaştığımda yıllar sonra yeniden çocuklarına kavuşmuştu. Birçok ebeveynlik kursuna devam etmiş, bazı faydalı teknikler öğrenmişti. Mola verme ve teşvik etme tekniklerini kullanmayı biliyordu ama nedense bu teknikler yeterli gelmiyordu.

"Olmuyor" dedi. "Onca tartışmaya ve huzursuzluğa dayanamıyorum, kontrolümü kaybediyorum ve ani tepkiler veriyorum."

Sandra'dan, kullandığı yöntemleri baştan sona anlatmasını istedim. O anlatırken ben de şemasını çizdim (Şekil 6E).

Sandra çok cezacı bir dans uyguluyordu çünkü o da böyle bir dansla büyümüştü. Tipik olarak suçlama ve ithamlarla başlıyordu. Çocuklar inkâr edip karşılık verince sinirleniyor, tartışma büyüdükçe öfkesi artıyordu. Konuşmalar bağırışlara dönüyor, Sandra ne olduğunu anlamadan kontrolünü kaybetmiş oluyordu. Dayağa başlamadan önce mola sürecini kullanmayı deniyor ama çoğu zaman bunun için çok geç oluyordu.

Şekil 6E. Sandra'nın Dansı

A
Sözel Adımlar

Ebeveyn Davranışı	Çocuk Davranışı
	— Çocuklar yanlış davranıyor.
Net sözel mesaj —	
Suçlama —	
	— İnkâr
İtham —	
	— Tartışma
Sinirlenme —	
Tartışma —	
Daha çok sinirlenme —	
	— Daha çok tartışma
Bağırma —	

B
Davranışsal Adımlar

Ebeveyn Davranışı	Çocuk Davranışı
Mola verme (%75) —	
Vurma (%25) —	

Onun anlattıklarından bu dansın onu çok zorladığını görüyordum. Patlama noktasına gelmeden önce pistten inmenin bir yolunu bulmalıydı. Mola vermek doğru bir yaklaşımdı ama çok geç kalıyordu.

Başlangıçta suçlamadan ve ithamlarda bulunmadan, çocuklara net mesajlar vermenin yollarını konuştuk. Garip ama çok hevesliydi. Sonra ona son verme tekniğini anlattım ve sakinleşme tekniğiyle devam ettim. O bütün bunları iyice sindirene kadar alıştırmalar yaptık.

"İhtiyacın olduğu her an bu teknikleri kullanabilirsin" dedim. "Özellikle de tartışma başladığı anda." Denemesi için ona bir hafta verdim ve sorun çıkarsa beni aramasını söyledim.

Sandra bir hafta sonra geldiğinde çok mutluydu. "İşe yaradı!" dedi. "Tartışmaya başladıklarında konuşmanın bittiğini söyledim. Devam etmeye kalktıklarında da sakinleşmeleri için odalarına gönderdim. Bu arada ben de sakinleştim."Bağırmamış, tehditler savurmamış, dayak atmamıştı. Sandra, öfkeli dansa bir son vermek için gayet güzel bir yöntem bulmuştu.

Ebeveynler için Çalışma Grubu Soruları

1. Son seansımızdan bu yana uyguladığınız net sözel mesajlar (kesin sınırlar) verme konusunda yaşadıklarınızı anlatın. İşbirliğinin arttığını fark ettiniz mi?
2. Dansa son vermenin en iyi yolu nedir? Bu bölümdeki stratejiler nasıl başlıyor?
3. On beş yaşındaki Karen, tartışma çıkarmakta çok ustadır. Ebeveynleri ondan bir şey yapmasını istediğinde Karen gayet ikna edici argümanlar öne sürerek neden yapamayacağını açıklar. Dansları genellikle yapması gereken işlerle ilgili bezdirici tartışmalarla geçer. Karen'ın ailesi bu yıkıcı modeli kırmak için ne yapmalıdır?

   Alıştırma: Bir grup üyesini seçin ve Karen'ın ailesinin dansa son vermek için kullandığı tekniği deneyin. Karen ve ebeveyn rollerini dönüşümlü olarak oynayın.
4. Sekiz yaşındaki Kevin, ailesinin isteklerini duymazdan gelir ve onları hiç dikkate almaz. Ailesi ise sürekli tekrar ve hatırlatma yapmaktadır. Bu dansa nasıl son verebilirler?

   Alıştırma: Bir grup üyesi seçin. Ailesi, Kevin'i sofraya çağırdığında boş boş bakması karşısında ne yapılması gerektiğini tartışın. Çocuk ve ebeveyn rollerini dönüşümlü olarak oynayın.

5. Christy'nin annesi çok çabuk öfkelenmektedir. Christy ne zaman ona karşı gelse öfkeli sözler sarf eder, ağır cezalar verir. Christy'nin annesi bu öfkeli dansına nasıl son verebilir?

Alıştırma: Bir grup üyesi seçin ve Christy'nin annesinin dansa son vermek için kullanacağı teknikleri tartışın. Christy ve annesi rollerini dönüşümlü olarak oynayın.

Alıştırma: Evde, kendi dansınıza son vermek için alıştırmalar yapın. Dansa başlamamanın nasıl bir şey olduğunu düşünün. Garip geliyor mu? Dansa başlamak için güçlü bir istek duyuyor musunuz? Gelecek seansta yaşadıklarınızı paylaşın.

7

Teşvik Etme: İşbirliğinin Dili

Kullandığınız mesaj türü, kullandığınız sınır türüyle doğrudan ilişkilidir.

Bildiğiniz en iyi yolu kullanarak, birinin işbirliğini istediğinizde direnişle karşılaşsanız ne hissedersiniz? Öfke, bozulma? Hevesinizin kırılması? Yoksa hepsi mi?

Yumuşak sınırları uygulayan ebeveynler işte böyle hissederler. Bekledikleri cevabı alamayınca öfkelenir, bozulurlar ve çocuklarına cesaret kırıcı sözler söylerler. Sorunun, çocuklarının işbirliği yapmak istememesi olduğunu düşünürler ama işbirliği istemenin yolu hakkında kafa yormazlar. Cesaret kırıcı mesajlar ve yumuşak sınırlar el eledir.

Diğer yandan kesin sınırlar uygulayan ebeveynler işbirliği bekler ama çocukların da saygı beklediğinin farkındadırlar. Kesin sınırlar işbirliğine teşvik eder. Kesin sınırlar ve teşvik edici mesajlar el eledir.

Teşvik edici ve cesaret kırıcı mesajların, çocuk davranışı üzerinde farklı etkileri vardır. Biri işbirliği sağlarken, diğeri direniş göstermeye sebep olur. Bu bölümde, teşvik edici mesajların etkin motivasyon araçları olarak nasıl kullanılacağını göreceksiniz. Kullandığınız mesaj türünün, kullandığınız sınır türüyle doğrudan ilişkili olduğunu fark edeceksiniz.

Cesaret Kırıcı Mesajlar Direnişi Teşvik Eder

Dokuz yaşındaki Randy kardeşini huzursuz edip duruyordu ve sonunda beklenen tepki geldi. Kardeşi, yan odadaki annesini çağırdı. Randy'nin annesi olanları tahmin ediyordu.

"Randy, yine kardeşinle mi uğraşıyorsun yoksa? Ne dediğimi biliyorsun." Ama Randy durmadı, kardeşi de bağırmaya devam etti.

Oğlu söz dinlemediği için sinirlenen anne yanlarına geldi ve cesaret kırıcı mesajları sıralamaya başladı: "Kardeşin ne kadar üzüldü, görmüyor musun? Bir kerecik söz dinlesen ölür müsün? Üç yaşında çocuklar bile senin yaptıklarını yapmaz. Artık büyüdün, herkesin canını sıkmaktan vazgeç."

"Cadılık etmek hoşuna mı gidiyor?" diye karşılık verdi Randy. Acı veren dans iyice kızışmıştı.

"Yeter artık küçük bey! Bıktım usandım senden!" Randy'nin eline bir kâğıtla kalem tutuşturdu. "Şimdi otur, yüz kere yaz: Anneme karşılık vermeyeceğim."

"Zorla yazdıramazsın."

"Yazmazsan bir hafta TV yasak."

"Ne olmuş? Sanki umurumda" dedi Randy, annesi odadan çıkarken.

Çoğu ebeveyn gibi Randy'nin annesi de oğlunun cesaretini kırmak ya da bir güç savaşı başlatmak niyetinde değildi. Onun amacı yanlış davranışa son vermek ve işbirliği yapmasını sağlamaktı. Ama bu amaca hizmet etmeyen bütün yöntemleri kullandı.

Cesaret kırıcı mesajlar, genellikle istenen etkinin tersine yol açarlar. Direnişi ve işbirliğinden uzaklaşmayı teşvik eder, yanlış davranışın artarak devamına ve güç savaşlarına sebep olurlar. Cesaret kırıcı mesajlar, acı veren aile danslarının en büyük besinidir. Bu danstaki adımlara daha yakından bakalım (Şekil 7A).

Randy'nin annesi dansa yumuşak sınırlarla başlıyor ve beklenen karşılığı alınca sinirleniyor. Randy söz dinlemiyor. Annesi cesaret kırıcı mesajlarla onu utandırmaya çalışarak işbirliği yapmasını sağlamaya çalışıyor. Tartışmanın odak noktası davranıştan, Randy'nin değerine ve yeteneklerine kayıyor. Mesajlar, onun onaylanabilir şekilde davranma yeteneğinden yoksun olduğunu ima ediyor. Annesinin asıl söylediği şey şudur: "Sen beceriksizsin. Sana güvenmiyorum. Senden işbirliği beklemiyorum." O da işbirliği yapmıyor.

Aynı şeyler size söylense işbirliği yapar mıydınız? Yoksa kalbiniz kırılır ve aynı şekilde karşılık vermek mi isterdiniz? Randy de pek çoğumuzun yapacağı şeyi yapıyor: Direniş gösteriyor ve aynı şekilde karşılık veriyor. Annesinin mesajını kişisel bir saldırı olarak algılıyor.

Cesaret kırıcı mesajlar verirken buna eşlik eden davranışsal mesajları da unutmayalım. Anne, sorun çözme konusunda Randy'ye bu şekilde örnek olarak, işbirliği sağlamak için cesaret kırıcı sözler söylemenin doğru bir şey olduğunu öğretmiş olmuyor mu? Fark etmeden de olsa durdurmak istediği yanlış davranışı teşvik ediyor.

Şekil 7A. Randy'nin Dansı

A
Sözel Adımlar

Ebeveyn Davranışı	**Çocuk Davranışı**
	— Randy kardeşini huzursuz ediyor.
"Yine kardeşinle mi uğraşıyorsun..." (yumuşak limit) —	
	— Rahatsız etme devam ediyor.
Cesaret kırıcı mesajlar { — — — — —	
Çözüm önerisi —	
	— İsim takma (intikam)
Yumuşak limit —	
Şikâyet (cesaret kırıcı mesaj) —	

B
Davranışsal Adımlar

Ebeveyn Davranışı	**Çocuk Davranışı**
Cezacı sonuç —	
	— Meydan okuma, isyan
Tehditler ve diğer sonuçlar —	
	— Daha çok isyan

Cesaret Kırıcı Sözel Mesajlar

Bunlar farklı biçimlerde görülebilir. Fazla karışan, aşırı yardım eden ebeveynlerde olduğu gibi, bazıları çok belirgin değildir. Bazıları da Randy ve annesi örneğindeki gibi gayet açık ve nettir. Bütün cesaret kırıcı mesajlar, çocuğun doğru seçimler yapmasına ve onaylanabilir davranışlar sergilemesine inanmamayı yansıtır. Cesaret kırıcı pek çok mesaj yanlış davranışı kişiselleştirir ve altında utanç ya da suçlama duyguları taşır. Aşağıdaki örneklerin altında yatan mesajları inceleyelim:

"*Bir kerecik söz dinlesen ölür müsün?*" Altta yatan mesaj, "Söz dinleyeceğine inanmıyorum." Bu mesaj suçlama, küçültme, dışlama ve aşağılama etkisi yapar.

"*Bir kere de doğru olanı yap da beynin olduğunu anlayalım.*" Alta yatan mesaj: "Sen aptalsın, doğruyu yapacağına inanmıyorum." Bu mesaj küçültme, utandırma ve aşağılama etkisi yapar.

"*Senden saygı beklemek suç mu?*" Altta yatan mesaj: "Sen saygısızsın." Suçlama ve küçültme etkisi yapar.

"*İnanmıyorum! İşlerini bitirmişsin!*" Altta yatan mesaj: "Senden işbirliği beklemiyorum." Mahcup etme, küçültme, dışlama etkisi yapar.

"*Hadi bir dene bakalım.*" Altta yatan mesaj: Yanlış davranışına devam et çünkü zaten söz dinlemeni beklemiyorum ama sana gününü göstereceğim." Meydan okuma, kışkırtma, suçlama, küçültme, tehdit etkisi yapar.

"*Her ailede bir baş belası vardır zaten.*" Altta yatan mesaj: "Değerli değilsin, kimse seni onaylamıyor." Reddedilme, aşağılanma, utanç, dışlanma, küçültme etkisi yapar.

"*Aman ne de zekiymiş!*" Altta yatan mesaj: "Sen yanlış kararlar verirsin. Aptalsın." Aşağılama, utanç, bozulma, küçültme etkisi yapar.

"*Yalnız kalınca başına iş açacağın belliydi.*" Altta yatan mesaj: "Kendi başının çaresine bakamazsın." Suçlama, utanç, aşağılama, küçültme etkisi yaratır.

Cesaret Kırıcı Davranışsal Mesajlar

Yukarıdaki örneklerdeki sözel mesajlar gayet açıktır, anlaşılması hiç de zor değildir ancak daha belirgin ve zarar verici türleri de vardır. Bunlar davranışsal mesajlardır. Bu mesajların cesaret kırıcı etkileri, çoğunlukla iyi niyetimizle maskelenir.

Bunu bize ilk gösterenler iki yaşındaki çocuklardır. İyi niyetle yardım teklif ettiğimizde, "Ben yaparım!" derler.

Kendi yapabilecekleri şeyleri onların yerine biz yaparsak cesaret kırıcı etki yaratmış oluruz. Bunun altında, "Bana ihtiyacın var çünkü kendi işini kendin yapamıyorsun" şeklinde bir mesaj yatar. Aşağıdaki örneklere bakalım:

Dört yaşındaki bir çocuk, bir kutu sütü mısır gevreğinin üstüne boşaltmaya çalışıyor. Babası sütün döküleceğinden korkuyor. Kutuyu çocuğun elinden alıp kendisi boşaltıyor. Burada altta yatan mesaj şudur: "Kendi başına bir şey yapamazsın. Senin işini benim yapmam gerekir."

Sekiz yaşındaki çocuk, annesi yemeği hazırlarken mutfak masasında ödevini yapıyor. Annesi sürekli yardım teklif ediyor. Altta yatan mesaj şudur: "Tek başına ödev yapamazsın. Yardımıma ihtiyacın var."

Yedi ve dokuz yaşlarındaki iki kardeş bir oyuncağı paylaşamıyor. Babaları koşarak geliyor, sorunu çözüyor. Altta yatan mesaj şudur: "Kendi başınıza sorun çözemezsiniz. Yardımıma ihtiyacınız var."

Beş yaşındaki çocuk ailesiyle hamburgerciye gidiyor. Ailesi ne istediğini sormadan, onun adına sipariş veriyor. Altta yatan mesaj şudur: "Ne yiyeceğine kendi başına karar vermeyi beceremezsin."

Dört yaşındaki çocuk mutfak işlerine yardım etmek istiyor. Annesi onu tersliyor, etrafı daha çok dağıttığını söylüyor. Altta yatan mesaj şudur: "Sen beceriksizsin. Bu işi sadece ben yapabilirim."

Altı yaşındaki çocuk evden çıkarken kıyafetlerini kendi seçmek istiyor. Ama annesi buna izin vermiyor. Altta yatan mesaj şudur: "Ben olmazsam karar veremezsin."

Teşvik Edici Mesajlar İşbirliği Yaratır

Jamie ve Leah, dokuz ve on bir yaşlarında iki kardeştir. Yerde monopol oynarlarken evin köpeği içeri girer, çocukların ilgisini çekmek için oyun kartonuna oturur.

"Çekil oradan Buck!" diye bağırır kızlar. Ama köpek oyunu bozmuştur bile. Piyonlar, kartlar, paralar etrafa saçılır. İki kardeş oyunu düzeltmeye çalışırlarken tartışmaya başlarlar.

"O benim param! Bunlar da benim evlerim!" der Leah.

"Hayır, değil! Benim onlar" diye karşılık verir Jamie.

"Mızıkçılık ediyorsun." Leah paraları kardeşinin elinden almaya çalışır, çekişmeye başlarlar.

Babaları gürültüyü duyunca müdahale etmek için yanlarına gidecekken vazgeçer. *Kendi başlarına halletmeleri için fırsat vermeliyim,* diye düşünür. Ama tartışma büyür, kızlar çığlık atmaya başlar.

Baba, neler olduğuna bakmak için kızların yanına gittiğinde iki kardeşin birbirine girdiğini görür. Leah, Jamie'nin saçını çekmekte; paraları elinden almaya çalışmaktadır. Jamie de onu tekmelerken bir yandan da paralara sımsıkı yapışmıştır. İkisi de çok öfkelidir.

"Kardeşini bırak, Leah" der babaları sert bir sesle. Leah olanları anlatmaya kalkınca, "Önce gidin biraz sakinleşin bakalım. Size on beş dakika veriyorum" diye devam eder.

Süre dolunca kızlar geri gelirler. "Şimdi anlatacak mısınız?" diye sorar babaları.

"Köpek oyunumuzu bozunca Jamie paralarımı aldı" der Leah.

"Hayır, almadım. Zaten benimdi onlar."

Babaları sorunu böyle çözemeyeceğini anlamıştır. "Başka türlü nasıl anlaşabilirdiniz?" diye sorar.

"Onunla oynamayabilirdim" der Leah.

"Evet, bu bir seçenek. Peki başka?" Babaları Jamie'ye döner.

"Buck oyunu bozunca yeniden başlayabilirdik" der Jamie.

"Bu güzel bir seçenek. Bir daha başınıza gelirse artık ne yapacağınızı biliyorsunuz." Gülümseyerek kızlarına bakar ve odasına çekilir.

"Yeniden başlayalım mı?" der Leah.

"Tamam. Ama önce Buck'ı dışarı çıkaralım."

Leah ve Jamie'nin babaları, teşvik yöntemini gayet etkin bir biçimde uyguladı. Başarısının asıl sebebi başlangıç yöntemindeydi. Kesin sınırlar koydu ve sorunun çözmeden önce sakinleşme sürecini başlattı. Kimse suçlanmadı, kimse dışlanmadı. Babalarının teşvik edici sözleri çok büyük bir etki yarattı.

Kızların babası teşvik edici mesajı hangi noktada yoğunlaştırdı? Seçenekler ve davranışlar noktasında. Sorunu çözmeleri ve etkin kararlar verebilmeleri için kızlara yardımcı oldu.

Sonra da benzer sorunlarla karşılaştıklarında başlarının çaresine bakabileceklerine inandığını belirtti. Teşvik edici mesajlar verdi: "Siz beceriklisiniz. Size güveniyorum, sizden işbirliği bekliyorum."

Biri sizinle böyle konuşsa ne hissederdiniz? Onaylandığınızı ve desteklendiğinizi düşünür müydünüz? İşbirliği yapar mıydınız? Pek çoğumuz yapardı. Jamie ve Leah da yaptı.

Teşvik edici mesajlar bizi işbirliğine götürür. Aidiyet, yeterlilik ve değerlilik duygularımızı besler; çözülmesi zor sorunlarla başa çıkma becerimize güvenmemizi sağlar. Değişim için motive edici bir güçtür. Teşvik etme, işbirliği ve direniş arasındaki farkı gösterir.

Freud'la birlikte psikiyatrinin gelişmesine büyük hizmetler veren Alfred Adler; teşvik edilmeyi, insan gelişimin temel faktörü olarak görür. Adler ve Adler'in Dreikurs, Dinkemeyer gibi takipçileri eğitim, uygulamalı psikoloji gibi birçok alanda bunun büyük etkileri olduğunu görmüşlerdir. Teşvik etme, işbirlikçi davranışın motive edilmesinde önemli bir araç olarak görülmektedir. Bu aracı etkin bir şekilde kullanmanın yollarına bakalım.

Teşvik Edici Mesajları Kullanmanın Yolları

Teşvik etmeyi etkin biçimde kullanmanın yolu, neyi teşvik edeceğinizi iyi bilmektir. Mesajların ana fikri, temel amaçlarımıza hizmet etmelidir. Şimdi bu amaçları görelim.

Neyi öğretmeye çalışıyoruz? İyi seçimler yapabilme, onaylanabilir davranışlar, işbirliği, bağımsızlık ve gelişme. Bütün bunlar da sorumluluk duygusunun artmasına yol açar. Teşvik edici mesajlarımızın ana fikri bunlar olmalıdır. Şimdi örnekleri inceleyelim.

İyi Seçimler Yapmayı Teşvik Etme

Sorumluluk sahibi olmak, nasıl davranacağımızı seçmek ve bu seçimin olumlu ya da olumsuz sonuçlarına katlanmak demektir. Çocuklar yanlış bir şey yaptıklarında seçimlerinin hatalı olduğunun ya da daha iyi seçimler yapabileceklerinin farkında değillerdir. Çocuklara, yaptıkları seçimleri keşfetmelerinde yardımcı olur ve daha iyi seçimler yapmaları için onları teşvik edersek sorumluluk duygularını geliştirmiş oluruz. Aşağıdaki örneği inceleyelim:

On yaşındaki Toby, öğretmeninden bir not getirmişti. Notta, Toby'nin ertesi gün iki saat cezaya kalacağı çünkü sınıfta yaramazlık yaptığı yazıyordu.

"Ne oldu Toby?" dedi annesi.

"Arkamdaki çocuk bir kızdan hoşlandığımı söyleyip duruyordu. Ona sinir oldum! Sus dedim, susmadı. Ben de arkama dönüp ona pislik, diye bağırdım."

"Seni çok kızdırmış anlaşılan. Bir daha yaparsa ne yapacaksın?"

"Öğretmenime söyleyeceğim. O halledecekmiş, öyle dedi."

"İyi seçim. Başka ne yapabilirsin?"

"Duymazdan gelebilirim. Ama çok zor. O çocuk çok gıcık!"

"Evet, çok zor. Ama işe yarar belki. Seni kızdıramadığını anlayınca vazgeçer. Bir daha yaparsa artık önünde iki seçenek var. Eminim sen en iyisine karar verirsin."

Toby desteklendiğini, teşvik edildiğini hissetti. Seçenekleri olduğunu görebiliyordu ve bir daha onu kızdırmaya kalkarlarsa farklı şekilde davranacaktı.

Onaylanabilir Davranışları Cesaretlendirme

Onaylanabilir bir seçim yapmak ilk ve en önemli adımdır ama o seçimi uygulamak daha büyük bir eğitim amacıdır. Bazen doğrudan davranışlara odaklanırsak daha çok cesaret verebiliriz.

Arkadaşı, yedi yaşındaki Penny'yi yüzmeye çağırmıştı. Penny koşa koşa annesinden izin istemeye geldi. Aceleyle içeri daldığında annesinin misafiriyle sohbet etmekte olduğunu gördü. Sözlerini kesmemesi gerektiğini biliyordu ama yüzmeye gideceği için çok heyecanlıydı. Dayanamayıp büyüklerin sözünü kesti.

"Anne, Paula'yla yüzmeye gidebilir miyim?" Annesinin bakışından, sözünün kesilmesine kızdığı belliydi.

"Penny, ben biriyle konuşurken ne yapman gerekiyordu?"

"Sözünün bitmesini bekleyip konuşmak için izin alacaktım."

"Çok doğru. Şimdi dışarı çık, yeniden gel, düzgünce izin iste."

Penny yeniden eve girip annesine yaklaştı, sabırla sözünün bitmesini bekledi. "Selam Penny, ne haber?" dedi annesi.

"Paula'yla yüzmeye gidebilir miyim? Annesi de yanımızda olacak."

"Tabii. Düzgünce sorduğun için teşekkür ederim." Annesi Penny'ye gülümsedi, o da gidip mayosunu giydi. Bir dahaki sefere annesinin sözünü kesmeyecekti.

Üç yaşındaki Ted, sofradaki davranışları konusunda yeterince cesaretlendirilmemişti. “Susadım. Su ver” dedi emreder gibi.

“Nasıl soracaktık?” dedi babası sert bir sesle.

“Su verir misin?” dedi Ted.

“Tabii. Böyle soracaksın işte. Al bakalım suyunu.”

Ted hızlı, basit ve etkin bir ders almıştı. Bir şey istiyorsa düzgünce sorması gerektiğini artık biliyordu.

İşbirliğini Cesaretlendirme

Cesaretlendirmek için mutlaka yanlış bir davranışın olmasını beklemek zorunda değiliz. Çocuk yardımcı olduğunda, işbirliği yaptığında, katkıda bulunduğunda da cesaretlendirici mesajlar verebiliriz. Bu mesajlar işbirliği potansiyelini daha da artıracaktır.

Altı yaşındaki Mel, annesi telefondayken kardeşine yardım etmişti. Annesini buna çok sevinmiş, telefonu kapattıktan sonra ona söylemişti:

“Mel, Sarah’ya yardım ettiğin için teşekkür ederim. Çok memnun oldum.” Annesi, Mel’e gülümseyerek göz kırptı.

Mel gururlanmış, koltukları kabarmıştı. Katkısının fark edilmesinden çok hoşlanmıştı. Annesi yine telefonda konuşurken aynı şeyi tekrar yapacaktı.

Doğru zamanda söylenen cesaret verici bir iki söz, çok etkili olabilir. Çocuklar, çabaları takdir edildiğinde işbirliği yapmaya daha meyilli olurlar. Aşağıda bu mesajlara bazı örnekler göreceksiniz.

"Bu işi halletme şeklini çok beğendim."

"Odan bugün çok güzel olmuş."

"Sen yardım edince her şey çabucak bitiyor."

"Aferin."

"Sana güvenebileceğimi biliyordum."

"Teşekkür ederim, seni çok takdir ettim."

Bağımsızlığı Cesaretlendirme

Eğitim hedeflerimizden biri de çocukların kendi başlarının çaresine bakabilmelerini sağlamaktır. Onlara beceriler kazandırarak ve daha az müdahalede bulunarak becerilerini uygulama fırsatı tanımamız gerekir. Bu; çocuklara, risk alma ve bağımsız hareket etme cesareti verir.

Lee dört yaşına henüz basmıştı. Kahvaltı sofrasındayken sürahiden bardağına meyve suyu koymaya karar verdi. Sürahiye uzanırken babasına baktı.

"Alabilirsin, Lee" dedi babası.

Lee iki eliyle sürahiyi kavrayıp bardağına doğru kaldırdı, meyve suyunu koydu. Ama sürahi o kadar büyüktü ki bardağını tam görememiş, meyve suyunun birazını masaya dökmüştü. Üzgün bir tavırla sürahiyi bıraktı. Babası ona cesaret verdi.

"Neredeyse oluyordu. Bir daha dene. Yalnız, bardağı biraz kenara çek ki rahatça görebilesin." Bardağı çekip sürahiyi Lee'ye verdi.

Lee tedirginlik içinde ona baktı ama sonra sürahiyi alıp bardağa boşalttı. Evet! Başarmıştı.

"Aferin Lee" dedi babası. "Yapacağını biliyordum." Lee'nin gözleri parladı, kendisiyle gurur duydu. Artık bağımsız davranma cesareti var.

Cesaret verme tekniği, Allison'un kardeşiyle yaşadığı sorunu çözmesine de yardım etti. Yedi yaşındaki Allison, kendisine doğum gününde hediye gelen doktor setiyle oynayan kardeşini görünce koşup annesine şikâyet etti.

"Anne, Gwen yine benim doktor setimle oynuyor. Kıracak şimdi."

"Geri vermesini istedin mi?" dedi annesi.

"Hayır." Allison, sorunu annesinin çözmesini bekliyordu.

"İste o zaman. Eminim başaracaksın." Allison başardı. O da sorun çözmede bağımsız davranma konusunda bir ders öğrenmişti.

Gelişmeyi Cesaretlendirme

Ödev yapma ve ev işleri gibi beceriler, ancak defalarca tekrarlandıktan sonra yerleşir. Aşama aşama gelişme kaydedilir. Ebeveynlerin sabırsız olmaları ve bu becerilerin kısa sürede yerleşmesini beklemeleri cesaret kırıcı olabilir. Enerjimizi, gelişmeyi cesaretlendirme yönünde kullanmalı; dikkatimizi sonuç yerine çabaya ve sürece vermeliyiz.

Glenn ve Dana, beş ve yedi yaşlarında iki kardeştir. Ebeveynleri, onlara yemekten sonra sofra toplama alışkanlığı edindirmeye çalışmaktadır. Üç haftadır bununla uğraşmalarına rağmen pek bir sonuç alamamışlardır.

Bir akşam baba, anneye, "Bu iş epey uzun sürecek galiba" diye dert yanar. "Sofrayı toplamayı unuttuklarında erken yatırarak ceza verelim bence."

"Bence biraz cesaret verelim, ne olacak görelim. Sofrayı her topladıklarında aferin diyelim. Unuttuklarında hatırlatalım, sonra da teşekkür edelim."

Ertesi sabah, kahvaltı bitince Dana görevini hatırladı. "Tabağını kaldırdığın için teşekkür ederim, Dana. Çok memnun oldum." Glenn bunları duyunca aferin alma fırsatını kaçırmak istemedi, o da tabağını kaldırdı.

"Teşekkür ederim, Glenn" dedi annesi. "Görevini hatırladığın için çok memnun oldum." Glenn muhtemelen, Dana'nın cesaretlendirildiğini görmese o işi yapmayacaktı. Ama takdir edildiği için artık çok mutluydu.

Çocuklar okula gittikten sonra, *Oluyor galiba,* dedi anneleri kendi kendine. Sonraki günlerde de aynı taktiği kullandı ve sonuç aldı. Görevlerini bazen unutuyorlardı ama eskisine göre daha düzenliydiler.

Bir hafta sonra neredeyse hiç aksatmadan sofrayı toplamaya yardım etmeye başladılar. Üç gün üst üste hiç aksatmadan görevlerini yapmışlardı. Bu yeni alışkanlığı içlerine sindirmeye başlamışlardı. Ceza vermek yerine cesaretlendirmek işe yaramıştı.

Özet

Bu bölümde, çocukları işbirliği yapmaya teşvik etmek için kullanılan iki zıt yöntemi inceledik. Yumuşak sınırlar ile birlikte verilen cesaret kırıcı mesajların yarattığı ters etkiyi gördük. Cesaret verici mesajlar çocukların aidiyet, yeterlilik ve değerlilik duygularını beslemekte ve sorunları kendi başlarına çözmelerine yardımcı olmaktadır. Cesaret verici mesajlar, işbirliği ile direniş arasındaki farkı gösterir (Şekil 7B).

Şekil 7B. Cesaret Verici ve Cesaret Kırıcı Mesajlar

Cesaret Verici Mesajlar	Cesaret Kırıcı Mesajlar
İşbirliğine yöneltir.	Direniş ve intikam almaya yöneltir.
Teşvik eder, güç verir.	Cesaret kırar, aşağılar.
Saygı, güven ve destek verir.	Alçaltır, suçlar, reddeder.
Aidiyet, yeterlilik ve değerlilik duygularını besler.	Kişisel saldırı olarak algılanır.
Seçenekler ve davranışlar üzerinde yoğunlaşır.	Çocuğun değeri ve kapasitesi üzerinde yoğunlaşır.

Cesaretlendirmeyi etkin bir şekilde kullanmanın yolu, neye cesaret vereceğinizi bilmektir. Daha iyi seçimler, onaylanabilir davranışlar ve gelişme üzerinde yoğunlaşan mesajlar daha etkili olur.

Ebeveynler için Çalışma Grubu Soruları

1. Dansa son vermek için kullandığınız yöntemleri anlatın. Duygularınızı ve çocuklarınızın tepkisini anlatın. Önceden yaptıklarını yapmak için güçlü bir istek duydunuz mu?
2. Çocuklarınızı işbirliğine yöneltmek için ne tür mesajlar kullanıyordunuz? Beklediğiniz tepkileri alıyor muydunuz?
3. Üç kere kirlileri toplaması söylendiği halde Cindy yerinden kımıldamamıştı. Babası sinirlenmeye başlıyordu. "Bir kere de söz dinlesen? Çok şey mi istiyorum? Sana bir iş yaptırmak için ille de kavga mı etmek lazım?"

   Cindy'nin direniş göstermesine sebep olan şey neydi? Babası onu nasıl bir davranışa yönlendirmişti? Verdiği mesaj nerede odaklanmıştı? Cindy'nin davranışına mı, yoksa kişiliğine mi? Biri size aynı şeyleri söylese işbirliği yapar mıydınız?

Alıştıma: Cindy'nin daha çok işbirliği yapması için babası başka ne yöntemler kullanabilirdi? İstediğiniz şeyi daha etkin biçimde belirtmek için net, kesin ve cesaretlendirici mesajlar kullanın.

4. Sekiz yaşındaki Chris, arka bahçenin çitini tamir eden babasına yardım ediyordu. Babası, "Ben tahtayı tutayım, sen de çiviyi çak" dedi. Chris çekici isabet ettiremeyince çivi hafifçe eğildi. Babası ters ters bakarak, "Tahtayı sen tut, ben çakarım" dedi.

   Chris'in babası ne tür bir davranışsal mesaj kullandı. Altta yatan mesaj neydi? Sizce Chris neler hissetti? Babası başka nasıl davranabilirdi?

5. Dört yaşındaki Emily kendi başına giyinmeyi çok güzel beceriyordu. Çamaşırlarını ve çoraplarını giyip elbisesini giyeceği sırada annesi gelip onu giydirdi. Emily nasıl bir mesaj aldı? Annesi başka nasıl davranabilirdi?

6. Sekiz yaşındaki Ted, kek yaparken annesine yardım etmek istedi. Unu kâseye boşalttı, iki yumurta kırdı, kabukları kâseden çıkarıp elini üstüne sildi. "Ne yaptın sen?" diye bağırdı annesi. "Üstünü kirletmeden duramıyor musun?"

   Annesi Ted'e daha olumlu bir mesaj vermek için ne yapabilirdi? Mesajı nereye odaklanmalıydı? Yanlış davranışa mı, yoksa cesaretlendirilecek olan doğru davranışa mı?

7. Çocuklarınızı işbirliğine yöneltmek için neler yapabilirsiniz? Cesaret verici mesajlar nereye odaklanmalı? Diğer grup üyeleriyle tartışın.

   Alıştırma: Evde çocuğunuza cesaret verici mesajlar vermeye çalışın. Ceza vermediğiniz halde işbirliği yapma oranını gözlemleyin. Bir sonraki seansta bu gözlemlerinizi diğer üyelerle paylaşın.

8

Sorun Çözme Becerilerini Öğretme

Sınırlı seçenekler verme yöntemi, çocuklara sorumluluğu ve karar vermeyi öğreten çok etkili bir yöntemdir.

Yüzme bilmiyorsanız ve size yüzme hakkında iki saat boyunca bilgi versem, yüzmeyi öğrenir misiniz? Hayır. Havuza girip defalarca alıştırma yapmanız ve bir sürü talimat almanız gerekir.

Çocuklar da bu şekilde öğrenir. Sözler öğrenmeye yardımcı olur ama bilgi vermek yeterli değildir. Bazen alıştırma yapmak ve talimat almak zorunda kalırlar.

Bu bölümde karar verme ve sorun çözme becerilerini kazandırmak için kullanılan dört basit ve son derece etkin yolu öğreneceksiniz. Bu teknikleri düzenli olarak uygulayarak çocuklarınıza alıştırma yaptırmış olacaksınız.

Sadece Bilgi Vermek Yetmeyebilir

Altı yaşındaki Kaley ve annesi çok enteresan bir çelişki yaşıyorlardı. Bana danışmaya gelmişlerdi. Kaley okula giderken çok güzel bir beslenme çantası götürüyor ama yemeğini hep öbür çocuklar alıyordu. Kaley her gün ağlayarak eve geliyordu.

"Hiç anlamıyorum" dedi annesi. "Ne yapması gerektiğini biliyor, çocuklar ondan yemeğini istediğinde hayır demesini defalarca söyledim ama her seferinde veriyor. Öğretmeni, eğer Kaley vermek istiyorsa bir şey yapamayacağını söyledi."

Annesinin sözlerinden kuşku duydum. Kaley'in ne yapması gerektiğini bildiğinden emin olmak istedim.

"Kaley, çocuklar senden yemeğini istediklerinde ne yapacaksın?" diye sordum. Annesinin dediklerini kelimesi kelimesine tekrarladı.

"Hayır diyeceğim ve öğretmene söyleyeceğim."

Annesi haklıydı. Kaley zihinsel seviyede yapması gerekeni biliyordu ama bilmekle yapmak arasında fark vardır. Bu becerisinin yeterince gelişmediğini düşündüm ve biraz daha derine inmeye karar verdim.

"Büyük çocuklara hayır demek çok zor bir şeydir." Kaley başını salladı.

"Korkuyorum" dedi.

"Şimdi seninle büyük bir çocuğa hayır demeyi öğreneceğiz. Bakalım sana yardım edebilecek miyim?" Kaley'in, ondan istenen şeyin ne olduğunu görmesini, duymasını ve hissetmesini istiyordum.

Annesine büyük çocuk olmasını söyledim. Ben de Kaley olacaktım. Annesi yanıma yaklaşıp yemeğimi almak isteyince, "Hayır" dedim. "Kusura bakma ama bu benim. Yemeğimi alamazsın." Bunu birkaç kez tekrarladık. Her seferinde farklı şekillerde hayır dedim.

"Şimdi sıra sende Kaley. Ben büyük çocuk olacağım. Sen de beslenme çantanı al." Ona yaklaşıp yemeğini almak istedim. Gözlerime bakamadı ama kesin bir sesle, "Hayır" dedi.

"Çok sert bir hayır dedin, çok güzel. Hadi bir daha deneyelim."

Olayı defalarca canlandırdık. Nasıl rahat ettiğini anlaması için farklı yollar denemesini söyledim. Kaley üç kelimeyle karşılık vermeyi tercih etti. "Hayır, kusura bakma." Gözlerime bakmadığında daha rahat olduğunu anladı. Güveni yerine gelmeye başlamıştı.

"Artık okulda da böyle yapacaksın. Hazır mısın?"

"Galiba."

Kaley ertesi gün okula gitmeden önce annesinin, onunla birkaç deneme daha yapmasını istedim. O hafta için yeniden randevulaştık.

İkinci gelişlerinde neler olduğunu sordum. Kaley'e bakınca başardığını anlamıştım.

"İyiydi" dedi annesi. "Alıştırmalar işe yaradı. Bu hafta yemeğini kimseye vermedi." Kaley kendisiyle gurur duyuyordu.

"Tebrikler!" dedim. Başka durumlarda da kullanabileceği bir beceri kazanmıştı.

Kaley bana ilk geldiğinde bu beceri eğitimi tamamlanmamıştı. Bilgi vermek, ilk adım olarak faydalı olabilir ama bunu uygulamak için alıştırma yapması ve yönlendirilmesi gerekiyordu. Annesi ona örnek olup onu cesaretlendirince başladığı bu dersi başarıyla bitirmiş oldu.

Örnek Olarak Doğru Davranışı Öğretme

Doğru davranışa örnek olma, farklı uygulamaları olan basit ve etkili bir eğitim tekniğidir. Yukarıdaki örnekte olduğu gibi kendi başına sorun çözme becerisinin kazandırılmasında ya da yanlış davranışta bulunan çocuğa doğrusunu öğretmede kullanılabilir.

Bu somut bir yöntem olduğu için özellikle iki ile yedi yaşlar arasında çok etkilidir. Çocuklar, kazanmalarını istediğimiz doğru davranışı görme, duyma, hissetme ve tekrarlama fırsatı bulurlar. Davranışsal adım, beklentilerimiz hakkında net bir mesaj verir.

Yanlış bir davranış yoksa ve bir beceri kazandırmak istiyorsanız şu adımları uygulayabilirsiniz:

1. Çocuğunuzun hangi davranışı öğrenmesini istiyorsanız önce siz yaparak ona örnek olun.
2. Çocuğunuzu, alıştırma yapması için teşvik edin.
3. Çabalarını ve gelişimini cesaretlendirin.

Bu tekniğin kullanımı hakkında birkaç örneğe bakalım:

Üç yaşındaki Tyler, sabahları köpeğin mamasını verirken babasına yardım etmeyi çok seviyordu. Babası mamayı kaba boşaltıp ıslatıyor, Tyler da karıştırıyordu. Sonra babası mama kabını bahçeye çıkarıyordu.

Tyler bir sabah, "Bu sefer ben götüreyim mi?" diye sordu. Mama kabı epeyce ağırdı ama babası denemesine izin verdi.

"Al bakalım. Ama dikkatli ol."

Tyler çok dikkatliydi. Kabı iki eliyle sıkıca tutmuş giderken kap bir anda elinden kaydı ve yere döküldü. Tyler'ın gözleri dolmuştu, çok büyük hayal kırıklığı içindeydi.

"Neredeyse oluyordu" dedi babası. Birlikte yerleri sildiler, babası yeniden mama koydu. "Bir dahaki sefere yapacaksın ama önce beni seyret." Babası mama kabını nasıl taşıyacağını göstererek Tyler'a örnek oldu. "Bak, ellerimi kabın altına koyuyorum. Böyle yaparsan düşürmezsin." Kabı Tyler'a uzattı.

"Hadi, bir daha dene." Babası başını sallayarak ona cesaret verdi. Tyler iki eliyle kabı altından kavrayıp bahçeye çıktı. Başarmıştı.

"Aferin!" dedi babası. "Artık bu işi kendin yapabilirsin."

Şimdi bu tekniğin ikinci uygulamasına bakalım. Yanlış bir davranışın ardından doğru davranışı öğretmek istiyorsanız şunları yapın:

1. Kesin sınırlar koyan bir mesaj verin.
2. Onaylanabilir davranışla ilgili örnck olun.
3. Çocuğun bu davranışı tekrarlamasını sağlayın.
4. Çabalarını ve gelişimini cesaretlendirin.

Dört yaşındaki Trent, önüne geçti diye arkadaşını itteklemişti. Babası hemen müdahale etti.

"Trent, önümüze biri çıkınca onu iteklemeyiz. Çekilir misin, deriz. Bak, böyle. (Babası doğru davranışı göstererek ona örnek olur.) Şimdi bir de sen yap bakalım."

Trent arkadaşına yaklaşıp, "Çekilir misin?" dedi.

"Teşekkürler, Trent" dedi babası.

Yedi yaşındaki Brian, babasının onu kucaklamasını, saçlarını okşamasını istiyor ama bunu nasıl isteyeceğini bilmiyordu. Sabahları ona gizlice yaklaşıp sırtına vurmaya, gıdıklamaya başlamıştı, dikkatini çekmeye çalışıyordu. Babası ise bu durumdan çok rahatsız oluyordu. Hatta bir defasında babası tıraş olurken yüzünü kesmişti.

"Brian, bana gizlice yaklaşıp vurman, gıdıklaman hoş bir şey değil. Kucak istiyorsan söylemen yeter. Baba, kucak istiyorum, diyeceksin. (Babası doğru davranışı göstererek ona örnek olur.) Şimdi de sen dene, bakalım işe yarayacak mı?"

"Baba, kucak istiyorum" dedi Brian, utanarak.

"Al sana kucak." Babası, Brian'ı sevgiyle kucakladı. "Böyle istersen seni hep kucaklarım."

Yeniden Dene

Yeniden deneme, basit yanlış davranışları düzeltmek için okul öncesi öğretmenler tarafından kullanılan basit bir tekniktir. Bu tekniğin daha büyük çocuklarda, hatta yetişkinlerde bile uygulanması mümkündür.

Uygulaması kolay bir yöntemdir. Yanlış davranıştan sonra kesin bir sınır koyun ve çocuğun yeniden denemesine fırsat verin. Direniş gösterirse sınırlı seçimler ve sonuçlara katlanma adımlarına geçebilirsiniz. Bu teknikler 9. Bölüm'ün konularıdır. Şimdi örneklere bakalım:

Altı yaşındaki Claire okuldan eve geldi. İçeri girer girmez, beslenme çantasını yere, ceketiyle eldivenlerini koltuğa attı.

"Claire, eşyalarının yeri orası mı?" dedi annesi. "Ceketini dolabına koy. Eldivenlerini de rafa." Eşyalarını Claire'in eline tutuşturdu ve onu sokak kapısına götürdü. "Şimdi bir daha dene." Claire ikinci denemesinde doğru davrandı.

On altı yaşındaki Jim arkadaşına gidecekti ama babası bulaşık makinesini boşaltmasını istemişti. "Küçük köleniz Dave'lere giderken arabayı alabilir mi?" dedi Jim alaycı ve saygısız bir tavırla.

"Bu şekilde konuşursan alamazsın" dedi babası. "Düzgünce sormayı dene."

"Dave'e giderken arabayı alabilir miyim?" dedi Jim daha saygılı bir şekilde.

"Tabii. Düzgünce sorduğun için teşekkür ederim."

Üç kız bahçede ip atlıyordu ama iki tanesi ipi tehlikeli olacak şekilde sallıyordu. Ebeveynlerden biri müdahale etti.

"Öyle ip atlanmaz, kızlar" dedi. "Doğrusunu hepiniz biliyorsunuz, değil mi?" Kızlar başlarını salladılar. "Güzel, o zaman bir daha deneyelim."

Dokuz yaşındaki Nate, mutfakta annesine yardım ediyordu. "Nate, kardeşlerini sofraya çağırır mısın? Yukarıda oynuyorlar."

Nate yukarı bağırdı: "Kirk! Beth! Hadi sofraya!"

"Nate, ben öyle demedim; yukarı çıkıp çağırmanı söyledim. Hadi, bir daha dene." Nate yukarı çıkıp kardeşlerini çağırdı.

Seçenekleri Keşfetmek

Çocuklar, sorun çözmenin ve doğru davranmanın daha etkili seçenekleri olduğunun farkında değildir. Seçenekleri keşfetmek, onlara alternatif davranış biçimleri olduğunu öğretir ve bu seçenekleri sorumluluk içinde denemeleri için teşvik eder. Seçeneklerin keşfedilmesi adımı, sonuçların uygulanmasından sonraki adımdır. Yanlış bir davranışın olmadığı durumlarda sorun çözme becerisini kazandırmak için de kullanılır.

Gelişimsel açıdan bakıldığında seçeneklerin keşfedilmesi büyük çocuklar ve ergenler için daha uygun bir tekniktir. Çünkü bu teknik soyut düşünmeyi gerektirir: Geleceğe yönelik düşünme yetisi. Tekniği küçük çocuklarda da uygulayabilirsiniz ancak öğrenme sürecini somut hale getirmek için seçenekleri sizin sunmanız, davranışlarda bulunarak örnek olmanız ve tekrar deneme tekniğiyle birleştirmeniz gerekir. Aşağıdaki adımları inceleyelim:

1. Sorun çözmek ya da durumu daha etkili bir şekilde sonuçlandırmak için gerekli seçenekleri, çocuğa sorular sorarak birlikte keşfedin.
2. Çocuğunuzun, en iyi çözümlerden birini uygulamasını sağlayın.

Şimdi örneklere bakalım:

Sekiz yaşındaki Pete kardeşine vurmuş, on dakika mola cezası almış ve cezası bitmişti. Pete'in benzer bir durumla karşılaşırsa uygulayabileceği seçenekleri keşfetmesi için babası onunla konuştu.

"Radyonu geri almak için Meg'e vurman doğru bir seçenek değildi. Vurursan daima mola cezası alacaksın. Şimdi, Meg yine radyonu alırsa ne yapacaksın?"

"Bilmiyorum."

"Kibarca geri isteyebilirsin. Vermezse bizden yardım isteyebilirsin. Bunlar doğru seçenekler. Hangisini yapacaksın?"

"Kibarca isteyeceğim. Vermezse sizden yardım isteyeceğim."

"Doğruyu seçtin. Emin ol işe yarayacak. Başaracaksın."

On beş yaşındaki Mark, hafta sonları 23:00'e kadar izinliydi. Ancak bir cumartesi gecesi eve partiden 01:00'de geldi. Sonuç olarak ailesi ona üç hafta boyunca partiye gitmeme ve saat 22:30'da eve dönme cezası verdi.

"Benim suçum değildi" dedi Mark. "Beni götüren arkadaş kalmak isteyince mecburen kaldım."

Ailesi, diğer seçenekleri keşfedebilmesi için ona yardım etti. "Hiçbir şey yapmamak iyi bir seçim değil. Arkadaşını ikna etmeye çalışabilirdin çünkü 23:00'de evde olman gerektiğini o da biliyordu. Bizi de arayabilirdin, gelip seni alırdık. Bir daha aynı şey başına gelirse ne yapacaksın?"

"Aracağım."

"Güzel, işte bu iyi bir seçim" dedi babası.

Altı yaşındaki Tim ağlayarak eve geldi. Arkadaşı ona isim takmıştı. Annesi onu teselli etti, sonra da bu konuda neler yapabileceğini konuşmaya başladı.

"Jason sana yaptığı şeyin yanlış olduğunu biliyordur mutlaka ama yine de yapmış. Sana bir daha isim takarsa ne yapacaksın?"

"Onu ispiyonlarım, başı derde girer."

"Bu bir seçenek, evet. Ama Jason kızıp daha çok üstüne gelebilir. Başka ne yapabilirsin?"

"Bilmiyorum."

"Onu duymazdan gelebilirsin. Durmazsa onunla oynamayacağını, yanından gideceğini söylersin. Hangisini seçtin?"

"Duymazdan geleceğim. Olmazsa yanından gideceğim."

"Güzel. Bunları bir deneyelim. Ben Jason olacağım. Sana isim taktığımı farzet. Ne yapacaksın?"

Tim onu duymazdan geldi. Sonra da, "Susmazsan seninle oynamam" dedi.

"Jason mesajını alır artık."

Sekiz yaşındaki Alex'e, yılbaşında uzaktan kumandalı bir kamyon gelmişti. Bir an önce oynamak istiyordu ama babasının bazı kuralları vardı.

"Alex, kamyonunla bahçede oynayabilirsin ama çiçekleri ezmeyeceksin. Çiçeklerden uzak duracaksın."

"Tamam, baba." Bir süre için kurala uydu. Ama sonra çiçeklerin olduğu yerde kamyonun çok güzel gittiğini fark etti. Kamyonunu sürebileceği tümsekler, ağaç kabukları, türlü türlü çiçekler, çalılar vardı. Dayanamadı. Babası dışarı çıktığında Alex kamyonu çiçeklerin üstüne sürüyordu.

"Alex, sana söylediğim gibi oyna, yoksa kamyonunu alırım. Seçeneklerin bunlar. Hangisini seçiyorsun?" dedi babası.

"Çiçeklerden uzak duracağım."

"Söz dinlediğin için teşekkür ederim."

Alex'in babası sınırlı seçenekler verme yöntemini kullandı. Bu, çocuklara sorumluluğu ve karar vermeyi öğreten çok etkili bir yöntemdir. Babasının sunduğu seçenekler karşısında, Alex'in davranışının sonucuna katlanmaktan başka çaresi yoktur. Kurallar da, bu kurallara uyulmadığında ne olacağı da gayet açıktır. Alex kabul edilebilir bir karar vermek için ihtiyacı olan bilgiyi almıştır.

Bu olayda Alex, babasının kuralına uyarak işbirliği yapmayı seçmiştir. Peki ya sınırları zorlamayı seçseydi? O zaman babası davranışının sonucu olarak kamyonu elinden alacaktı. Her halükârda, Alex babasının vermek istediği dersi almış olacaktı.

Sınırlı Seçenekleri Kullanmanın Kuralları

1. İki ya da üç seçenekten fazlasını sunmayın. Atılmasını istediğiniz adım, bu seçeneklerden biri olsun. Örneğin çocukların evin içinde frizbi oynamalarını istemiyorsanız, "Ya bahçede oynarsınız ya da elinizden alırım. Hangisini seçiyorsunuz?" demelisiniz.
2. Seçenekler sınırlarınızdır. Bunları kesin olarak belirleyin, açık kapı bırakmayın. Örneğin çocukların masadan başka yerde çubuk dondurma yemelerini istemiyorsanız, "Ya masada yiyin ya da dışarı çıkın" demelisiniz. Yumuşak sınırları olan seçenekler (keşke şunu masada ya da dışarıda yeseniz, gibi) sunduğunuzda bu tekniğin etkinliği azalır.
3. Sınırlı seçenekleri sunduktan sonra çocuğa, "Hangisini seçiyorsun?" diye sorun. Böylece karar verme ve doğruyu yapma sorumluluğunu doğru yere yönlendirmiş olursunuz: Seçim yapan kişi çocuğunuz olur.
4. Çocuğunuz kabul edilebilir seçeneği kabul etmesine rağmen bunu yapmazsa kurallarınızı destekleyen sonuca katlanma yöntemini uygulayın. Örneğin, "Patenle sadece kaldırımda gidebilirsin, caddeye inme" demenize rağmen çocuğunuz sizi dinlemiyorsa bir süreliğine patenleri elinden almanın vakti gelmiştir. Seçenekleri tekrarlama ya da uygun olanı yapması için ikna etmeye çalışma gibi hatalara düşmeyin. Artık tavır almanız gerekmektedir.

Sınırlı Seçeneklerle İlgili Sorular

1. *Çocuğum kabul edemeyeceğim seçenekler sunarsa ya da pazarlık etmeye kalkarsa ne yapmalıyım?*

Cevap: Bazı çocuklar sınırlı seçenekleri pazarlık konusu etmekte çok ustadır. Bu, sınırları zorlamak demektir. Çocuğunuz kabul edemeyeceğiniz bir seçenek sunarsa kesin tavır almalısınız: "Bu bir seçenek değil."

Seçenekler üzerinde pazarlık etmeye kalkarsa, "Sadece bu seçeneklerin var. Hangisini seçiyorsun?" demelisiniz. Israr etmeye devam ederse son verme tekniğini kullanmalısınız.

2. *Çocuğum sınırları sürekli zorluyor ve kurallarımı dinlemiyorsa yine de sınırlı seçenekler sunmalı mıyım?*

Cevap: Evet. Sınırlı seçenekler sunma yöntemi, sürekli sınırları zorlayan çocuklar üzerinde de çok etkilidir. Ancak seçenekleri sunarken işbirliği yapmazsa katlanacağı sonuçları da açıkça belirtmelisiniz. Böylece söz dinlememeyi seçtiğinde neler olacağını da bilecektir.

Örneğin, çocuğunuz evin içinde su tabancasıyla oynuyorsa, "Tabancayla bahçede oyna, yoksa elinden alırım" demelisiniz.

Artık çocuğunuz, işbirliği yapmazsa ne olacağını biliyor. Sözünüzü dinlemezse tabancayı elinden almalısınız.

3. *Çocuğuma sınırlı seçenekler sunduğumda bunları reddederse ya da sadece boş boş bakarsa ne yapmalıyım?*

Cevap: Sizi duymadığını düşünüyorsanız 6. Bölüm'de öğrendiğiniz kontrol sürecini kullanın. Sizi kasıtlı olarak duymazdan geliyorsa tepki vermesini bekleyin. Davranışlar, tepkileri sözler kadar net ortaya koyar. Eğer davranışından, işbirliği yapmayacağını anladıysanız bunun sonucuna katlanmasını sağlayın. Çocuğunuz, seçmemenin de bir seçenek olduğunu kısa sürede anlayacaktır.

Aşağıdaki örnekler, sınırlı seçeneklerin kullanılabileceği bazı alanları anlatmaktadır. Bu yöntem çoğunlukla işbirliği sağlar. Çocuğun sınırları zorlamayı ya da direniş göstermeyi seçtiği bazı örnekler de vermek istedim. Böylece sonuca katlanma yöntemini nasıl uygulayacağınız da göreceksiniz.

Beş yaşındaki Jill, kardeşlerini eğlendirmek için sofrada geğirip duruyordu. Annesi yapmamasını söyleyince bir süre duruyor, sonra yeniden başlıyordu.

Annesi sonunda, "Jill, ya geğirmekten vazgeçersin ya da beş dakika odanda beklersin. Hangisini seçiyorsun?" dedi. Jill söz dinlemeyi seçti.

Sekiz yaşındaki Phillip, oyunda hile yapıyordu. Kardeşleri düzgünce oynamasını söyleseler de o umursamıyordu. Onlar da babalarına şikâyet ettiler. Babaları sınırlı seçenekleri sundu.

"Phillip, ya düzgün oynarsın ya da kendine başka bir oyun bulursun. Hangisini seçiyorsun?"

"Düzgün oynayacağım" demesine rağmen Phillip beş dakika sonra yine hile yapmaya başladı. Kardeşleri yine şikâyet etti ama babaları bu sefer sonuca katlanma yöntemine geçecekti.

"Şimdi kendine başka bir oyun bul. Kardeşlerinle oynamayacaksın" dedi. Phillip de başka bir oyun oynamak zorunda kaldı.

Öğle yemeği saati gelmişti. Çocuklar sürekli bir şeyler isteyip duruyorlardı. Biri çorba içmek, diğeri makarna yemek istiyordu. "Bugün sandviç yiyeceğiz. Nasıl istersiniz? Salamlı mı, sucuklu mu?" dedi anneleri.

"Pizza yesek?" dedi çocuklar.

"Öyle bir seçeneğimiz yok."

On yaşındaki Aaron, annesine saygısızlık etmiş, mola süreci için odasına gitmeyi de reddetmişti. Annesi sınırlı seçenekler sundu.

"Aaron, ya odana gidip on dakika beklersin ya da ben seni götürürüm ve yirmi dakika beklersin. Hangisini seçiyorsun?" dedi annesi.

On yirmiden iyidir, diye düşündü Aaron. Mecburen odasına gitti.

İki kardeş beyzbol kartlarını paylaşamıyor, çekişip duruyorlardı. Biraz sonra bağrışmaya başladılar. Babaları müdahale etti.

"Çocuklar, işinizi sessizce halledin, yoksa sakinleşmeniz için sizi odanıza göndereceğim." Çocuklar sessizce anlaşmayı seçtiler.

Ben ve Karen'ın babası, Cadılar Bayramı'nda alınan şekerler için kurallar koymuştu. "Akşam yemeklerinden sonra sadece üçer tane yiyebilirsiniz. Daha çok yerseniz ya da yemekten önce yerseniz, bütün şekerleri çöpe atarım. Size kalmış."

"Öğle yemeğinden sonra iki tane, akşam yemeğinden sonra da bir tane yesek?" dedi Ben, pazarlık etmeyi umarak.

"Böyle bir seçeneğiniz yok."

On üç yaşındaki Maria, odasında yüksek sesle müzik dinliyordu. Ses o kadar yüksekti ki aşağıda televizyonun sesini bile duyamıyorlardı. Annesi Maria'nın odasına çıktı.

"Maria, müziğin sesini kıs biraz, televizyon bile seyredemiyoruz" dedi. Ama Maria küstah küstah annesine baktı, kılını bile kıpırdatmadı. Annesi de sınırlı seçeneklerini sundu.

"Ya sesi kısarsın ya da teybi kapatır, odama götürürüm. Bir hafta müzik dinleyemezsin. Hangisini seçiyorsun?"

Maria'nın seçenekleri belliydi. Küstahlık yapmanın bir faydası yoktu, teybini de kaybetmek istemiyordu. Söz dinlemeye karar verdi. Sesi makul bir seviyeye kadar kıstı.

"Teşekkür ederim." Annesi televizyon seyretmek üzere aşağıya indi.

Özet

Karar verme ve sorun çözme konusunda çocuklara bilgi vermek onlara çok yardımcı olur ama bilmekle yapmak farklı şeylerdir. Çocukların bazen alıştırma yapmaları ve daha çok bilgi ve eğitim almaları gerekir.

Bu bölümde, zor beceriler olarak nitelediğimiz karar ve sorun çözme becerilerini kazanmaları için çocuklara bilgi verirken ve alıştırma yaptırırken kullanacağımız dört basit ve etkili kural öğrendik. Bu teknikler çoğunlukla kabul edilebilir seçimler yapma ve doğru davranışlar sergileme konularına odaklanmıştır. Kesin sınırlar ve cesaret verici mesajlarla desteklendiğinde bu teknikler, çocuklara sorun çözmeyi ve kabul edilebilir seçimler yapmayı öğreten güçlü birer araç haline gelirler.

Ebeveynler için Çalışma Grubu Soruları

1. Cesaret verici mesajlar kullanırken yaşadıklarınızı paylaşın. Sonuçlara katlanma yöntemine gerek kalmadan amacınıza ulaşabildiniz mi?
2. Çocuklara belli becerileri öğretirken sadece bilgi vermek yetmeyebilir. Başka neler gereklidir? Bunları nasıl sağlayabiliriz?
3. Yedi yaşındaki Alyssa babasıyla oturuyordu. Babası ondan gazeteyi getirmesini istedi. Alyssa gazeteyi alıp babasına fırlatınca bütün sayfalar etrafa saçıldı. Babası ona, gazeteyi nasıl getireceğini öğretmek için hangi yöntemi uygulamalıdır? Bu teknik neden özellikle küçük yaştakiler üzerinde etkili olur?
4. Beş yaşındaki Ben, annesinin ona ve arkadaşlarına vereceği dondurmayı hevesle bekliyordu. Çocuklar öbür odadayken dayanamayıp dondurmanın birazını yedi. Annesi ona, sırasını beklemesini öğretirken hangi tekniği kullanmalıdır?
5. On üç yaşındaki Amber, paten sahasına gideceği yerde arkadaşlarıyla alışveriş merkezine gittiği için babası onu almaya geldiğinde bulamamış, iki hafta kaymama cezası almıştı.

   "Yapabileceğim bir şey yoktu. Herkes alışveriş merkezine gitmek istedi. Senin bizi almaya geleceğini biliyorlardı üstelik. Ben de mecburen onlarla gittim" dedi Amber. Babası, arkadaşları aynı şeyi yaptığında Amber'ın daha iyi bir seçim yapabilmesi için hangi yöntemi kullanmalıdır?

   Alıştırma: Bir eş seçin ve Amber'ın babasının yöntemini siz de uygulayın. Amber ve babası rolünü dönüşümlü olarak oynayın.

6. On yaşındaki Greg, evin yakınındaki alışveriş merkezine kaykayla gitmemesi için ikaz edilmişti. Greg'in arkadaşları sürekli oralarda geziniyorlar, ailesi de onun bu kuralı çiğnemesinden endişe ediyordu. Kural ve beklentilerini açıkça belirtmek ve sorumluluğu Greg'e yüklemek için hangi yöntemi kullanmalıdırlar? Greg'in ailesi olsaydınız ne yapardınız?
7. Aşağıdaki yanlış davranışlara karşılık sınırlı seçenekler sunun:
   a) On bir yaşındaki çocuk radyonun sesini kısmak istemiyor.
   b) Beş yaşındaki çocuk kardeşini huzursuz etmekten vazgeçmiyor.
   c) On beş yaşındaki çocuk eve geliş saati yüzünden tartışma çıkarıyor.
   d) Sekiz yaşındaki çocuk sandalyesinde sallanmakta ısrar ediyor.
   e) Çocuklarınızın her biri yemekte farklı bir şey yemek istiyor.

Alıştırma: Grup çalışmaları arasında, evde alıştırmasını yapacak iki ya da üç yöntem seçin. Bir sonraki grup çalışmasında bunları onlarla paylaşın.

9

Kurallarınızı Sonuçlarla Destekleme

Sözlerinizle davranışlarınız arasındaki tutarlılık devam ettikçe sınırlarınızın daha az zorlandığına ve sonuçlara katlanma yöntemine daha az başvurduğunuza şahit olacaksınız.

Buraya kadar kurallarınızla ilgili net mesajlarınızı nasıl vereceğinizi, çocuklarınıza cesaret vererek işbirliği yapmalarını nasıl sağlayacağınızı ve etkin sorun çözme tekniklerini nasıl öğreteceğinizi öğrendiniz. Bütün bunlar çocuklarınıza, onaylanabilir davranışlar kazanmaları için gerekli olan sözlü bilgiyi verecektir ama bildiğiniz gibi, sözler mesajın sadece bir kısmını oluşturur.

Çocuklarınız sınırları zorlamak isteyebilir. Bu durumda, artık konuşmanın bir faydası yoktur. Artık adım atmalı ve çocuklarınızın sorularına anlayabilecekleri şekilde somut davranışsal mesajlarla cevap vermelisiniz. Sonuçlar, sınır koyan mesajların ikinci kısmıdır ve sözlerden daha etkilidir.

Bu bölümde kurallarınızı, vermek istediğiniz mesajı net ve anlaşılır şekilde vermenizi sağlayan sonuçlarla nasıl destekleyeceğinizi göreceksiniz. Önceleri yumuşak yöntemler kullandıysanız, sonuçlara katlanma yöntemi, inanılırlığınızı ve otoritenizi yeniden kazanmanızı sağlayacak, çocuklarınıza söz dinlemeyi öğretecektir.

Önceleri cezacı yöntemleri kullandıysanız da çocuklarınızla korku ve aşağılama dolu bir ilişki yerine karşılıklı saygıya dayanan işbirliği içinde bir ilişki kurmanızı sağlayacaktır. Bu bölümdeki sonuçlar, yumuşak sınırların can sıkıcı etkisinden kurtulmak isteyen herkes için etkin iletişim ve sorun çözme adına büyük bir adım olacaktır.

Sonuçlar Neden Önemlidir?

Sonuçlar duvar gibidir. Yanlış davranışa son verir. Neyin kabul edilebilir olduğu, kimin sözünün geçtiği gibi sorulara net ve belirgin cevaplar verir; çocuklara, seçimleri ve davranışlarının hesabını sorarak sorumluluk duygusunu öğretir. Düzenli olarak kullanıldığında sonuçlar, çocuklara söz dinlemeyi ve sizi ciddiye almayı öğretir.

İlk dört ya da sekiz haftalık program sürecince sonuçları sık sık kullanmak zorunda kalacaksınız. Neden mi? Çünkü çocuklar sık sık sınırlarınızı zorlayacaklar. Kuralların değiştiğini ve duvarların kalın olduğunu ancak böyle anlayabilirler. Duvarlarınızı yıkmaya, sizi eski halinize döndürmeye çalışırlarken sürekli, “Haksızlık ediyorsun!” “Çok fenasın!” gibi serzenişler duyacaksınız.

Monica’nın ailesi; on iki yaşındaki kızlarının inatçı, küstah ve kavgacı tutumuyla baş etmek için etkin yöntemler ararken atölye çalışmalarıma katılmışlar ve Monica’nın yukarıda anlatıldığı biçimde davranmaya başladığını görmüşlerdir. Önceki yaklaşımlarının yumuşak olduğunu hemen fark ettiler. Sınırları çok yumuşaktı. Sonuçlar etkisizdi ve geç kalıyordu. Son çalışmanın akşamında Monica’yı karşılarına alıp artık durumun değiştiğini anlattılar.

“Yapman gereken işleri sana bir kez söyledikten sonra bir daha tekrar etmeyeceğiz ve hatırlatmayacağız. Sadece bir kere söyleyeceğiz. Tartışmaya girmek yok. Azarlamak, bağırmak da yok. Söz dinlemezsen farklı sonuçlarla karşılaşacaksın." Ona sonuçlara katlanma ve mola yöntemini açıkladılar.

Gözümle görmeden inanmam, dedi Monica içinden. Önceki tecrübelerine dayanarak ailesinin sözlerini ciddiye almasına gerek olmadığını düşündü. Ama annesiyle babası sözlerinde durdular. Ondan bir şey istediklerinde kesin bir ifadeyle ve sadece bir kez söylediler. Monica her zamanki gibi onları dikkate almayınca kontrol sürecini kullandılar. Tekrar ve hatırlatma yapmadılar. Monica tartışmaya kalkıştığında son verme tekniğini uyguladılar. Sınırları zorlayıp işbirliğini reddedince sonuçlarına katlanma ve mola tekniğini devreye soktular.

Yöntemler işe yaradı. Monica ilk kez, yaptığı yanlış seçimlerin ve hatalı davranışlarının hesabını verdi. Yanlış davranışlarından ailesinin değil, kendisinin sorumlu olduğunu anladı. Ama sınırları zorlama alışkanlığı kolayca geçmedi.

> İnatçı çocuklar, kuralların değiştiğine ikna olmak için daha çok bilgiye ihtiyaç duyarken uysal çocuklar daha az bilgiyle ikna olurlar.

İşin aslı, ilk üç hafta boyunca direnişini artırdı ve her konuda sınırları zorlayarak ebeveynlerini davranışsal adımlara kadar götürdü. Kararlılıklarını koruduklarını görünce Monica sürekli, "Haksızlık ediyorsunuz!" "İkinizden de nefret ediyorum!" diye serzenişte bulunarak duygu sömürüsü yaptı ve onları vazgeçirmeye çalıştı.

Ebeveynlerini eski hallerine döndürmek için bildiği her yolu denedi ama hiçbiri işe yaramadı.

Dört hafta sonra annesiyle babası, Monica'nın değişmeye başladığını fark ettiler. Bu değişim başlarda çok belirgin değildi. Sınırları daha az zorlamaya, daha çok söz dinlemeye başlamıştı. Ailesinin kuralları hakkındaki yargıları değişmeye başlamış, onları ciddiye alır olmuştu.

İlk dört haftada gözlenen sınırları zorlamadaki artış, öğrenme sürecinin normal bir parçasıdır. Ailesi Monica'ya kuralların değiştiğini söylemiştir. Monica bundan nasıl emin olabilir? Tabii ki sınırları zorlayarak. Zorladığında ise ailesi onun sorularına açıkça ve istikrarlı olarak sonuçlara katlanma yöntemiyle cevap vermiştir. Monica ihtiyacı olan bilgiyi almış ve ebeveynlerinin hedeflediği çıkarımlara varmıştır.

Sonuçlar, kısa vadeli bir hedef olan yanlış davranışı durdurma konusunda etkilidir ama çocuklara söz dinletebilmek daha uzun bir süreçtir. Ne kadar mı sürer? Bu sizin tutarlılığınıza, yumuşak sınırları ne zamandan beri kullandığınıza, çocuğunuzun yaşına ve huyuna bağlıdır. Evdeki kuralların değiştiğini öğrenmesi için ne kadar eğitim vermeniz gerektiği de önemli bir etkendir. İnatçı çocuklar, kuralların değiştiğine ikna olmak için daha çok bilgiye ihtiyaç duyarken uysal çocuklar daha az bilgiyle ikna olurlar. Pek çoğu da gözleriyle görmeden bu değişime inanmazlar.

Sözlerinizle davranışlarınız arasındaki tutarlılık devam ettikçe sınırlarınızın daha az zorlandığına ve sonuçlara katlanma yöntemine daha az başvurduğunuza şahit olacaksınız. Bu da çocuğunuzun, kurallarınız hakkındaki yargılarının değişmeye başladığına işaret eder. Değişim süreci çok hassastır ama tutarlı ve kararlı olursanız amacınıza ulaşırsınız.

Sonucu Etkili Kılan Nedir?

Etkin sonuçlar, temel eğitim hedeflerimize ulaşmamızı sağlar; yanlış davranışa son verir; kurallarımız hakkında net mesajlar verir ve çocukların, davranışlarının hesabını vermesini sağlayarak onlara sorumluluk duygusunu öğretir.

Sonuçların etkinliği, bu yöntemi nasıl uyguladığınıza bağlıdır. Cezacı ya da yumuşak bir şekilde uygularsanız sonuçların eğitim değeri pek olmayacaktır çünkü sorun çözme işi size yüklenecektir. Yöntemi, demokratik bir şekilde uygular ve aşağıda açıklanan niteliklerle birleştirirseniz sonuçların eğitim değeri yüksek olacaktır. Şimdi bu nitelikleri inceleyelim.

Anında Tepki Verme

Beş yaşındaki Danny, çorba kaşığıyla kardeşine bezelye fırlatmaca oynuyordu. Babası durmasını söyledi. Danny önce söz dinledi ama beş dakika sonra sınırı zorlamaya karar verip bir bezelye atışı yaptı. Babası tek kelime etmeden, sonuçlara katlanma yöntemini uyguladı ve kaşığı Danny'nin elinden aldı.

Onaylanmayan davranışın hemen ardından uygulandığında sonuçlara katlanma yöntemi çok etili olur. Babasının bu yöntemi anında kullanması, Danny'nin yanlış davranışla bunun sonucuna katlanma arasındaki sebep-sonuç ilişkisini anlamasını sağladı. Babası kaşığı daha sonra alsaydı, yöntem bu kadar etkili olmayacaktı.

Tutarlılık

On üç yaşındaki Sherry, hafta içi dokuzdan sonra telefonu kullanamayacağını biliyor ama arkadaşlarıyla konuşmayı da çok istiyordu. Annesinden, bir kereliğine izin vermesini istedi

Tutarsızlık, sınırları zorlamaya teşvik eder.

ama o kararlıydı. Sherry istediğini annesinden alamayınca babasına gitti ama o da izin vermedi.

Sherry geçen sefer kuralı çiğnediğinde olanları çok iyi hatırlıyordu. Bir hafta boyunca hiç telefon edememişti. Ama yine de gizlice üst kata çıkıp şansını denemek istedi. Maalesef yakalandı. Yine bir haftalık telefon cezası almıştı.

Sonuçlara katlanma yönteminde süreklilik, etkin bir eğitim için çok önemlidir. Yukarıdaki örnekte olduğu gibi, tutarlılığın birçok boyutu vardır. Sözel ve davranışsal mesajlar arasındaki tutarlılık, ebeveynler arasında tutarlılık, sonuçlara katlanma yönteminin uygulandığı durumlarda tutarlılık. Bu son derece önemli konulardan herhangi birinde yaşanan tutarsızlık, eğitim sürecini bozabilir.

Sherry'nin ailesi kendi aralarındaki tutarlılığı, sonuçlara katlanma yöntemini uyguladıkları durumlarda da göstermişlerdir. Sözlerini, davranışlarıyla desteklemişler; böylece Sherry, ailesinin kurallarını açıkça anlamıştır. Ondan uyum göstermesini beklemişler ve bunu zorunlu kılmışlardır.

Sherry arada bir sınırları zorlamaya kalkabilir ama her seferinde aynı cevabı alacaktır. Telefonu kullanmak istiyorsa ailesinin kurallarıyla yaşamayı öğrenmek zorundadır.

Farz edelim ki Sherry'nin ailesi telefon kuralını uygulamada %60 tutarlı olsun. Kızlarından ne bekleyebilirler? Sınırları daha çok zorlama olabilir mi? Elbette. Gerçekte, bu kural evde geçirilen zamanın sadece %60'ında uygulanmaktadır. Sherry kuralın ne zaman geçerli olduğunu, ne zaman olmadığını nereden bilecek? Denemek zorunda. Tutarsızlık, sınırları zorlamaya teşvik eder.

Bağlantılı Olma

Telefon faturasını aylarca ödemezsek telefon şirketi kablolu yayını kesmez. Kablolu yayının kesilmesi, faturayı ödemeden telefonu kullanmamıza engel olmaz. Bu yüzden telefon şirketi işe yarar bir önlem alır ve telefonumuzu keser. Böylece, şirketin kurallarına uymayı öğrenmiş oluruz.

Kardeşine bilgisayar oyunu oynatmayan çocuğa bisiklete binmeme ya da tatlı yememe cezası vermek, onun için bir şey ifade etmez. Bisiklete binmenin, tatlı yemenin paylaşmak ve sırayla oynamakla bir bağlantısı yoktur.

Bu durumda çocuğa bilgisayar oyununu oynamama cezası vermek daha etkilidir. "Kardeşini oynatmazsan sen de oynayamazsın. Yarın tekrar düşünürüz." Sonuca katlanma yöntemi, sona ermesi gereken yanlış davranışla mantıklı bir bağlantısı varsa etkili olur.

Onaylanan Davranışlara Örnek Oluşturma

Beş yaşındaki Devin sofrada bıçağını patatese batırıp keserken gıcır gıcır sesler çıkarıyordu. Kardeşi kıkır kıkır gülüyor ama annesiyle babası pek eğlenmiyordu.

"Devin, bıçak öyle kullanılmaz" dedi babası. "Ya düzgünce kesersin ya da bıçağını alırım. Hangisini seçiyorsun?"

"Tamam, düzgünce keseceğim" dedi Devin. Ama birkaç dakika sonra babası tam bardağına su koyacakken Devin yine bıçağı patatese sapladı. Babası tek kelime etmeden Devin'in bıçağını elinden aldı.

Devin babasının kuralı hakkında net bir mesaj almış, aynı zamanda sorunların saygılı bir şekilde nasıl çözüleceğini de öğrenmişti. Kimse kimseyi suçlamadı, eleştirmedi ve kimse gücenmedi.

Şimdi bu örneği yeniden ele alalım ve bu sefer babanın cezacı yöntemi uyguladığını farz edelim. Devin bıçağı patatese saplayınca babası çıkışıyor.

"Allah kahretsin!" diye bağırarak Devin'in kafasına bir şaplak atıyor. "Bıçak kullanamayacağın belliydi zaten. Böyle devam edeceksen o bıçağı elinden alırım." Babası bıçağı Devin'den alıyor. Sonuçlara katlanma yöntemiyle Devin'in yanlış davranışına son veriyor ama Devin sorun çözme konusunda ne öğreniyor?

Kullandığımız yöntemi öğretiriz. Yöntemin kendisi, onaylanabilir davranışlara dair bir mesaj verir. Çocukların yanlış davranışlarına son vermek için dayağı ya da kırıcı sonuçlara katlanma yöntemlerini kullanırsak sorunların dayak atarak ve karşı tarafa acı vererek çözülebileceğini ve böylece karşı tarafa söz dinletebileceğimizi öğretmiş oluruz.

Zaman Sınırlamaları

Yedi yaşındaki Kelsey, herkes TV seyrederken bağıra bağıra robotçuluk oynamaktadır. Babası susmasını söyler, Kelsey bir an için susar ama sonra o rahatsız edici sesleri yeniden çıkarmaya başlar. Çok sinirlenen babası Kelsey'e, bütün akşamı odasında geçirtir (yaklaşık iki saat kadar).

> Sonuçlara katlanma yönteminin etkili olabilmesi için net ve iyi belirlenmiş başlangıç ve bitiş süreleri olmalıdır.

Sonuçlara katlanma yöntemini uygularken süreyi uzatmak, yöntemi daha etkin kılmaz. Bu yöntem kısa süreli olursa eğitim hedeflerimize daha çabuk ulaşırız. Neden mi? Çünkü bu yöntemi daha sık kullanma fırsatımız olur. Böylece çocuklar, kurallarımız hakkında daha çok bilgi toplayabilir. Ne kadar çok bilgi toplarlarsa istenen yargıya o kadar çabuk varırlar.

Bu düşünce, içinizde cezacı yöntemlerle büyümüş olanlara pek bir şey ifade etmeyecektir. Muhtemelen az olan iyiyse, çok olanın muhteşem olduğuna inanıyorsunuzdur. Siz, sonuçlara katlanma yönteminde aşırıya kaçma eğilimindesinizdir. Ancak bizim amacımız, sonuçlara katlanma yöntemiyle öğrenmeyi azaltmaktır, arttırmak değil.

On iki yaş altı çocuklara bu yöntemi uygulamak, çocuklardan çok ebeveynlere ızdırap verir. Yedi yaşındaki bir çocuğa bir haftalık ceza vermeyi denediniz mi? Pek çoğu üçüncü günde neden ceza aldıklarını unuturlar; ebeveynler de ceza süresince öfkeli, üzgün bir çocukla baş etmek zorunda kalırlar.

Unutmayın, amacımız yanlış davranışa son vermek ve doğru davranışı cesaretlendirmektir. Bu amaçlara kısa süreli bir ceza ile ulaşabilirsek çocukların, işbirliği yaptıklarını ve doğru davrandıklarını kanıtlamaya zamanları olur.

Babası Kelsey'e bütün akşamı odasında geçirterek onun, daha iyi bir karar verebileceğini ve doğru davranacağını kanıtlama fırsatını elinden almış oldu. On dakikalık bir süre, amacına ulaşmasına yeterdi.

Süresi belirsiz cezalar sorun yaratır. Örneğin; dört yaşındaki Tim, "çağrılana kadar odasında kalmakla" cezalandırılmıştı çünkü babasının fotoğraf makinesiyle oynamaktan vazgeçmemişti. Tim odasına gitti ama beş dakikada bir başını uzatıp, "Zaman doldu mu?" diye sordu, durdu. Beşinci ya da altıncı soruşundan sonra annesi süreyi uzatmayı düşünmeye başlamıştı.

Sonuçlara katlanma yönteminin etkili olabilmesi için net ve iyi belirlenmiş başlangıç ve bitiş süreleri olmalıdır. Belirsiz ya da ucu açık cezalar, Tim'in yaptığı gibi sürekli test edilecektir. Annesi Tim'e beş dakika ceza verseydi daha net olacaktı. Tim de ikide bir başını kapıdan uzatıp durmayacaktı.

Yeni Bir Başlangıç

Üç hafta önceydi. Dokuz yaşındaki Jill, annesine parka gideceğini söyledi. Eve dönüş saati 18:00'di. Kırk beş dakika geç kalınca annesi parka, onu aramaya gitti.

Jill parkta değildi. Annesi onu, yasak bölge olan kanalizasyon sahasında buldu. Jill'e ertesi gün evden çıkmama cezası verdi. Sofraya zamanında oturmadığı için de yemeğini soğuk yemek zorunda kaldı.

Bu olayı izleyen üç hafta boyunca Jill eve hep 18:00'de geldi. Annesi onu kontrol etmeye çıktığında hep arkadaşlarıyla parkta oynarken buldu. Jill uyumlu davranmasına rağmen annesi her gün, eve geç geldiği günü ve o gün olanları hatırlatıp duruyordu.

Bu olayı unutacak gibi değildi. Jill'in şu andaki doğru davranışlarını cesaretlendireceğine, geçmişteki yanlış davranışına takılıp kalmıştı. Jill ise yeni bir başlangıç yapmak, doğru davrandığını ve sorumluluğunu üstlendiğini göstermek istiyordu.

Artık sonuçlara katlanma yöntemini daha etkin kılma konusunda bir fikir sahibi olduğumuza göre, sıkça görülen belli bazı yanlış davranışlar karşısında kullanabileceğimiz sonuçlara katlanma yöntemlerini inceleyebiliriz. En az müdahale gerektiren doğal sonuçlarla başlayalım.

Doğal Sonuçlar

Beş yaşındaki Darren, ailesiyle beraber dondurmacıya gitmişti. Darren'in elindeki külahta iki top dondurma vardı. Kardeşlerini eğlendirmek isteyen Darren, külahını uçak gibi uçurmaya başladı. Babası ayıplayarak ona bakıp başını iki yana salladı ama o devam etti.

Sonunda dondurma topları yere düştü. Darren'ın gözleri dolmuştu. "Bir tane daha alabilir miyiz?" dedi.

Babası kararlıydı. "Bu akşam başka dondurma yok."

> Doğal sonuçlar, bir olay ya da durum sebebiyle kendiliğinden ortaya çıkan sonuçlardır.

Dondurma külahtan düşmüş, ailesi de bu doğal sonuçtan faydalanarak ona bir ders vermişti. Pek çoğumuz gibi onlar da, "Ben sana demedim mi?" demeyi ya da dondurmayla oyun oynanamayacağını anlatıp uzun uzun nutuk çekmeyi çok istiyorlardı ama bu konuda konuşurlarsa Darren'ın yaşadığı doğal sonucun etkisini azaltacaklarını da biliyorlardı. Artık Darren, dondurma külahını uçak yapmadan önce bir daha düşünecektir.

Doğal sonuçlar, bir olay ya da durum sebebiyle kendiliğinden ortaya çıkan sonuçlardır. Yaşananların bütün sorumluluğunu çocuğa yükleyen bu sonuçlar, doğru davranış mesajları verir. Bu sonuçlara ebeveynlerin müdahale etmesi gereksizdir. Nasihat etmek ya da "Ben demedim mi?" şeklinde yorum yapmak, doğal sonuçların etkisini yok eder.

Bazı ebeveynler doğal sonuçların kolayca etki etmesinden çok memnun olurlar ve çocukların kendi hatalarından ders çıkarmasına fırsat verirler. Bazıları ise bu durumdan hiç memnun olmaz, müdahale etmemek için kendilerini zor tutarlar.

Bir şey yapmak isteyip de yapamamak sinir bozucu bir durumdur. Böyle bir durumda kalırsanız zaten ortada olan sonucu ifade etmekten öteye geçmemeye çalışın ("Oyuncak kırılınca oynayamayız" ya da "Gazoz dökülünce artık içemeyiz" gibi).

Şimdi, doğal sonuçları kullanabileceğimiz pek çok durumdan bazılarına bakalım:

Doğal Sonuçların Kullanıldığı Durumlar

1. *Dikkatsizlik, yanlış kullanım ya da sorumsuzluk yüzünden oyuncaklar, sevilen eşyalar, kıyafetler kaybolduğu, kırıldığı ya da çalındığı zaman.*

Doğal sonuç: Kaybolan ya da bozulan eşyayı tamir etmeyin, yenisini hemen almayın. Çocuğa, bu kaybından dolayı duyduğu üzüntüyü içselleştirmesi için zaman tanıyın.

Bana danışan bir anne, ikinci sınıfa giden kızına, dedesinin pahalı bir deri ceket hediye ettiğini ama ikinci günde kızının ceketi parkta unuttuğunu, ceketi bulamayınca kızının yalvarmalarına dayanamayıp yenisini aldığını anlatmıştı. İkinci ceket üç hafta kadar dayanmış ama o da kaybolmuştu.

Anne dersini almış ama çocuk almamıştı. Çocuk yeni bir ceket daha isteyince annesi farklı bir yola başvurdu. "Sana ucuzundan bir eşofman üstü alacağım. Kıyafetini koruduğunu ve kaybetmeden eve getirdiğini kanıtlarsan deri ceket konusunu yeniden konuşuruz."

2. *Çocuklar unutmayı alışkanlık edindiği zaman.*

Doğal sonuç: Çocuğun sorumluluğunu üstlenip ona hatırlatmada bulunmayın.

Dokuz yaşındaki Kendra, sabahları ödevini ve harçlığını sürekli unutuyordu. Ailesi her seferinde unuttuğu şeyleri peşinden okula götürüyordu. Öğretmen bunun bir alışkanlık haline geldiğini fark edince Kendra'nın ailesine, iki hafta boyunca okula gelmemelerini önerdi. Kendra iyi bir öğrenciydi. Bir-iki kez harçlıksız kalması ya da ödevini teslim etmemesi ona zarar vermeyecekti. Bu yüzden öğretmenin önerisini kabul ettiler.

İlk hafta, Kendra salı günü harçlığını unuttu. Öğle arasında Kendra öğretmenine, ailesinin parasını getirip getirmediğini sordu. Öğretmen getirmediklerini söyledi.

Kendra o gün eve gelince, "Harçlığımı getirmeyi unuttunuz! Sizin yüzünüzden aç kaldım!" diye şikâyet etti.

"Yarın harçlığını almayı unutmazsın" dedi babası. Başka da bir şey konuşulmadı.

Kendra harçlığını unutmuyordu ama perşembe günü ödevini unuttu. Her zamanki gibi öğretmenine, ailesinin gelip gelmediğini sordu. Öğretmen gelmediklerini söyledi. Kendra o gün 0 almıştı.

Eve gelince yine ailesini suçladı: "Ödevimi getirmeyi unuttunuz! Sizin yüzünüzden 0 aldım!"

"Sen çok zeki bir öğrencisin" dedi annesi. "Yarın ödevini unutmazsın." Kendra bir daha ödevini unutmadı.

3. *Çocuklar görevlerini ihmal ettiklerinde*

Doğal sonuç: Olayı yaşamalarına izin verin.

On iki yaşındaki Allen, kirli çamaşırlarını kirli sepetine atması gerektiğini biliyor ama odasında yerlere atmayı tercih ediyordu. Daha önceleri kirlilerini ebeveynleri toplarken artık bu işi onun yapmasının zamanı geldiğine karar verdiler. İkisi de bir daha Allen'ın kirlilerini toplamayacaktı. Çamaşırlarının yıkanmasını istiyorsa sorumluluğu üstüne alıp kirli sepetine atması gerekliydi.

Allen hiç temiz çorabı ve iç çamaşırı kalmadığını gördüğünde neredeyse iki hafta geçmişti. "Anne, temiz çorabım yok" diye seslendi. Bu işe çok canı sıkılmıştı.

"Kirli sepetinde çorap yoktu ki. Kirlide değilse nasıl yıkayabilirim? Bugün kirli çoraplarını giymek zorundasın maalesef."

Allen iki gün boyunca kirli çoraplarla dolaştı ama kokudan iyice rahatsız olunca mecburen kirlilerini götürüp kirli sepetine attı. O günden sonra da hiç şikâyet etmedi.

Mantıksal Sonuçlar

On yaşındaki Chuck, arkadaşları arasında usta bir bilgisayar oyuncusu olarak anılmaktan gurur duyuyordu. Ama maalesef Chuck paylaşmanın ustası değildi; arkadaşları geldiğinde kendilerine hiç sıra gelmediğinden yakınıp duruyorlardı.

> Mantıksal sonuçlar anında uygulanır, süreklilik arz eder, süresi belli olur ve devamında yeni başlangıç gelirse en iyi sonucu verir.

Başlangıçta ebeveynleri bu duruma müdahale etmemeye karar vermişlerdi. Çocukların kendi aralarında anlaşacaklarını umuyorlardı ama olmadı. Onlar da farklı bir yaklaşımda bulunmayı denediler.

Ertesi gün Chuck ve arkadaşları bilgisayar oyunu oynarlarken yine aynı şikâyetler yükselmeye başladı.

"Sen daha yeni oynadın! Sıra bende" dedi arkadaşlarından biri.

"Hayır, sende değil. Burası benim evim, sıraya ben karar veririm."

Tam bu sırada Chuck'ın babası içeri girdi. "Chuck, ya arkadaşlarını da oynatıp sıranı beklersin ya da CD'yi alırım. Hangisini seçiyorsun?" dedi.

"Tamam, sırayla oynayacağız."

"Aferin." Ama daha on beş dakika bile geçmişti ki şikâyetler yeniden başladı. Babası yeniden içeri girince Chuck'ın, oyunun kumandasını almaya çalıştığını gördü. En yüksek skoru elde ettiği için bir kere daha oynaması gerektiğini arkadaşlarına kabul ettirmeye çalışıyordu.

"Maalesef oyun CD'sini almak zorundayım, çocuklar. Yarın tekrar denersiniz." Chuck'ın babası mantıksal sonuçlar yöntemini kullandı. Bu yöntem Adler yandaşları ve Rudolf Dreikurs tarafından tanıtılmış çok etkili bir yaklaşımdır. Doğal sonuçların aksine mantıksal sonuçlar, ebeveyn tarafından düzenlenir. O andaki durumla ve yanlış davranışla mantıksal bir bağ içerir. Chuck bir süreliğine bilgisayar oyunundan mahrum kalmıştı çünkü babasının sırayla oynama kuralına uymamayı seçmişti. Mantıksal sonuç, Chuck'ın gücünü ve kontrolünü azalttı ama sorumluluklarını azaltmadı. Aslında o, karşılaştığı sonucu kendisi seçmişti.

Mantıksal sonuçlar, çocukların anlayabileceği net mesajlar verir; yanlış davranışı sona erdirir ve sözlerimizle cevaplayamadığımız soruları cevaplar. Çocuklar mantıksal sonuçlarla karşılaştıklarında nasıl tavır almaları gerektiğini ve onları neyin beklediğini bilirler.

Mantıksal Sonuçları Kullanmanın Kuralları

Mantıksal sonuçlar anında uygulanır, süreklilik arz eder, süresi belli olur ve devamında yeni başlangıç gelirse en iyi sonucu verir.

1. Normal ses tonunuzla konuşun.

Mantıksal sonuçlar, kesin bir tavır ve normal ses tonuyla uygulandığında çok etkili olur. Öfkeli, cezacı, duygusal bir dil kullanırsanız kendinizi fazla kaptırabilirsiniz; bu da çocuğunuzun üstündeki sorumluluğu almanıza sebep olabilir. O zaman da sorumluluk konusunda ders vermek isterken kendinizi güç savaşları ve istekler çatışması içinde bulursunuz. Unutmayın, sonuçlara katlanma yöntemini, çocuğun cesaretini kırmak için değil; onun yanlış davranışına son vermek için kullanıyorsunuz.

2. Basit düşünün.

Pek çok ebeveyn bu mantıksal sonuçlar yöntemini uygularken zorlanır çünkü çok fazla düşünür, detaylarda kaybolurlar. Oysa basit düşündüğümüzde uygun olan mantıksal sonuç yöntemi gayet açıktır.

Örneğin; yanlış davranışların çoğunda, aşağıdaki şartlardan en az biri vardır: Çocuklarla çocuklar, çocuklarla nesneler, çocuklarla faaliyetler ya da çocuklarla sevdikleri şeyler. Çoğu durumda çocukları birbirinden, bir eşyasından (oyuncak gibi), bir faaliyetten (oyun oynamak gibi) ya da sevdiği bir şeyden (TV seyretmek gibi) mahrum bırakarak mantıksal bir sonuç uygulayabilirsiniz.

3. *Yanlış davranış ortaya çıkmadan önce sınırlı seçeneklerle mantıksal sonuçlar belirleyin.*

Sınırların zorlanması ya da kuralların çiğnenmesi ihtimaline karşı önceden önlem alabilir, mantıksal sonuçlar hazırlayabilir, bunu sınırlı seçenekler kullanarak etkin bir biçimde yapabilirsiniz.

Sekiz yaşındaki Brad, arkadaşlarıyla paten kaymayı çok seviyordu. Ama evleri dik bir yokuştaydı ve arkadaşlarının çoğu, paten kayarken ciddi şekilde yaralanmıştı. Bu yüzden ailesi, Brad'in kask takmadan paten kaymasına izin vermiyordu. Oysa arkadaşları mecbur değildi ve Brad, içlerinde kask takan tek çocuk olmak istemiyordu.

Brad o gün arkadaşlarıyla paten kaymaya gidecekti. Patenini almış ama kaskını bırakmıştı.

"Kaskını unutma, Brad" dedi babası.

"Ama baba, mecbur muyum?"

"Ya kaskını takarsın ya da paten kayamazsın (sınırlı seçenekler). Hangisini seçiyorsun?"

"Peki." Brad istemese de geri dönüp kaskını aldı.

Brad sınırları zorluyordu. Babası ise kural, çiğnenmeden müdahale edebilmişti. Böyle durumlarda sınırlı seçenekler sunmak, mantıklı sonuçların hazırlanması için en iyi yöntemdir. Brad kaskını takmadan paten kaymakta ısrar etseydi, babası sonuçlara katlanma adımına geçecek ve o gün paten kaymasına izin vermeyecekti. Brad verdiği yanlış kararın bedelini ödemiş olacak ve babasının koyduğu kuralın esnek değil, kesin ve zorunlu olduğunu yaşayarak öğrenmiş olacaktı.

4. Yanlış davranıştan sonra doğrudan mantıksal sonuçları uygulayın.

Mantıksal sonuçları her zaman sınırlı seçenekler sunarak hazırlamamız mümkün olmayabilir. Bazı durumlarda yanlış davranış meydana geldikten ve koyduğumuz kural çiğnendikten sonra haberimiz olabilir. Böyle durumlarda mantıksal sonuçları doğrudan uygulamamız gerekir.

Yedi yaşındaki Judy'yle beş yaşındaki kardeşi Lynn, bir cumartesi sabahı, ebeveynleri üst katta uyurken koltukta televizyon izliyorlardı. İkisi de koltuğa uzanmak istiyordu ama sığamıyorlardı. Kavga başladı. Judy kardeşine oturmasını söyledi. Lynn oturmayınca karnına bir tekme attı. Lynn kıvranırken anneleri aşağıya indi.

İki büklüm olmuş karnını tutan Lynn, "Karnıma tekme attı" dedi.

"Öyle mi Judy?" diye sordu anneleri.

"Güzelce sordum ama yerinden kalkmadı."

"Birini yerinden kaldırmak için tekme atılmaz. Şimdi saati kuruyorum. Odanda on dakika düşüneceksin."

Judy'nin annesi aşağıya indiğinde tekme atmama kuralı çoktan çiğnenmişti. Sınırlı seçenek sunma fırsatı kaçmıştı. Judy'nin bu kuralı içselleştirmesi için net bir davranışsal mesaj alması gerekiyordu. Odasına gönderilen (mola cezası) Judy, annesinin tekme atmama kuralını destekleyen mantıksal bir sonuca katlanmak zorunda kalmıştı.

5. Ağırdan alma ve ertelemenin önüne geçmek için alarmı kurun.

Çocukların ağırdan alıp işlerini erteleyerek sınırları zorladığı durumlarda alarmı kurmak faydalı olabilir. Beş yaşındaki Logan, okula gitmek için gayet güzel hazırlanabildiği halde oyalanmayı ve her şeyi son ana bırakmayı tercih ediyordu. Bu yüzden ebeveyni sürekli odasına gelip etrafı toplamak, yatağını düzeltmek zorunda kalıyordu. Sabah evden çıkmaları tam bir kâbusa dönmüştü. Logan ise bunu eğlenceli bir oyun gibi görüyordu.

Bu durumdan bıkıp usanan ailesi, farklı bir yaklaşım denemeye karar verdi. Mantıksal sonuçları kullanmak için alarmı kuracaklardı. Ertesi sabah 07:10'da, babası Logan'ın yanına gitti. "Hazırlanmak için yirmi dakikan var. Alarm çaldığında hazır olmazsan seni almadan işe gideceğim. Okula yürüyerek gitmek zorunda kalacaksın" dedi. Okul sekiz sokak uzaktaydı ama Logan babasının onu okula bırakmasından çok hoşlanıyordu.

Beklendiği gibi Logan sınırları zorladı. 07:30'da alarm çaldığında babası mantıksal sonucu uyguladı ve onu bırakıp işe gitti.

Logan olanlara inanamıyordu. Tekrar etmemiş, hatırlatma yapmamışlardı. Son anda gelip ona yardım da etmemişlerdi. Neler oluyordu? Ağlayarak babasının peşinden arabaya koştu ama babası kararlıydı. "Yarın tekrar deneriz" dedi. Ertesi gün, Logan tam zamanında hazırlandı ve kapıda babasını bekledi.

6. İhtiyacınız oldukça mantıksal sonuçları kullanın.

Mantıksal sonuçlarınız, sizin eğitim araçlarınızdır. Yanlış davranışa son vermek ve kurallarınızı desteklemek için ihtiyacınız oldukça bu yöntemi kullanın. Aynı yöntemi gün içinde defalarca kullanmak zorunda kalırsanız, etkisiz bir yol izlediğiniz kanısına hemen kapılmayın. Büyük olasılıkla çocuğunuzun öğrenmesi zaman alıyordur ve kuralların değiştiğini anlayana kadar ördüğünüz duvara çarpmaya devam edecektir. Kalıplaşmış yargılar kolay kolay değişmez.

Mantıksal Sonuçları Ne Zaman Kullanmak Gerekir?

Mantıksal sonuçlar pek çok durumda kullanılabilir. Aşağıda bazı örnekler bulacaksınız.

1. *Oyuncakların ve eşyaların kötü kullanılması.* Mantıksal sonuç, o eşyanın çocuğun elinden alınmasıdır.

Annesi arka bahçeye gittiğinde Danny'nin, elindeki beyzbol sopasıyla sulama fıskiyesine vurduğunu görür. "O sopayı öyle kullanmıyoruz" der ve elinden alır. "Doğru kullanacaksan yarın geri alabilirsin."

2. *Ortalığı dağıtmak.* Mantıksal sonuç, ortalığın toplanmasıdır.

Sekiz yaşındaki Tina oturma odasını dağıtmıştır, toplamadan dışarı çıkmak ister. Annesi bunu fark edince, "Tina, oynamaya çıkmadan dağınıklığını toplaman gerek" der.

"Sonra yaparım."

"Toplayana kadar çıkamazsın." Tina dışarı çıkmayı çok istemektedir. Mecburen dağınıklığını toplar.

3. *Zarar verici davranış.* Mantıksal sonuç; bozulan şeyin tamir edilmesi, yenisinin alınması ve parasının ödenmesidir.

On yaşındaki Ted, arkadaşları geldiğinde kardeşinin ortalıkta dolanmasından nefret etmektedir. Ona yanlarından gitmesini söyler. Kardeşi gitmeyince onu en sevdiği oyuncak atını kırmakla tehdit eder.

"Kırarsan ben de anneme söylerim" der kardeşi. Ted'le arkadaşlarının etrafından ayrılmamakta ısrarcıdır. Ted atı ortadan ikiye ayırır. Kardeşi mızmızlanmaya başlayınca anneleri gelir, olanları görür.

"Sürekli bizi dinliyordu ama!" der Ted. Haklı çıkmaya çalışmaktadır. "Ne zaman arkadaşlarım gelse yanımızda bitiyor. Git diyorum, gitmiyor."

"Kızmakta haklı olabilirsin ama kardeşinin oyuncağını kırman hiç doğru değil. Bir dahaki sefere nasıl davranacaksın?"

"Yanımızdan gitmezse seni çağıracağım."

"Güzel, böylesi daha iyi. Kardeşinden gitmesini istediğin halde gitmiyorsa seve seve yardım ederim sana. Ama harçlığınla kardeşine yeni bir at alacaksın."

4. *Tanınan özel hakların kötü kullanımı ya da istismar edilmesi.* Mantıksal sonuç, tanın hakkın bir süreliğine geri alınması ya da gözden geçirilmesidir.

On altı yaşındaki Sandra annesinin arabasını almış, iki saat geç kalmıştır. Onun yüzünden annesi randevusunu kaçırmıştır.

"Ne oldu? Randevumu da kaçırdım. Çok meraklandım."

"Zamanın nasıl geçtiğini fark etmemişim, özür dilerim."

"Sana şu saatte evde ol diyorsam, eğer ortada acil bir durum yoksa, o saatte evde olmalısın. Bu hafta bir daha arabayı alamayacaksın. Haftaya tekrar düşünürüz."

Mantıksal Sonuçlar Yöntemi İşe Yaramazsa Ne Yapacaksınız?

Bazen çocuklar, mantıksal sonuç yöntemine beklediğimiz gibi tepki vermezler. Biz de nerede hata yaptığımızı düşünmeye başlarız. Çoğu durumda hatayı bulur ve etkili sonuçların özelliklerine bakarak sorunu çözeriz. Aşağıdaki soruları cevaplayarak kendinizi kontrol edin:

1. Mantıksal sonuç yöntemini anında kullanabildiniz mi? Çocuğunuz yanlış davranışta bulunduktan hemen sonra sonucuna katlandı mı?
2. Yöntemi tutarlılıkla mı kullandınız? Dediğinizi yaptınız mı? Çocuğunuz daha önce aynı davranışta bulunduğunda da aynı şeyi mi yapmıştınız? Yönteminiz, eşinizin yöntemiyle tutarlılık gösteriyor mu?
3. Yönteminiz yanlış davranışla bağlantılı mı?
4. Yöntemi uygularken doğru davranışı yaparak örnek oldunuz mu? Yumuşak ya da cezacı bir yaklaşım sergilediyseniz hedeflediğinizden farklı bir mesaj vermiş olabilirsiniz.
5. Uyguladığınız yöntemin süresi belli miydi? Başı ve sonu var mıydı? Bitti, dediğinizde bitirdiniz mi? Yoksa sonuna, "Ben sana demedim mi?" türünden bir nutuk mu eklediniz?
6. Mantıksal sonuç yönteminin ardından yeni bir başlangıç yaptınız mı?

Mantıksal Sonuçlarla İlgili Sorular

1. *Oğlumun toplamayı reddettiği oyuncakları elinden aldığımda, "Sanki umurumdaydı" diye karşılık veriyor. Bu çok sinir bozucu bir durum. Nasıl başa çıkacağım?*

Cevap: İki olasılık var. Birincisi; oğlunuz gerçekten, oyuncaklarının elinden alınmasını umursamıyor ve toplamayı da bu yüzden reddediyor. Durum böyleyse, en iyisi o oyuncaklardan tamamen kurtulmaktır.

12. Bölüm'deki "cumartesi kutusu" bölümünü çok seveceksiniz. Oyuncaklar sürekli cumartesi kutusuna atılıyorsa çocuğunuz gerçekten de umursamıyor demektir. O oyuncakları uzunca bir süre için (birkaç haftalığına ya da tamamen) ortadan kaldırmak en uygun adım olacaktır.

İkincisi ise, oğlunuz, "Sanki umurumdaydı" diyerek sizi sinirlendirmek ve sizi dansın içine çekmek istemektedir: Azarlamalar, nasihatler, hatırlatmalar ve diğer ağız dalaşları. Tuzağa düşmeyin. Kararsız kalırsanız size ait olmayan bir sorumluluğu yüklenmiş olursunuz.

2. *Bir oyuncağını aldığımda ya da onu sevdiği bir şeyi yapmaktan mahrum bıraktığımda kızım kavgacı ve saygısız biri olup çıkıyor. Bu durumda ne yapmalıyım?*

Cevap: Muhtemelen kızınız, sizi yorup vazgeçirmek için dansa çekmeye çalışıyor. Tuzağa düşmeyin. Sınırlarınızı kararlı bir şekilde koruyun. 6. Bölüm'de öğrendiğiniz sona erdirme ve sakinleşme yöntemlerini uygulayın. Israrcı olursa mola yöntemini kullanın. Kızınız, koyduğunuz kuralları gerçekten tartışmak istiyorsa bunu, o kurallar çiğnendiği zaman değil; ikinizin de sakin olduğu bir anda yapmanız gerekir.

3. *Mantıksal sonuçların etkisiz olduğunu düşünmeye başlıyorum. Oyuncağını elinden aldığımda ya da onu sevdiği bir şeyden mahrum bıraktığımda çocuğum aynı yanlış davranışı birkaç gün sonra tekrarlıyor. Neler oluyor?*

Cevap: Mantıksal sonuçları uygulamak, eğitim ve öğrenme sürecinin bir parçasıdır. Bu yöntemi defalarca tekrarlamak durumunda kalmanız, etkisiz olduğu anlamına gelmez. Bunun anlamı; çocuğunuzun, kuralların kesin olduğunu, bu kurallara uymasının beklendiğini ve buna mecbur olduğunu anlaması için daha çok eğitilmesi gerektiğidir. Kurallarla ilgili yargılarını değiştirmesi zaman alacaktır.

Mola Süreci

Dokuz yaşındaki Shawna, kahvaltıda kardeşini tekmeledi, kardeşi bağırınca da yanlışlıkla yaptığını söyledi. Ama Shawna, babasının onları izlediğini bilmiyordu.

"Kardeşine tekme atmak iyi bir davranış değil. Şimdi alarmı on dakikaya kuracağım. Odana git" dedi babası.

"Ama baba" diye yalvardı Shawna, onu ikna etmeye çalışarak. "Kaza oldu, bilerek yapmadım."

Babası kararlıydı. "On dakika sonra görüşürüz" diyerek onu odasına gönderdi.

Altı yaşındaki Riley okuldan geldi. İçeri girer girmez okul çantasıyla beslenme çantasını yere attı, elindeki kâğıtları koltuğa fırlattı. "Ben geldim" diye seslendi. Oynamaya çıkmak üzereyken annesi onu çağırdı. "Riley, önce eşyalarını topla."

"Ama anne" dedi Riley itiraz ederek. "Oyunum bitince toplarım."

"Oyundan önce toplayacaksın."

"Hayır!"

"Sen bilirsin. Şimdi toplamazsan odana gidersin, toplamaya karar verene kadar da kalırsın." Riley tepinmeye başladı. Verdiği mesaj çok netti.

"Peki. Alarmı kuruyorum. Beş dakika düşün."

Bu örneklerdeki ebeveynler mola sürecini kullanmıştır. Mola süreci, mantıksal sonuç olarak kullanıldığında çok etkili bir yöntemdir. Çocuğa doğru mesajlar verir. Yanlış davranışı sona erdirir, dans pistinden inmeyi sağlar, kendini toplamaya yardımcı olur. Mola süreci net bir mesajdır. En iyisi de mola süreci, kimsenin duygularını incitmeden eğitim hedefimize ulaşmamızı sağlar.

Maalesef bu yöntem yanlış anlaşılmaktadır. Cezacı ebeveynler bu yöntemi, çocuklarını boyun eğmeye ikna etmek için hapis cezası gibi kullanırlar. Mola yönteminin cezacı türü şöyledir: "Doğruca odana gidiyorsun! Sesini çıkarmadan otur, ben gel diyene kadar da gelme. Çıtını bile çıkarmayacaksın!" Ceza olarak verilen molalar uzun sürer (birkaç saat ya da bütün gün) ve öfkelidir.

Bir diğer aşırı uç olan yumuşak ebeveynler ise mola yönteminin uygulanmasını çocuğun inisiyatifine bırakırlar. Ne zaman başlayıp ne zaman biteceğine, uygulanıp uygulanmayacağına çocuk karar verir. (Ebeveyn öneride bulunur) "Bence bir süre odanda kalsan iyi olacak. Olur mu? Hazır olunca çıkarsın." (Süreye çocuk karar verir ve bu süre genellikle çok kısa olur.)

Bu yaklaşımların hiçbirini mola yöntemi olarak göremeyiz. Mola ne bir hapis cezasıdır ne de canının istediği gibi uygulayacağı bir sonuçtur. Mola yöntemi bu şekilde uygulanırsa sorumluluk yanlış tarafa yüklenir ve yöntem, eğitim değerini yitirir.

Mola süreci, "güzel şeylerden uzakta geçirilen zamandır". Pek çok ailede, günlük hayattaki ödüllerin çoğu bu güzel şeylerdir. Arkadaşlarla oynama, TV seyretme, eğlenceli şeyler yapma, oyun oynama, aileyle beraber olma, her istediğini özgürce yapabilme gibi.

Şimdi, mola süreci hâlâ bir hapis cezası gibi geliyor mu? Her ikisinin de tek ortak yanı, yanlış davranışa son veren kesin duvarlar oluşturmalarıdır. Ama arada önemli farklar vardır.

Hapis cezası uzun sürer, mola ise beş ile yirmi dakika kısalığındadır. Hapis cezasında, çocuklar sorumluluk alarak doğru davranışı sergileme fırsatı bulamazlar. Düzeltici eğitim ve öğrenme olmaz. Buna karşın, mola süreci kısadır ve defalarca kullanılabilir. Doğru davranışı sergilemek için fırsat yaratır. Mola süreci, hedeflenen dersi vermeyi engellemez.

Mola Sürecini Kullanmanın Yolları

Mola süreci hızlı, basit ve kolay uygulanan bir yöntemdir. Üç yaştan ergenliğe kadar her yaştan çocuğa uygulanabilir. Bu süreci kararlılıkla ve mantıksal bir sonuç olarak uygularsanız çok etkili bir yöntem olduğunu göreceksiniz.

1. *Mola sürecini uygulamadan önce bunun ne olduğunu çocuklarınıza anlatın.*

Örneğin, "İşbirliği yapmana ve kuralları öğrenmene yardımcı olacak bir fikrim var. Böylece daha iyi geçineceğiz. Şöyle yapacağız: Söz dinlemediğin zaman seni uyaracağım. Şöyle diyeceğim: 'Jimmy, yapma.' Ama sen sözümü dinlemezsen, beş on dakikalığına seni odana göndereceğim. Alarmı kuracağım ve süre dolunca sana haber vereceğim. Süre dolmadan dışarı çıkarsan yeniden gireceksin ve süre baştan başlayacak. Gerek duydukça bunu yapacağız. Anladın mı? Şimdi sen anlat bakalım" diyebilirsiniz.

2. *Uygun bir mola yeri bulun.*

Mola için uygun bir yer belirlemek çok önemlidir. Evde, çocuğun odası olabilir ancak hoşça vakit geçirilecek TV, bilgisayar, teyp gibi şeyler olmamalıdır. Unutmayın; mola süreci, eğlenceli şeylerden uzakta geçirilen zamandır. Çocuğunuzun odasında eğlenebileceği şeyler varsa amacınıza ulaşamazsınız. O zaman başka bir odayı, evin en sessiz yerini kullanın.

3. *Alarm kurun.*

Alarmı, çocuk odaya gitmeden başlatmayın. Süre dolmadan dışarı çıkarsa geri gönderin ve süreyi baştan başlatın. Alarmı kurduktan sonra pek ortalarda dolaşmayın. Çocukla saati baş başa bırakın.

Çocukların, alarmı kurmalarına ya da saati odalarına almalarına izin vermemelisiniz. Böyle durumlarda nedense süre çabucak geçiverir.

Çocuğunuz ne kadar mola almalıdır? Her yaş için bir dakika, uygun bir süredir. Vurmak, tekme atmak gibi şiddet tavırları söz konusuysa bu süreyi ikiye ya da üçe katlayabilirsiniz. Bundan fazla uzatmayın. Cezacı bir ebeveynseniz süreyi uzatmak isteyebilirsiniz ama bu alışkanlık haline gelirse yöntem etkisini kaybeder. Belli bir sürenin verilmesi, mesajınızın alınması için yeterlidir.

4. *Sınırlar zorlanırsa sınırlı seçenekleri olan mola sürecine geçin.*

Rick'in annesi, oturma odasından gelen gürültüye koştu. Sekiz yaşındaki Rick, yanlamasına taklalar atıyordu. Annesi yapmamasını söyledi, Rick bir süreliğine durdu ama annesi gider gitmez yeniden başladı. O da Rick'e sınırlı seçenekler sunmaya karar verdi.

"Evin içinde takla atılmaz. Yoksa odana gönderirim. Hangisini seçiyorsun?" Rick'in neyi seçeceği belliydi. Takla alıştırmasını dışarıda yapmaya karar verdi.

Annesi, mola sürecini sınırlı seçeneklerle birlikte sunarak etkin bir yöntem uygulamıştı. Seçenekler açıktı. Sınırları zorlamanın gereği yoktu. Rick duvara çarpınca beklenen şeyi seçti. Sınırlarınız zorlanırsa Rick'in annesi gibi siz de mola sürecini sınırlı seçeneklerle beraber sunarak uygulayabilirsiniz.

5. *Kurallar çiğnendiğinde doğrudan mola yöntemini uygulayın.*

Beş yaşındaki Alicia ve kardeşi Jerry, defterlerine hayvan çıkartmaları yapıştırıyorlardı. İkisi de aynı çıkartmayı yapıştırmak isteyince Alicia defteriyle kardeşinin suratına vurdu ve çıkartmayı elinden aldı.

Annesi içeri girince Jerry, "Bana vurdu" diye hıçkırmaya başladı.

"Kimseye vuramazsın, Alicia. Odana git, on dakika düşün. Alarmı kuruyorum."

Anneleri içeri girdiğinde kural çoktan çiğnenmişti. Sınırlı seçenekler sunmak ve sözel mesajlar vermek için geç kalınmıştı. Alicia, davranışının sonucuna katlanmak zorundaydı. Mola süreci, bu amaca çok uygundu.

6. *Mola sürecinden sonra yeni bir başlangıç yapın.*

Alarm çaldığında yanlış davranış sona ermişse ve çocuğunuz kendine geldiyse süreci bitirebilirsiniz. Kendine gelmemişse, öfkeliyse, kırıp döküyorsa, odadan çıkmaya hazır değil demektir. "Alarm çaldı. Sakinleşince çıkabilirsin. Ama öfkeliysen çıkamazsın" diyebilirsiniz.

Çocuğunuz çıkmaya hazır olduğunda içten bir sesle yanınıza çağırın. Nasihat etmekten, sonucun etkisini azaltacak nutuklar çekmekten uzak durun. Samimi ve cesaret verici bir tavırla yaklaşırsanız çocuğunuzu işbirliği yapmaya teşvik etmiş olursunuz.

7. *Mola sürecini gerektiği sürece kullanın.*

Mola süreci uygun şekilde kullanıldığında çocuğun öğrenme sürecini destekleyen bir eğitim aracı haline gelir. Çocuğunuz sınırları zorlar ve kuralları çiğnemeye devam ederse, bu yöntemin etkisiz olduğu kanısına kapılmayın. İstikrarlı bir şekilde devam ettiğinizde öğretmek istediğiniz şeyi öğrenecektir.

Mola Sürecinin Kullanıldığı Durumlar

1. *Sınırlar zorlandığında*

On yaşındaki Sarah paten kaymak için izin alamamıştı ama annesini ikna etmek için yalvarıp duruyordu. "Ne olur anne, lütfen..."

"Konuşma bitmiştir" dedi annesi, dans başlamadan son vermek niyetindeydi. "Israr edersen on dakika odana gidersin. Nasıl istersen."

Sarah itiraz etti. "Ama anne! Haksızlık bu! Geçen hafta misafirler varken izin vermiştin." Annesi tuzağa düşmedi. "Alarmı kuruyorum. On dakika sonra görüşürüz." Sarah odasına yollandı. Bu sefer dansı başlatamamıştı.

2. *Saygısız davranışlar*

Dokuz yaşındaki Josh babasına saygısızlık ediyordu çünkü akşam yemeğini beğenmemiş, babası da tatlı yemesine izin vermemişti. "Sen çok kötü bir babasın! Senden nefret ediyorum!" diye bağırdı Josh.

"Benimle böyle konuşamazsın. Ya saygılı davranırsın, nazik olursun ya da on dakika odana gidip düşünürsün. Hangisini seçiyorsun?"

Josh öfkeyle babasına bakarak bağırmaya devam etti. "Senden nefret ediyorum! Dünyanın en kötü babası sensin!"

"On dakika sonra görüşürüz." Babası alarmı kurup onu odasına gönderdi.

3. *Küstah davranışlar*

On bir yaşındaki Maria kendine sandviç yapmıştı ama dağınıklığını toplamak istemiyordu. "Mutfağı toplamadan dışarı çıkamazsın" dedi babası.

"Boş versene! Mutfak falan toplayamam şimdi."

"Ya şimdi söz dinlersin ya da söz dinlemeye karar verene kadar on dakika odanda düşünürsün. Hangisini seçiyorsun?"

"Dedim ya, mutfak falan toplayamam" diye karşılık verdi Maria.

"On dakika sonra görüşürüz. O zaman sana bir fırsat daha vereceğim." Alarm çalınca babası Maria'yı çağırdı.

"Toplamıyorum" dedi Maria inatla.

"Sen bilirsin." Babası tuzağa düşmemişti. Alarmı bir kere daha kuruyordu ki Maria birden fikir değiştirdi.

"Tamam, tamam. Şimdi topluyorum." Direniş göstermenin faydası olmadığını anlamıştı.

4. *Düşmanca ve kırıcı davranışlar*

Dokuz yaşındaki Mel, TV'deki program başlamadan önce duş almak istiyordu ama ergenlik çağındaki ablası banyodan çıkmak bilmiyordu. "Acele et biraz!" diye seslendi. "Suratında o kadar sivilce olmasaydı çoktan çıkmıştın."

Babası Mel'in dediklerini duymuştu. "Ablana kırıcı isimler takman çok yanlış. On dakika odana git. Alarmı kuruyorum."

5. *Şiddet dolu, saldırgan davranışlar*

Beş yaşındaki Richard, arkadaşı Dale'den kamyonunu geri almak istiyordu ama o vermek niyetinde değildi. Kamyonu çekiştirmeye başladılar. Bağrışarak mücadele ediyorlardı. Richard'ın annesi sesleri duyup cama çıkınca oğlunun arkadaşına yumruk attığını gördü.

"Kimseye yumruk atılmaz, Richard. On dakika odanda düşüneceksin. Alarmı kuruyorum." Bu durumun ciddiyetini anlatmak için süreyi ikiye katlamıştı.

Molası biten Richard annesinin yanına gitti. Annesi ona bir daha böyle bir şey olursa ne yapacağını sordu.

"Bilmiyorum."

"Kibarca isteyebilirsin. Vermezse bana ya da babana söylersin. Ya da alarmı kurarız, Kevin'le oynadığınız gibi sırayla oynarsınız. Bunlar daha iyi seçenekler. Bir dahaki sefere ne yapacaksın?"

"Babama söyleyeceğim. Sırayla da oynayabiliriz."

"Çok güzel."

6. *Öfke nöbetleri*

Beş yaşındaki Robyn çizgi film seyretmeyi çok seviyordu. Bıraksalar bütün gün seyredebilirdi. Bu yüzden ebeveynleri günde bir saatten fazla TV seyretmesine izin veriyordu. Robyn bu kuraldan hiç memnun değildi.

Bir gün öğleden sonra, Robyn çizgi film süresini bitirmişti ki yeni programların başlayacağını gördü.

"Biraz daha seyretsem?" diye yalvardı. "En sevdiğim başlıyor."

"Kural neydi? Günde bir saat. Şimdi TV'yi kapat bakalım" dedi babası.

"Ama olmaz ki!" diye karşı çıktı Robyn. TV hâlâ açıktı. Yeni çizgi film başlıyordu. Babası Robyn'e seçenekler sundu.

"Ya TV'yi hemen kapatırsın ya da yarın da seyredemezsin. Sana kalmış. Hangisini seçiyorsun?" Robyn cevap vermedi. TV seyretmeye dalmıştı.

Babası TV'yi kapattı ama o yeniden açtı. Babası fişi çekince, Robyn sinir krizi geçirmeye başladı. Kendini yerden yere atıyor, çığlık çığlığa bağırıyordu. "Hayır! Hayır!"

Buna teslim olmayacağım, dedi babası içinden. Robyn'i kucaklayıp odasına götürdü. "Beş dakika sonra ağlaman biterse çıkabilirsin." Alarm çaldığında Robyn hâlâ bağırıyordu.

Ne zaman gelip beni sakinleştirecekler, diye merak ediyordu. Ama böyle bir şey olmadı. Mola sürecinin başlamasından yirmi dakika sonra dışarı çıkmaya karar verdi. Sinir krizi işe yaramamıştı. Ertesi gün de çizgi film seyredemedi. Ailesinin kuralları kesindi.

Mola Sürecinin Ev Dışında Kullanılması

Evden uzaktayken çocuklar zayıf olduğumuzu bilirler ve kuralların geçerli olup olmadığını merak ederler. Neyse ki mola süreci ev dışında da kullanılabilir ama bazı düzenlemeler yapılmalıdır. Belli bazı durumlarda bu süreci nasıl kullanacağımız görelim.

1. *Alışverişte*

Dana'nın annesi dört yaşındaki oğluyla alışverişe çıkmaktan çok çekiniyordu çünkü oğlu elinden kurtuluyor, oradan oraya koşturup duruyordu. Annesi mola sürecini kullanmaya karar verdi. Mağazaya geldiklerinde ona açıklama yaptı.

"Dana, ortalıkta koşturmayacaksın. Yanımdan ayrılmayacaksın. Yoksa beş dakika mola alırsın ve kendine gelene kadar düşünürsün."

Mağazada mola mı verecek? Nasıl, diye düşündü Dana. Bunu öğrenmenin yolunu çok iyi biliyordu.

İçeri girdikten beş dakika sonra Dana sınırları zorlamaya başladı. Annesi görevliye bir şey sorarken ortadan kayboluverdi.

"Affedersiniz, kızımın beş dakika oturabileceği sessiz bir köşe var mı burada?" dedi annesi, görevliye. Görevli de ona tuvaletin yanındaki koltukları gösterdi.

Annesi Dana'yı oraya götürüp, "Şimdi burada oturacaksın" dedi. Azarlamadı, tehdit etmedi. Dana'nın sorularına cevap vermedi.

Çok sıkıcı, diye düşündü Dana. *Annem arkamdan koşarken daha çok eğleniyordum.*

Süre dolunca annesi, "Yanımdan ayrılamayacaksın artık, değil mi?" dedi.

"Tamam." Dana bir daha annesinin yanından ayrılmadı.

Annesi onu ikna edene kadar mola sürecini birkaç kere daha kullanmak zorunda kalabilir ama Dana sonunda durumu kavrayacaktır. Annesi, alışverişi çekilir hale getirmenin yolunu bulmuştu.

2. *Markette*

Üç yaşındaki Bernie markete gitmeye bayılıyordu. Annesi market arabasını sevdiği bir şeyin yanına yanaştırınca hemen kapıp arabaya atıyordu. Bernie bu oyunu çok sevse de annesi sinir bozucu buluyordu. Farklı bir şey denemeye karar verdi.

"Bernie, ben senden isteyince raftan alacaksın. Yoksa mola alırsın."

Bernie ona inanmamıştı. *Nasıl yapacak ki,* diye düşündü. Beş dakika sonra yine bildiğini okumaya başlamıştı.

Annesi görevliye, "Affedersiniz, oğlumla ilgilenmem gerekiyor, arabayı şuraya bıraksam olur mu?" dedi.

"Tabii."

Annesi Bernie'yi market arabasından alıp dışarı çıkardı. "Raflardan istediğin her şeyi alamazsın. Şimdi burada oturup üç dakika düşüneceksin." Bu süre boyunca hiç konuşmadı. Bernie dersini almıştı.

Bu üç dakika Bernie'ye hiç bitmeyecekmiş gibi gelmiş, bir an önce markete geri dönmek istemişti. Ama bu sefer annesinin al dediği şeyleri aldı.

Bernie kuralı öğrenene kadar bu süreci birkaç kez tekrarlamak zorunda kaldılar. Annesi mola süreci için arabasını bile kullandı ama sonunda eğitim süreci istenen sonucu vermişti.

3. *Restoranda*

Çocukların çoğu gibi, yedi yaşındaki Lynn de ailesiyle restorana gitmeyi seviyordu ama bazen evde yapılmayacağını bildiği şeyleri yapmak istiyordu. Bir gün restorana gittiklerinde yüksek sesle konuşarak dikkatleri üstüne çekmeye çalıştı. Diğer masalarda oturanlar ona bakıyordu.

"Lynn, bağırarak konuşma; alçak sesle konuş" dedi annesi. Ama Lynn söz dinlemedi. *Ne yapabilir ki? Kalkıp gidemezler. Yemekleri çoktan söyledik bile,* diye düşündü. Babası ona bazı seçenekler sundu.

"Lynn, ya alçak sesle konuşursun ya da mola alırsın. Hangisini seçiyorsun?"

"Tamam, sessiz olacağım." Ama beş dakika sonra yine aynı şeyi yaptı. Babası etrafına bakıp boş bir masa aradı.

"Gel bakalım" diyerek onu boş masalardan birine oturttu. "Yedi dakika sonra geri gelebilirsin." Yerine oturmadan önce garsona bilgi verdi. Süre dolunca kızını geri çağırdı. Lynn artık alçak sesle konuşuyordu.

Restoran dolu olsaydı ve boş masa bulamasaydı, babası Lynn'i arabaya götürecek, yedi dakika sessizce oturtacak, sonra da restorana geri getirecekti. Lynn yaşadıkları sayesinde yanlış davranışına son vermişti.

4. *Arabada*

Altı ve dokuz yaşlarındaki David ve Shannon, babaları araba kullanırken itişip duruyorlardı. Biri bir çığlık attı. Babaları susmalarını söyledi.

"Ben araba kullanırken arkada itişmeyin. Yoksa beş dakika mola alırsınız." Çocuklar önce söz dinlediler ama biraz sonra yeniden başladılar. Babaları uygun bir yer bulup arabayı çekti. "Siz söz dinleyene kadar bir yere gitmiyoruz." Araba durunca çocuklar şaşkınlıkla babalarına baktılar. Ciddi olduğuna inanmamışlardı. Ama direksiyonda hiç kımıldamadan oturuyordu. İtişmeyi bıraktılar. On dakika boyunca uslu durduklarını gören babaları motoru çalıştırıp yola devam etti. Çocuklar bir daha itişmediler.

Mola Süreci Hakkında Sorular

1. *Çocuğum mola yerine gitmeyi reddederse ne yapacağım?*

   Cevap: Bu durum sınırları zorlamak demektir. Onlara seçenek sunun. "Ya odana gidersin ya da seni ben götürürüm ve süren iki katına çıkar. Hangisini seçiyorsun?" Düşünmeleri için onlara yarım dakika verin. Sonra da çocuğun tepkisine göre davranışsal adıma geçin. Bazen çocuğunuzu kucaklayıp odasına götürmeniz gerekebilir. Böylece mola sürecinden kurtuluş olmadığını anlamış olurlar.

2. *Alarm çalmadan mola yerini terk ederlerse ne yapacağım?*

   Cevap: Bu da sınırları zorlamaktır. Süre dolana kadar odasında kalması gerektiğini kesin olarak belirtin. Süre dolmadan çıkmaya kalkarsa odasına geri götürün ve süreyi yeniden başlatın.

3. *Mola yerini yine terk ederse ne yapacağım?*

   Cevap: Çocuğunuz, ördüğünüz duvarın sağlamlığını test etmektedir. Odasında kalmayı reddedip çıkmaya kalkarsa kapıyı tutarak açmasına engel olun. Bu zalimlik değildir, fiziksel ya da duygusal bir zarar vermez. Dayak ya da aşağılama yoktur. Siz sadece sözlerinizi davranışlarınızla desteklemektesinizdir. Ciddi olduğunuzu anlayana kadar bunu birkaç kez tekrar etmeniz gerekebilir.

4. *Çocuğum mola süresinde bağırıp çağırmaya başlarsa ne yapacağım?*

   Cevap: Bu duygu sömürüsü demektir. Çocuğunuz, istediği olmadığı için yaşadığı hayal kırıklığını dışa vurmaktadır. Vazgeçerek ya da odasına gidip tehditler savurarak, azarlayarak sinir krizini ödüllendirmiş olursunuz. Süre dolana ya da kendine gelene kadar mola yerini terk etmesine izin vermeyin.

5. *Çocuğum odasını dağıtır, eşyalarını kırıp dökerse ne yapacağım?*

   Cevap: Mola süreci bittiğinde kırılan eşyaları alıp birkaç gün sonra geri vereceğinizi söyleyin. Mola süresinde odalarını dağıtırlarsa ortalığı toplamadan odadan çıkamayacağını söyleyin.

6. *Mola süresinden sonra çocuğum hâlâ yanlış davranmakta ısrar ediyorsa bu ne anlama geliyor?*

   Cevap: Çocuğunuz, kuralların kesin olduğunu anlayamamıştır ve daha çok eğitime ihtiyacı vardır. Mola sürecini tekrar edin. Durum düzelene kadar devam edin.

7. *Mola yeri olarak çocuğun odasını kullanmanın, odasını bir ceza yeri gibi görmeye başlayacağını okumuştum. Buna nasıl engel olabilirim? Çocuğumun, odasını rahat ve güvenli bir yer olarak görmesini isterim.*

   Cevap: Çocuğun mola sürecine tepkisi, sürecin nasıl uygulandığına bağlıdır. Bu yöntemin amacı ceza vermek değildir ama hedefinden sapabilir. Ceza niteliğinde mola alan çocuklar odalarını bir ceza yeri gibi görebilir çünkü yaşadıkları şey budur.

Mola süreci gerektiği gibi karşılıklı işbirliği ve saygı çerçevesinde uygulanırsa çocuklar odalarını ya da mola verilen yerleri ceza yerleri gibi algılamazlar.

8. *Çocuğumu odasına molaya gönderdiğimde odasında hakkımda çirkin şeyler söylediğini duyuyorum. Her defasında molaya beş dakika daha eklemem gerekir mi?*

   Cevap: Hayır. Zaten o da böyle davranmanızı istemektedir. Fazla ileri giderseniz, mola süreci hapis cezasına dönüşebilir. Çocuğunuz sizi dans pistine çekmek istiyor. Bu tuzağa düşmeyin. Eğer odasına kendi kendine gidiyor ve mola süresinin bitmesini bekliyorsa yöntem amacına ulaşmış demektir.

Fiziksel Kontrol: Son Çare

Fiziksel kontrol nedir, nasıl yapılır? Şiddet içermeyen bu yöntem çocuğun yanlış davranışı sürdürmesini engelleyerek son verir. Vurmak, tokat atmak, çocuğun canını yakmakla karıştırılmamalıdır.

İki tip yanlış davranışı ayıran bir çizgi olduğunu düşünelim:

1) Fiziksel baskıya gerek kalmadan sona eren yanlış davranış.

2) Ancak fiziksel kontrol yöntemiyle sona eren yanlış davranış.

Çocukların çizgiyi aştığını nasıl anlayacaksınız?

Çocuğunuz yanlış davranış sergiliyor ve molaya gitmeyi reddediyorsa; şiddet içeren, zarar veren, çocuğun kendisini ve çevresindekileri tehlikeye atan yanlış bir davranışa son vermesini istediğinizde sizi dinlemiyorsa çizgiyi aşmış demektir. Böyle durumlarda çocuğun, kaybettiği kontrolünü geri kazanması için yardımımıza ihtiyacı vardır.

Örneğin çocuk mola almayı reddediyorsa onu taşıyabilir ya da yürütebiliriz. Çocuk şiddet içeren, zarar veren, kendisini ve çevresindekileri tehlikeye atan bir davranışta bulunuyorsa sarılır gibi onu tutup davranış sona erene kadar bekleriz. Bir ebeveynin bu tekniği nasıl kullandığına bakalım:

Jill'in annesi bezgin bir halde ofisime gelmişti. Sekiz yaşındaki kızının küstah ve saygısız tavırlarına yıllardır ses çıkarmamıştı. Zamanla geçeceğini düşünmüş ama durum gittikçe kötüleşmişti. Çatışmalar, onun çok korktuğu bir yere doğru hızla gidiyordu: Fiziksel karşılaşma.

Jill, annesinin endişesini seziyor, onu yıldırmaya çalışıyordu. "Zorla yaptıramazsın!" sözü, en büyük kozu haline gelmişti ve sürekli bu kozu kullanıyordu. İşe de yarıyordu! Erkek kardeşi de onu örnek almaya başlamıştı.

Annesiyle oturup ona göre yolunda gitmeyen şeyleri konuştuk. Yumuşak sınırlar kullandığının, sonuçlara katlanma yönteminin etkisiz olduğunu gördü. Yeni şeyler denemek istiyordu.

Ona net mesajlar vermeyi, tekrarlama ve hatırlatma sürecinden kurtulmak için kontrol sürecini nasıl kullanacağını öğrettim. Jill'in önüne set çekilmesi gerekiyordu. Bu yüzden annesine mola sürecini anlattım ve Jill'e de anlatması için cesaret verdim.

Tek bir önemli adım kalmıştı: Jill mola sürecini reddedip, "Zorla yaptıramazsın" dediğinde, o kaçınılmaz karşılaşmayı yaşamak. Fiziksel olarak sınırlandırmanın nasıl uygulanacağını konuştuk. Annesi, gerekirse Jill'i odasına kadar taşıyacaktı.

Beklenen şey ertesi gün okul çıkışı gerçekleşti. Jill, anneannesinin hediye ettiği yeni kıyafetle eve geldi. "Ben oynamaya çıkıyorum" dedi.

"O kıyafetlerle oynamaya gidemezsin, Jill. Üstünü değiştir."

"Aman anne" diye itiraz etti Jill.

"Kuralları biliyorsun. Oyun oynarken giyeceğin kıyafetler belli." Jill kapıya yöneldi. "Sana ne dediğimi anladın mı?" dedi annesi, onun yolunu keserek. Jill karşısında durmuş, elini beline koymuş, küstah bir tavırla annesine bakıyordu.

"Senin bu aptal kurallarından bıktım. Üstümü değiştirmeyeceğim. Zorla yaptıramazsın!" Annesini iterek kapıdan çıkmaya kalktı. Annesi kararlıydı.

"Senin biraz sakinleşmen gerek. Alarmı on dakikaya kuracağım." Jill inatlaşmaya devam ediyordu.

"İstersen iki saate kur, umurumda değil. Bir yere gitmiyorum. Zorla götüremezsin!"

"Sen bilirsin." Jill'in şaşkın bakışları altında, annesi onu kucaklayıp odasına götürdü. Jill çığlıklar atıp duruyordu.

Odaya girince annesi onu yatağa oturttu. Jill hemen kapıya koştu. Annesi onu kolundan tuttu. "Kendine gelmen için en az on dakika odanda kalacaksın" dedi. Jill sadece çığlık atıyordu.

Annesi odadan çıkar çıkmaz, Jill dışarı çıkmaya yeltendi. "On dakika boyunca bu kapıyı tutacağım. Kendine gelmemiş olursan daha da beklerim" dedi annesi.

Jill yirmi dakika boyunca bağırdı, annesi kapıyı hâlâ tutuyor mu diye defalarca kontrol etti. Tutuyordu. Jill sonunda sakinleştikten beş dakika sonra kapıyı açıp onu dışarı çıkardı.

Annesi, giyim kuşam konusunda başka çatışmalar da yaşayacaklarını sanıyordu ama Jill'in üstünü değiştirip oyun kıyafetlerini giymesine çok şaşırdı. Başka bir şey konuşulmadı.

Jill ve annesi, aile dansını sone erdirmek için büyük bir adım atmış, ilişkilerindeki güç ve otorite dengesini yeniden düzenlemişlerdi. Daha çok yol alacaklardı, tehdit etmenin ve inatlaşmanın işe yaramadığını anlaması için Jill üç kez daha fiziksel karşılaşma yaşamak zorunda kaldı.

Hafta sonu geldiğinde kendi başına molaya gidiyor, süre bitene kadar bekliyordu. Beş hafta sonra ise sınırları daha az zorlamaya, daha çok söz dinlemeye başladı. Annesi ördüğü duvarın sağlam olduğunu göstermeseydi, bunların hiçbiri olamayacaktı.

Özet

Sonuçlara katlanma yöntemi, öğretme-öğrenme sürecinin güçlü araçlarıdır. Yanlış davranışa son verir; kural ve beklentiler hakkında net ve belirgin mesajlar verir; çocuklara, davranışlarının hesabını vermesini sağlayarak sorumluluk duygusunu öğretir.

Bu yöntemi uygulama şeklimiz, etkinliğini belirler. Cezacı ya da yumuşak yöntemin etkisi daha azdır. Demokratik bir şekilde uygularsak ve anında uygulama, tutarlılık, bağlantılı olma, örnek olma, süreye sınır koyma ve yeni bir başlangıç yapma şeklindeki altı özellikle birleştirirsek eğitim değeri artar.

Kurallarınızı desteklemek için sonuçlara katlanma yöntemini uygulamanın dört yolunu öğrendiniz: Doğal sonuçlar, mantıksal sonuçlar, mola süreci, fiziksel kontrol. Bunlar çocuğun yanlış davranışına son verecek ve ona fiziksel ya da duygusal olarak incitmeden istediğiniz dersi verebileceksiniz.

Ebeveynler için Çalışma Grubu Soruları

1. Sorun çözme becerilerini öğretme tekniklerinizi grup üyeleriyle tartışın. Çocuklarınız ne tepki verdi? Bu tepkilerden en çok hangisi sizi endişelendirdi?
2. Altı yaşındaki Jamie TV'yi açtığında babası gelip kapattı. "Neden kapattın?" dedi Jamie. "Dün akşam sofraya çağrıldığında gelmedin. Söz dinlemeyince neler oldu bak." Bu yöntem neden etkisizdir? Jamie'nin babası nasıl davranmalıydı?
3. On iki yaşındaki Darrell, patenini parkta unuttuğunu fark etti. Almaya gittiğinde orada olmadığını gördü. Üzgün bir şekilde eve döndü. Bu olayda hangi tür sonuca katlanma yöntemi işlemiştir? Ebeveynlerinin başka bir şey yapmasına gerek var mı?
4. Altı yaşındaki Meg, ayakkabılarıyla koltuğa oturur. Annesi ayaklarını indirmesini ister ama Meg söz dinlemez. Annesi nasıl bir yöntem uygulamalıdır?
5. Mantıksal sonuçların nasıl kullanılacağını tartışın. Aşağıdaki önermelere göre alıştırmalar yapın.
   a) On iki yaşındaki çocuk yemek saatinden kırk beş dakika sonra eve gelir.
   b) On altı yaşındaki çocuk arabayı izinsiz alır.
   c) Dört yaşındaki çocuk oyuncaklarını toplamayı reddeder.
   d) On bir yaşındaki çocuk ona verilen işleri ağırdan alır.
   e) Sekiz yaşındaki çocuk mola yerine gitmeyi reddeder.

6. Dokuz yaşındaki Danny, annesine saygısızlık ettiği için mola almıştı. Süre dolunca dışarı çıktı. Babası onun dersini aldığına inanmadığı için ters ters yüzüne bakıp, "Seni saygısız velet" dedi. Danny nasıl bir mesaj aldı? Babası mola sürecini etkisiz hale getirdi mi?
7. On iki yaşındaki Kelly on dakika mola almıştı çünkü babasının sözünü dinlemeyerek onunla tartışmıştı. Kelly iki dakika sonra dışarı çıkıp babasından özür diledi. Babası da molayı bitirdi. Kuralını davranışıyla desteklemeyen baba nasıl bir mesaj vermiş oldu? Kelly bir dahaki sefere nasıl davranacak?
8. On yaşındaki Nate, kardeşi kulaklığını izinsiz aldığı için onu yumrukladı. Buna çok sinirlenen babaları, Nate'in koluna bir yumruk atıp ona davranışının nasıl bir şey olduğunu anlatmak istedi. "Nasılmış?" dedi. "Kardeşini ağlattın." Nate'i yirmi dakika molaya gönderdi. Bu molanın bir değeri var mıdır? Nate ne öğrenmiştir?
9. Mola sürecini ev dışında kullanma yöntemlerini tartışın. Yaşadıklarınızı anlatın. Çocuklarınız ne tepki verdi?
10. Moladan sonra ya da mantıksal sonuçlar uygulanınca çocuk aynı yanlışı tekrar ediyorsa bu ne demektir?

Alıştırma: Mantıksal sonuçları ve mola sürecini uyguladığınızda çocukların tepkilerini gözlemleyin. Sorumluluğu çocuğa yükleyince neler oluyor? Bu gözlemleri grup seansında tartışın.

10

Ergenlere Sınır Koyma

Ergenler, her zamanki gibi kesin sınırlar içinde olmalıdır ama o sınırlar içinde keşfetme ve deneme sürecini yaşayacak esnekliğe de ihtiyaçları vardır.

Çocuğunuz ergenlik çağına gelince neler olur? Bambaşka bir sisteme mi geçmeniz gerekir? Elbette hayır. Temel kurallar hâlâ geçerlidir. Ergenlik çağındaki çocuğunuz da kesin sınırlara, cesaretlendirilmeye, sorun çözmede sizin desteğinize ihtiyaç duyar ve sonuçlara katlanma yöntemi de geçerlidir. Bunlar değişmez. Ancak bu yöntemleri daha büyük ve becerileri daha gelişmiş olan çocuğunuza göre yeniden düzenlemeniz gerekir. Bu bölümde bunu nasıl yapacağınızı göreceksiniz.

Ergenlik çağındaki çocukların çoğu özgür ve bağımsız olmak, sorumluluk almak isterler. Kendileriyle ilgili konularda verilen kararlarda söz sahibi olmak, hayatlarını kendileri yönlendirmek isterler. Çocukluk günlerinde uygulanan kuralları değiştirmek isterler.

Ebeveynlerse ne yapacaklarını bilemezler. Onlara ne kadar özgürlük ve sorumluluk vermelidirler? Buna nasıl karar vereceklerdir? İstedikleri kadarını vermek doğru mudur? Bu bölümde bu sorulara cevaplar bulacak ve daha çok sabır, iletişim ve anlayış gerektiren bu yaş grubuna sınırları nasıl koyacağınızı öğreneceksiniz.

Ergenlik Çağındaki Çocukları Anlamak

Ergenlik çağı, "normal çılgınlık" dönemi olarak tanımlanır. Bütün ergenler bu dönemi yaşadığı için normal kabul edilir, davranışlar değişken ve karmaşık olduğu için çılgınca bir dönemdir. Sürekli olan değişimdir ve bu değişim hızlanarak devam eder. Seksüel olgunlukla birlikte fiziksel değişimler yaşanır, buna duygusal değişimler eşlik eder. Düşünce ve davranışların değişmesiyle birlikte daha çok bağımsızlık isteği doğar. Bu dönem hem ergenler hem de ebeveynleri için zor bir süreçtir.

Ergenlerin düşünme ve davranışlarında gelişmeye yönelik unsurlardan özellikle iki tanesinin çok büyük etkisi vardır. Birincisi zihinsel gelişimdir. Ergenin, büyükler gibi düşünmesini ve soyut düşünme becerisini geliştirir. İkincisi ise bağımsızlık ve münferit kimlik kazanma çabasıdır. Buna bireyselleşme denir. Gelişmeye yönelik bu süreçlere yakından bakalım.

Zihinsel Gelişim

Jean Piaget'nin, çocukların zihinsel gelişimi üzerinde yaptığı araştırmalar, ergenlik döneminde önemli bir değişikliğin başladığını göstermektedir. Çocuklar soyut düşünme ve mantık yürütme becerisi kazanırlar. Gelecekte olabilecek mantıksal olasılıkları (olabilecek şeyleri) göz önünde bulundurabilir, gerçekleşmemiş bir durumun artı ve eksilerini değerlendirebilirler. İçinde bulundukları anı yaşayan küçük çocuklardan farklı olarak ergenler daha çok gelecekte yaşarlar. Sadece somut algılar ve gerçeklik duygusuyla düşünmezler.

Bütün bunlar pratikte ne anlama gelir? Ergenlerin, karar verme ve sorun çözmede etkin rol alabilecekleri anlamına gelir.

Kendilerinin ve davranışlarının farkına varırlar, geleceği düşünüp planlayabilirler, yapacakları seçimin ya da davranışlarının sonucunu hesaplayabilirler. Kısaca, sınırları davranışlarıyla olduğu kadar akıllarıyla da zorlarlar.

Bireyselleşme: Kendini Keşfetme

Ergenlerin düşünce ve davranışlarını etkileyen, gelişime yönelik ikinci süreç, bireyselleşmedir. Ergenlik döneminin ana teması budur. Gelişimsel teorisyen Erik Erikson bunu, toplumun bir üyesi olarak ortaya çıkarken girilen kimlik arama süreci olarak tanımlar. Ergenler kim olduklarını, neye inandıklarını, ne olmak istediklerini keşfetmek için ebeveynlerinden bağımsız olmak isterler.

Denemek, kendini keşfetme döneminin çok önemli bir parçasıdır. Yeni roller üstlenmek, yeni değerler ve inanışlar tanımak, yeni ilişkiler kurmak isterler. Bir inanca hizmet etmenin, kendini adamanın nasıl bir şey olduğunu merak ederler; romantik ilişkiler kurarlar. Bu ilişkiler genelde kısa süreli olur. En önemli şey keşfetmektir. Bir şeyin keşfi tamamlanınca yön değiştirip başka bir şey denerler.

Bu durum çılgınca görünse de sürecin normal bir parçasıdır. Aslında ergenlerin keşif sürecine girmemeleri daha tuhaftır. Her yeni deneyimle kim oldukları, neye inandıkları, ne olmak istedikleri hakkında yeni şeyler öğrenir; kendilerini keşfederler. Zamanla bulmacanın eksik parçaları yerine oturur.

Bu süreçte ergenlere nasıl yardım edebiliriz? Geçmekte oldukları süreci anlamalı, keşiflerine direnç göstermemeli, aksine onlara destek olmalıyız. Bu geçici bir süreçtir. Ergenler ömürleri boyunca denemeler yapıp tutarsız davranmazlar. Hep böyle kalacak değillerdir.

Ergenler, daha özgür ve bağımsız olmakla ilgili kuralları da denerler. Sınırları zorlarlar, ördüğümüz duvarlara çarparlar, çocukluklarında aradıkları cevapları bulmak isterler. Doğru ve yanlış nedir? Kontrol kimde? Ne kadar ileri gidebilirim? Fazla ileri gidersem ne olur? Bu soruların cevaplarını aldıklarında kimlikleri ile ilgili sorular da cevaplanmış olur.

Ergenler denemeler yaptıklarında yumuşak sınırlar ya da danslar yerine net ve anlaşılır cevaplar ararlar. Dans pistinde güç savaşına girersek onlara yardım edemeyiz. Onları yönlendirecek kesin sınırlar koyarak, onlara daha iyi seçimler yapmaları için yol göstererek ve onların, davranışlarının sonuçlarına katlanmalarını sağlayarak yardımcı olabiliriz.

Sınırlara Ne Zaman İhtiyaç Duyarız?

Sınırlar, ergenlerin araştırmalarını yönlendiren duvarlar olarak koyulduğunda kendini keşfetme sürecini desteklerler. Kontrol etmek için ya da ihtiyaç duyulmadığı durumlarda sınır koymak, bu süreci engeller.

Sınırların, istediğimiz sonucu vermesi için önce şu sorulara cevap vermeliyiz: Sınır koyarak neyi hedefliyoruz? Sınır koymak gerçekten gerekli mi? Koyduğumuz sınırlar kendini keşfetme sürecini destekliyor mu, engelliyor mu? Ergenin araştırma isteğini bastıracak olursak ortaya bir güç savaşı çıkacaktır.

Gayet zeki ve becerikli bir kız olan on üç yaşındaki Stacey de böyle bir şey yaşadı. Siyah giymeyi çok seviyordu. Grup arkadaşlarıyla beraber her gün okula siyahlar içinde gidiyordu: Siyah pantolon, siyah ayakkabı ve siyah tişört. Bu kıyafetler, kimliklerinin ve bağımsızlıklarının bireysel ve grup olarak dışa vurumuydu. Ebeveyni önce bunu pek önemsemedi. Pek hoşlanmıyorlardı ama bir zararı olduğunu da düşünmemişlerdi. Kızları başarılı bir çocuktu, notları iyiydi, faaliyetlere katılıyordu, iyi bir çevresi vardı. *Kimseye bir zarar vermiyor, nasılsa geçer,* diye düşündüler. Ancak aradan birkaç ay geçmiş, Stacey giyim tarzını hâlâ değiştirmemişti. Ebeveyni endişelenmeye başladı. *Yoksa o çetelerden birine mi girdi?* Ona bazı fikirler vermeye çalıştılar. "Ne güzel kıyafetlerin var, bugün de başka bir şey giysene."

Stacey, "Ben halimden memnunum" dedi gülümseyerek. Ama ebeveyni karışmaktan vazgeçmedi. Endişeleri arttıkça sözleri de daha eleştirel ve alaycı olmaya başladı.

"Cenazeye mi gidiyorsun?" dedi babası bir gün. Stacey iyice sıkılmıştı.

"Ben size ne giyeceğinizi söylüyor muyum? Kıyafetlerinizle dalga geçiyor muyum? Siz neden yapıyorsunuz? Neden beni rahat bırakmıyorsunuz?"

"Sen de normal giyin o zaman" dedi babası. "Çok komik oluyorsun. Aptalca davranmandan sıkıldım artık. O cenaze kıyafetlerini haftada bir kere giyebilirsin, onun dışında herkes gibi giyineceksin." Stacey babasına ters ters bakıp öfkeyle odadan çıktı.

Babasının yaptığı, onu hile yapmaya itmekten başka bir şey değildi. Ertesi gün Stacey yanına iki takım siyah kıyafet alıp okuldaki dolabına koydu. Okula gidince hemen üstünü değiştirip bunları giyiyordu. Eve dönerken de babasının istediği kıyafeti giyiyordu. Bu üç hafta kadar böyle devam etti.

Annesi bir gün çamaşır yıkarken iki takım siyah kıyafeti görünce olanları anladı. "Bunları okulda mı giyiyorsun?" dedi.

"Giyiyorsam ne olmuş?" diye cevap verdi Stacey, küstah bir tavırla.

"Baban sana haftada bir giyebilirsin, demedi mi? Söz dinlemediğin için bunlar çöpe gidecek." Annesi siyah kıyafetleri çöpe attı.

Birkaç hafta boyunca Stacey ailesiyle neredeyse hiç konuşmadı. Odasından da pek çıkmıyordu. Giydiklerinin ona ne kadar yakıştığını söylediklerinde anne-babasına ters ters bakıyordu. Durum gittikçe kötüleşiyordu. Bu noktada ailesi danışma için randevu almış ama Stacey ilk seansa dâhil edilmemişti.

Stacey'nin ailesi siyah kıyafetler yüzünden yaşananları anlattılar. Araştırma yapmanın, kendini keşfetme sürecindeki normal bir aşama olduğunu; ergenlerin yeni şeyler denemeyi, yeni roller üstlenmeyi ve yeni tarzlar uygulamayı ne kadar sevdiklerini anlattım.

"Ama bu aylarca sürdü" dedi annesi endişeyle. "Kötü bir şeyler olabilir diye epey endişelendim."

"Ben de. Şimdi çok farklı" dedi babası.

"Sizce ne oluyor?" diye sordum.

"Bir tarikata girmiş olabilir. Satanistlere karışmıştır ya da punkçılara" dedi babası.

"Siyah kıyafetlerin anlamını sorduğunuzda ne cevap verdi?" dedim. İkisi de birbirlerine baktı. Bunu sormak akıllarına gelmemişti. Stacey'nin neler yaşadığını sadece tahmin etmeye çalışıyorlardı.

Bir sonraki seansa Stacey de katıldı. Babasına, endişelerini onunla paylaşmasını söyledim. Duydukları karşısında Stacey'nin gözleri fal taşı gibi açılmıştı.

"Evet baba! Punkçıya, sataniste benzer bir halim mi var? Biraz gerçekçi ol."

"Siyahlar giymeye başladığından beri garip davranıyordun. Suratın hep asıktı, hep yalnız kalmak istiyordun."

"Bana küçük bir çocukmuşum gibi davrandığınız için olabilir mi? Bunu hiç düşünmedin mi? Okula giderken ne giyeceğime kimse karar veremez." Babası ne diyeceğini şaşırmıştı.

"Stacey, siyahlar giymenin anlamını ailene açıklar mısın?" dedim.

"Sadece seviyorum. Biz sekiz kişilik bir grubuz. Hepimiz tiyatro kolundayız. Bizim simgemiz siyah kıyafetler. Beraber hareket ediyoruz."

Ailesi onun bu anlattıklarından sonra epey rahatlamıştı. Bütün ergenler gibi onun da denemeler yaptığını gördüler. Siyah kıyafetlerde bir sorun olmadığını da anladılar. Bütün sorun, siyahın temsil ettiği şeylerden duydukları korkuydu.

Stacey'den özür dilediler ve çöpe attıkları kıyafetlerin yenilerini alacaklarını söylediler. Ama Stacey'nin artık siyah kıyafete ihtiyacı kalmamıştı çünkü bir iki haftadır grup olarak siyahlardan vazgeçmişler, yeni bir şeye takılmışlardı.

Stacey'nin ailesinin, sorunu çözmek için sınır koyması gereksizdi. Sınırlar durumu daha da kötüleştirmişti. Stacey'nin keşif sürecine engel olmuşlar, onu isyana teşvik etmişlerdi. Aslında çözüm çok basitti: Biraz iletişim kurmak ve kızlarının dünyasını anlamaya çalışmak.

Yöntemleri Ergenlere Göre Ayarlama

Neyse ki ergenler, bambaşka bir eğitim sistemi geliştirmemizi gerektirecek kadar farklı değillerdir. Temel kurallar geçerliliğini korumaya devam eder. Yine kesin sınırlar konmalı, cesaret verilmeli, sorun çözerken yol gösterilmeli ve sonuçlara katlanma yöntemine devam edilmelidir. Ancak bu yöntemleri uygularken ergenlerin kapasitelerine göre düzenlemeler yapmak gerekir.

Daha Esnek Sınırlar Koyma

> Ergenlerin sınırlarını düzenlemek, özgürlük ve sorumluluk arasında bir denge sağlamak demektir.

Bir ergen ne ister? Danışma seanslarında bunu sorduğumda daha çok eğlence, daha çok mahremiyet ve onlar için koyulan kurallarda daha çok söz hakkı istediklerini söylerler. Kısaca daha çok özgürlük ve hayatlarını kontrol edebilme hakkı.

Peki ebeveynler, çocukları için ne ister? Çoğunun söylediği; mutlu, sorumluluk sahibi, söz dinleyen, güvenilir ve terbiyeli olmalarıdır.

Bu iki listeyi karşılaştırdığımızda ebeveynlerle ergenlerin farklı istekleri olduğunu görürüz. İsteklerdeki bu farklılar yüzünden çatışmalar yaşanır ancak bu çatışmalar çözümsüz değildir.

Bu kadar farklı istekleri olan insanlar; aynı çatı altında, uyum içinde nasıl yaşayabilir? Karşılıklı saygı çerçevesinde yeterince esnek kurallar koyarak. Çözüm, esnek kurallar koymaktır.

Esnek sınırlar dediğimde bazıları yumuşak sınırları kastettiğimi sanır. Hayır. Ergenler, her zamanki gibi kesin sınırlar içinde olmalıdır ama o sınırlar içinde keşfetme ve deneme sürecini yaşayacak esnekliğe de ihtiyaçları vardır. Özgürlüğün derecesi nedir? Bu, kişiye göre değişir; ergenin ne kadar sorumluluk üstelenebildiğiyle doğru orantılıdır.

Sorumluluğunu üstlenebilecekleri özgürlüğün derecesini nereden bileceğiz? Çoğunlukla bilemeyiz, onlar da bilemezler. Bu iki taraf için de bir bilinmezdir. Sadece sezgilerimizle hareket ederiz. Ancak yine de bunu anlamanın basit ve etkin yolları vardır. Örneğin bir deney yapabiliriz.

Kristy on beş yaşındaydı, lise ikinci sınıfa gidiyordu. Ailesi ona, on beş yaşına geldiğinde arabası olan oğlanlarla çıkabileceğini söylemişti ve bu yüzden çok heyecanlıydı. Cuma akşamı sinemaya davet edildi. Annesi hemen ona kuralları açıkladı.

"Kristy, içimiz rahat olsun diye bazı kurallar koyacağız. Bir, kiminle çıkacağını bilmek istiyoruz. İki, acil bir durum olursa diye nereye gideceğini bilmek istiyoruz. Üç, 23:15'e kadar eve dönmeni istiyoruz. Geç kalacak olursan da haber vereceksin."

Krsity kurallara uydu ve zamanında eve geldi. "Bütün arkadaşlarım on ikiye kadar kalıyor. Ben de kalmaz mıyım?" dedi.

"Olabilir ama bir süre böyle devam edelim. Sorun çıkmazsa düşünürüz."

Deney başlamıştı. İki taraf da kazançlı çıkabilirdi ama her şey Krsity'nin davranışına bağlıydı. Ne kadar özgürlük elde edeceğine, nasıl davrandığına bakılarak karar verilecekti. 23:15'de evde olursa birkaç ay sonra daha geç gelme hakkını kazanacağını biliyordu. Ama bunu başaramazsa geliş saati 22:30 bile olabilirdi. Böylece ne kadar sorumluluk yüklenebileceği belli olacaktı.

Annesi ona sınırlar koyarken esnek davranmıştı. Sınırlar kesindi ama aynı zamanda kızının sorumlu davrandığını görürse kuralları esnetmeye de açıktı. Şartlar iki taraf için de adildi.

Ergenlerin sınırlarını düzenlemek, özgürlük ve sorumluluk arasında bir denge sağlamak demektir. Sahip olduğu özgürlüğün sorumluluğunu taşıyabilirse daha fazlasına hazır oldukları düşünülebilir. Sınırlar yukarı çekilebilir. Sorumluluklarını gerektiği gibi taşıyamazlarsa da aşağı çekilir. Özgürlükler, getirdiği sorumluluğu nasıl taşıdıklarına göre çoğalır ya da azalır. Neye hazır olduklarını davranışları belirler.

Karar Vermede Söz Sahibi Olma

Ergenler kendileri için konan kurallarda söz hakkı isterler. Bunun anlamı, kuralları onların koyması mıdır? Hayır. Ama bu sürece daha çok katılabilirler. Onların da düşüncelerini ve duygularını alır, kuralların sebeplerini anlatır ve fikirlerini ciddiye alırız. Ortak bir noktada buluşmak için işbirliği yapılır ama son sözü yine ebeveynler söyler. Örneğimize bakalım:

On dört yaşındaki Todd, okuldan sonra arkadaşlarını davet etmeyi seviyordu. Müzik dinliyorlar, bahçede basket oynuyorlar, sohbet ediyorlardı. Karınları acıkınca da evdeki her şeyi silip süpürüyorlar, geride pis bir mutfak bırakıyorlardı.

Todd'un ailesi bu duruma sinirlenmeye başlamıştı. Akşam eve geldiklerinde ev boş bardaklar, kirli tabaklarla dolu oluyordu. Buzdolabı da tamtakırdı. Bir akşam ailesi Todd'u karşılarına alıp onunla konuşmak istedi.

"Todd, biz evde yokken arkadaşlarını çağırmanda bir sakınca yok. Ama ortalığı dağıtmamanız ve buzdolabında ne varsa silip süpürmemeniz gerek."

"Galiba benim yüzümden oldu" dedi Todd. "Önceleri bir şeyler ikram ediyordum ama sonra dolabı açıp ne bulurlarsa yemeye başladılar."

"Peki, ne yapmayı düşünüyorsun?"

"Gelmeden karınlarını doyurmalarını söyleyebilirim. Ama daha önce tamam dediğim bir şeye sonradan hayır demek tuhafıma gidiyor."

"Yine bir şeyler ikram edebilirsin. Mesela istedikleri kadar patlamış mısır yiyebilirler. Ama ortalığı dağıtmadan. Sandviç, gazoz, cips ve diğer her şey yasak."

"Ya beni dinlemezlerse?"

"O zaman anladıkları dilden konuşuruz. Biz evde yokken gelmelerine izin vermeyiz. Sence de uygun mu?"

"Peki ya kurala bazıları uyar, bazıları uymazsa? Uyanlara haksızlık olmaz mı?"

"Onu da aranızda halledin. Bu eve gelmek isteyen, kurallara uyacak."

"Tamam. Yarın hepsiyle konuşurum."

"Aferin. Bir hafta deneyelim, eğer sözünü dinlerlerse buyursun gelsinler. Yok, dinlemeyeceklerse biz yokken buraya gelemezler."

Todd'un babası, eve arkadaş çağırmasını tümden yasaklayarak bu sorunu kökünden çözebilirdi ama oğluna karar verme ve sorun çözme konusunda hiçbir şey öğretemezdi. Bu yüzden de karar verme aşamasına onu da dâhil ederek bu konuda kafa yormasını sağladı. Böylece Todd karar verme konusunda önemli bir ders aldı ve sorun çözmede tek sorumlu kişinin kendisi olduğunu gördü.

Seçeneklerin Keşfedilmesine Yardım Etme

Piaget'nin araştırmasına göre ergenler geleceği planlama yeteneğine sahiptir ama bu, ileri görüşlü oldukları ve doğru kararlar verdikleri anlamına gelmez. Bir şeyi yapabilecek durumda olmakla o şeyi yapmayı öğrenmek farklı şeylerdir. Atılması gereken önemli bir adım vardır. Sorun çözerken akıllarını kullanmayı öğrenmeleri ve bu konuda bol bol alıştırma yapmaları gerekir. Ebeveynler ise 8. Bölüm'de anlatılan seçenekleri keşfetme yöntemiyle onlara destek olurlar.

Seçenekleri keşfetme, ergenlerin ileriyi görmeleri ve kendilerini nelerin beklediğini görmelerini sağlayan bir yöntemdir. Karşılarına engeller, seçenekler, yapılması gerekenler ve farklı seçimlerden doğan farklı sonuçlar çıkacaktır. Ebeveynlerin görevi yol göstermektir. Ergen çocuklar sorular sorar, fikirlerini söylerler. Burada amaç, onların sorun çözmek için en iyi kararı vermelerine yardım etmektir.

Seçenekleri keşfetme, ergenlerin ileriyi görmeleri ve kendilerini nelerin beklediğini görmelerini sağlayan bir yöntemdir.

Ne yapmaları gerektiğini doğrudan söyleyiversek daha kolay olurdu, değil mi? Evet, ama bu ergene başka bir şey öğretmiş olurdu. Onlara ne yapacaklarını, neyi seçeceklerini, nelerle karşılaşacaklarını söyleyerek keşfetme, sorumluluk alma ve ileriyi düşünme ihtiyaçlarını ortadan kaldırmış oluruz. Çünkü bütün bunları onların yerine ebeveynler yapar. Onlar da sürecin pasif katılımcıları olarak kalırlar.

Seçenekleri keşfetmek ise ergeni sorun çözme sürecine dâhil eder. Cevaplar önceden verilmez. Kendi yargılarına varmak için akıllarını kullanmaları beklenir.

Güven açık iletişimin yaşandığı bir ortamda uygulanıyorsa seçeneklerin keşfi çok etkili olur. Burada nasihatler verilmez. Eleştirmek, yargılamak, duygusal davranmak süreci baltalar ve iletişim yolarını kapatır (çok aptalca düşünüyorsun gibi). Şimdi örneğimize bakalım:

Allen'ın ailesi, on beş yaşındaki oğullarının sosyal bilgilerden ve matematikten zayıf aldığını öğrenince çok şaşırdı. Not ortalaması okul takımına girmesi için yeterli değildi. Dönemin bitmesine de sadece dört hafta vardı. Takıma seçilmesi tehlikeye girmişti.

Allen aslında iyi bir öğrenciydi. Ailesi, onun sporu ne kadar çok sevdiğini biliyordu. Son zamanlarda bir sevgilisi olduğundan ve yarım zamanlı bir işe girdiğinden de haberleri vardı.

"Bu derslerden kalacağını biliyor muydun?" dedi babası.

"Biraz geride olduğumu biliyordum ama bu kadar olabileceğini sanmazdım. Çalışırken derslere yetişmek biraz zor oluyor."

"İşe önem veriyorsun, tamam. Ama biraz fazla abartmıyor musun?"

"Notlarımı yükseltebilirim" diye ısrar etti Allen. Ama notları hiç de öyle demiyordu.

"Yükseltemezsen neler olacağını tahmin edebiliyor musun?"

"Nasıl yani?"

Babası ona okuldan gelen raporu gösterdi. Allen, not ortalamasını tutturamazsa okul takımına seçilemeyeceğini öğrendi. Durumun ciddiyeti karşısında şoke oldu.

"İşin o kısmını tamamen unutmuşum" dedi. Kuralların kendisi için geçerli olmadığını sanmıştı ama gerçek hiç de öyle değildi.

"Bir şey daha var" dedi babası. "Ehliyet alma konusunda ne konuşmuştuk?"

Olamaz! Artık iyice telaşlanmaya başlamıştı. Notlarını yüksek tutar ve evdeki işlere yardım ederse ehliyet alabilecekti. Böyle anlaşmışlardı. *Ne yapacağım şimdi?*

"O notları nasıl yükselteceksin?"

"Öğretmenlerle konuşurum. Teslim etmediğim ödevleri teslim ederim. Sınavlara da sıkı hazırlanırım."

"Peki, işe giderken derse nasıl zaman ayıracaksın?" Allen bir an düşündü. Önceliği neye vereceğini bulmuştu.

"İstifa edeceğim. Para harcamak güzel ama okul takımını ve ehliyetimi riske atamam."

Seçenekleri keşfeden Allen, ileriyi görerek doğru kararı verdi. Kendine fazla yüklenmişti ve her şeyi birden idare edememişti.

Ailesi ona ne yapması gerektiği söylemek, onun üzülmesine engel olmak istemişlerdi ama kendi seçimlerini yaparak, kendi kararlarını vererek sorumluluk almayı öğreneceğini de biliyorlardı. Mantıklı düşüneceğine ve doğru karar vereceğine güveniyorlardı. Sadece seçeneklerini keşfetme konusunda biraz yardıma ihtiyacı vardı.

Bu örneğe bir de farklı açıdan bakalım:

Allen'in işine devam ettiğini, aynı zamanda notlarını yükseltmeye çalıştığını düşünelim. Daha az şey mi öğrenmiş olacaktı? Hayır. Ama muhtemelen okul takımına seçilemeyecek, ehliyetini alamayacak ama seçimlerinden sorumlu olduğunu öğrenecekti.

Uzun Süreçlerin Sonuçları

Ergenlerin geleceğe yönelik düşünebilmeleri, hangi sonuçların kullanılabileceğini gösterir. Geleceğe yönelik olarak kullanılan sonuçların öğretici değerleri vardır. Ergenler özgürlüklerini ya da sevdikleri şeyleri uzun süreliğine kaybettiklerinde vermek istediğimiz dersi alırlar.

Örneğin on beş yaşındaki Dean, babası yanında yokken onun motosikletine binmemesi gerektiğini biliyordu. Ama arkadaşlarına hava atmak istemişti. Evde kimse de yoktu. *Nasıl olsa haberleri olmaz, etrafta şöyle bir dolaşıp gelirim,* diyerek arkadaşlarını çağırdı ve dışarı çıktılar.

O akşam, komşuları şeker istemek için uğradı. Ayaküstü biraz sohbet ettiler, komşu kadın tam giderken, "Dean sonunda ehliyeti almış bakıyorum. Bugün arkadaşlarıyla motora biniyordu" dedi. Babası hemen Dean'i çağırdı.

"Ben yokken motora binmeyecektin hani?"

"Evet, ama evin etrafında dolaşıp geldim. Bir şey olmadı."

"İyi motorcusun, biliyorum. Ama o motor asfaltta sürülmez. Ehliyetin yok, sigortan yok. Ya bir şey olsaydı, ne yapacaktın?"

"Evet, doğru. İyi etmedim galiba."

"Eminim dersini aldın. Ama altı hafta boyunca motora binemezsin. Şimdi anahtarları ver."

Altı hafta uzun bir zamandı ama bu sonuç Dean'e, kuralların ciddi olduğunu gösterdi. Kurallara uyması gerekiyordu. Anahtarı geri aldığında motora binmeden önce iyi düşünecekti.

Temel Kuralların Yeniden Belirlenmesi

Sınır koyma ve temel kuralları belirleme, çocukların gelişim süresince yaptığımız bir şeydir. Çocuklar büyürken sınırlarımızı yeniden belirlemek ve onların durumuna göre kuralları yeniden düzenlemek gerekir.

> Çocuklar büyürken sınırlarımızı yeniden belirlemek ve onların durumuna göre kuralları yeniden düzenlemek gerekir.

Bu süreç ergenlik döneminde hızlanır. Ergenler büyüdüklerini düşündüklerinden, çocukluk dönemlerinde uygulanan kuralları değiştirmek isterler. Bu süreç nasıl başlar? Ördüğümüz duvara çarpmaya ve sınırları zorlamaya başlarlar. Bu zorlama, temel kurallarda daha esnek olmamız gerektiğinin işaretidir.

Aslında bu istekleri daha öncekilerden pek farklı değildir. Daha çok özgürlük, bağımsızlık, sevdikleri şeyleri yapma hakkı, hayatlarını kontrol edebilme hakkı. Ama ergenler, bunların hepsinin aynı anda olmasını isterler. Daha önce olmadığı kadar telaşlı ve sabırsızdırlar.

Değişmek için bu kadar zorlamaları ebeveynler için yorucu olabilir. Bekâr bir anne olan Kerry'nin annesi de çok yorulmuştu. Kerry on dört yaşındaydı. Sürekli sınırları zorluyor ama sadece yumuşak sınırlarla; bağırma, tartışma ve azarlamayla karşılaşıyordu. Aradığı cevapları alamıyordu.

Yumuşak sınırlarla karşılaşan her çocuk gibi o da zorlamaya devam etti. O zorladıkça annesi direndi, sonunda sıkışıp kaldılar. Bana geldiklerinde durum tam bir başkaldırı aşamasına gelmişti.

Kerry'nin şikâyetleri belliydi. "Annem bana küçük bir çocukmuşum gibi davranıyor. Hiçbir şeye izin vermiyor. Aptalca kuralları var. Okuldan sonra arkadaşlarıma gitmek istesem göndermiyor. Şimdi tutturmuş, arkadaşlarım bize gelemez diye. Onunla konuşmaya çalıştığımda beni dinlemiyor. Her şeyi kontrol etmek istiyor. Akşamları saat 22:00'ye kadar bile izin vermiyor! Şaka gibi! Okul maçları bile 22:00'de başlamıyor."

Bunun anlamı: Kerry diğer ergenlerin istediği şeyi istiyor: Özgürlük, bağımsızlık, sevdiği şeyleri yapabilme, karar vermede söz sahibi olma, evde daha az zaman geçirme, arkadaşlarıyla daha çok birlikte olma. Temel kuralların değişmesi gerektiğini düşünüyor. Muhtemelen haklı.

Eskiden Kerry sorumluluk sahibi bir çocuktu. Ev işlerine yardım eder, ödevlerini yapardı. Annesi işten gelene kadar evde yalnız kalabiliyordu. Annesi evde yokken arkadaşlarını çağırmasına bile izin verilmişti. O bunu hiç kötüye kullanmamıştı.

Kerry on dört yaşına geldiğinde işler değişmeye başladı. Arkadaşlarına daha çok zaman ayırıyor, ev işlerini ve ödevlerini aksatıyordu. Odası savaş alanı gibiydi. Ev işlerini ihmal ediyor, notları gittikçe düşüyordu. Telefonu elinden bırakmıyordu.

Ama annesini en çok sinirlendiren şey, arkadaşlarının evi darmadağın bırakıp gitmeleriydi. Birkaç kez evde sigara kokusu da almıştı. Bu yüzden arkadaşlarının eve gelmesini yasaklamıştı.

"Neden bana bunları yapıyor, anlamıyorum. Daha önce hiç kuralları çiğnememişti."

Kerry'nin annesiyle ergenlik dönemi üzerine konuştuk. Sınırları zorlamayı, kesin sınırlar koymanın önemini, kuralları desteklemek üzere mantıksal sonuçları nasıl kullanacağını anlattım. Kerry'nin davranışlarının normal ergen davranışları olduğunu öğrenmek onu çok rahatlatmıştı.

Eskiden hep sorumluluk sahibi bir çocuk olmasına rağmen ona daha çok özgürlük vermemesinin sebeplerini konuştuk. Pek çok ebeveyn gibi o da ergen çocukların büyürken karşılaşabilecekleri tehlikelerin farkındaydı. Kızının yanlış bir şey yapmasından korkuyordu. Onu yanlış karar vermenin acısından korumak isterken durumun daha kötüye gitmesine sebep olduğunun da farkındaydı.

Kerry kendi seçimlerini yapıp bu seçimlerin sonuçlarını bizzat yaşayana kadar sorumluluk sahibi olamazdı. Keşfetmek ihtiyacındaydı. Bu keşifte onu yönlendirecek duvarlar da lazımdı. Temel kuralların değişme vakti gelmişti. Ertesi gün bu konuyu konuştular.

"Kerry, senden beklediğim şeyleri net olarak anlatamadığımı görüyorum. Artık tartışıp durduğumuz kuralların değişme vakti geldi." Kerry bunu duyunca neredeyse koltuktan düşecekti.

"Ciddi misin?"

"Evet. Bağırıp durmaktan, kavga etmekten, azarlamaktan vazgeçiyorum. Sana daha önce hep güvenmiştim. Bence artık daha çok özgürlük ve sorumluluk almanın zamanı geldi. Şimdi bir liste yapalım. Hafta sonu akşamlardan başlayalım mı?"

"Eve 23:00'de dönebilir miyim?"

"Okul maçları ya da özel günlerde olabilir. Ama birkaç gün öncesinden haber vereceksin ve büyüklerden biri sizi alıp geri getirecek. 23:00'ü geçiremezsin. Beklenmedik bir şey olursa haber vereceksin. Telefon edersin ve çaresine bakarız. Anlaştık mı?"

"Tamam."

"Güzel. Birkaç ay deneyip nasıl gittiğine bakalım. Kurallara uyarsan 23:00'de kalırız. Yoksa birkaç haftalığına 22:00'ye döneriz. Sürekli geç kalacak olursan 23:00'e hazır değilsin demektir. Düzelirsen yeniden konuşuruz. Şimdi de ev işlerini halledelim. Sana düşen görevleri düzenli olarak yapacaksın, arkadaşlarını çağırdığında kurallara uyacaksın ve telefonda daha az konuşacaksın."

"Odamı temizlemek de dâhil mi? Odamı istediğim gibi kullanacak kadar büyümedim mi?"

"Büyüdün ama odana her girdiğimde dağınıklık görmek istemiyorum."

"Kapımı kapatırım, sen de görmezsin."

"Olabilir ama kapını açık bırakırsan temizlemek zorundasın. Ayrıca arkadaşlarını dağınık bir eve davet etmenden rahatsız oluyorum. Odanı temizlemezsen kimseyi yatıya çağıramazsın. Senin için uygunsa benim için de uygun." Kerry başını salladı.

"Arkadaşlarıma gidebilir miyim artık? Onları davet edebilir miyim?"

"Evet. Kurallara uyarsan. Evdeki işlerin bitince arkadaşlarına gidebilirsin. Beni iş yerinden arayıp nerede olduğunu haber vereceksin. Akşam 18:00'de evde olman gerek. Anlaştık mı?"

"Evet. Ya sana haber vermeyi unutursam?"

"Her unuttuğunda arkadaşlarından üç gün mahrum kalırsın. Sonra yeniden deneriz. Yine unutursan hazır olmadığın anlaşılır ve arkadaş ziyaretlerine son veririz. Anladın mı?" Kerry başını salladı.

"Arkadaşlarımı çağırabilir miyim?"

Bu konu Kerry'nin annesi için can sıkıcı bir durumdu çünkü sigara olayı vardı. Buna izin vermek istemiyordu.

"İki haftalığına deneyelim. Dağınıklık ya da sigara kokusu olursa ben evde yokken arkadaşlarının gelmesini yasaklarım. Birkaç ay kimseyi çağıramazsın. Sonra yeniden konuşuruz. Bu kurallara uyabilecek misin?"

"Evet. Ama arkadaşlarım uyar mı bilmem."

"Uymazlarsa ben yokken evimize gelecek kadar sorumlu değiller demektir. Bir konu daha var. Telefon. İkimiz de telefonda konuşmayı seviyoruz. Ama çok uzun konuşuyoruz. Bu konuda önerin var mı?"

"Beni kimin ne zaman arayacağını, ne kadar konuşacağını ne bileyim?"

"Ama kendi aramaların ve konuşma süreni bilebilirsin. Arkadaşlarına seni ne zaman arayabileceklerini söyleyebilirsin."

"Telefonda uzun uzun konuşmayı çok seviyorum."

"O zaman benim kullanmadığım zamanlarda sana uzun bir telefon süresi verebilirim. Ben eve gelmeden önce dörtle altı arasında ve akşamları da sekizden dokuza kadar konuşabilirsin. Uzun uzun konuşacak epey vaktin olur."

"Ya bu saatler dışında ararlarsa?"

"O zaman daha sonra aramalarını söylersin. Okulda onları gördüğünde uygun olduğun saatleri söylersin. Bu kurala uyacak mısın?"

"Sanırım" dedi Kerry isteksizce.

"Uymazsan bir hafta telefonu kullanamazsın."

"Bir hafta mı? Neden o kadar uzun?"

İki ya da üç gün de uygun olabilirdi ama annesi, onun sınırı zorlayacağını tahmin ediyordu. Kararından vazgeçmedi. "Bir hafta sonunda yeniden telefonu kullanabileceksin."

Pazarlık bitmişti. Kerry memnundu çünkü istediğini almıştı. Kendini bir yetişkin gibi hissediyordu. Annesi de memnundu çünkü aile dansları sona ermişti. Kızının kendisiyle kavga etmesindense destek olması hoşuna gitmişti. Ama Kerry kazandığı bu özgürlükleri hak ettiğini ispatlamak zorundaydı.

Beklendiği gibi başlangıçta sorunlar çıktı. Belki sınırları zorluyordu, belki de gerçekten unutuyordu ama ilk hafta Kerry arkadaşından 18:30'da döndü. Bir şans daha vermesi için annesine yalvardı ama o anlaşmaya sadık kalacaktı.

"Üç gün sonra yeniden deneyeceğiz."

Kerry üç gün evden çıkamadı ama bunu fırsat bilip her gün arkadaşlarını çağırdı. Annesi çok evhamlanıyordu ama Kerry de, arkadaşları da anlaşmaya uydu. Etrafı dağıtmadılar, sigara içmediler. *Kurallara uymaya çok istekli,* diye düşündü annesi.

Bir diğer olay, telefon konusunda yaşandı. "Saat 21:00 oldu, Kerry, telefonu kapat artık."

"Tamam" dedi Kerry. Ama yarım saat geçmesine rağmen hâlâ konuşuyordu. Annesini görünce hemen kapattı ama geç kalmıştı.

"Bir hafta boyunca 18:00'den sonra telefon yok."

"Ama olmaz ki!" Kerry karşı çıkmak istedi. Maalesef, kurallar kesindi. 16:00 ile 18:00 arasında telefonu istediği gibi kullanabilirdi. Akşamları telefon hakkını kaybetmesi, kendi seçiminin bir sonucuydu.

Üç boyunca bu kurallarla devam ettiler. Çoğu ergen çocuk gibi Kerry de ara sıra sınırları zorladı ve sonuçlarına katlandı. Elde ettiği özgürlüklerin sorumluluğunu taşıdığını gösteriyordu. Kerry, yönlendirme ve destekle annesinin koyduğu esnek kurallara uyum sağlamıştı.

Ergenlere çok az özgürlük tanımak; Kerry ve annesi örneğinde olduğu gibi çatışmalara, güç savaşlarına sebep olur. Ama ebeveynler tam tersini de yapabilirler. Brett'le ailesinde olduğu gibi. Onlar oğullarına fazla özgürlük tanımışlar, o da bunu kötüye kullanmıştı.

On altı yaşındaki Brett sorumluluk sahibi bir çocuktu. İşlerini kimsenin söylemesine gerek kalmadan yapıyor, notlarını yüksek tutuyor, gazete dağıtarak harçlığını çıkarıyor, akıllı uslu çocuklarla arkadaşlık ediyordu. Ailesi ona güveniyordu ve özgürlüklerinin sınırını genişlettiler.

Ailesi evde yokken arkadaşlarını çağırabiliyordu. Okuldan çıkışta onu kontrol etmiyorlardı, nerede olduğunu ailesine haber vermek zorunda değildi. Hafta sonları 24:30'a kadar dışarıda kalabiliyordu. On altı yaşına geldiğinde ona bir araba almışlar ama bazı kurallar koymuşlardı.

Ama Brett on altı yaşına gelince değişmeye başlamıştı. Arkadaşlarına daha çok zaman ayırıyordu. Yemeğe geç kalıyor, hafta sonları eve geliş saatini geçiriyordu.

Ailesi önce bunların üstünde durmadı. *Normal ergen davranışları,* diye düşündüler. Tepki göstermemenin, yeşil ışığı yakmak olduğu akıllarına gelmedi.

Derslerinin nasıl olduğunu sorduklarında, "İyi gidiyor" diyordu. Ödevlerini kütüphanede yapmak istediğini, orasının daha sessiz olduğunu söyledi.

Brett'in ailesi, derslerinin hiç de iyi gitmediğini birinci

dönemin sonunda anladılar. Okuldan gelen kâğıtta Brett'in notlarının zayıf olduğu yazıyordu. Ailesi çok üzülmüştü. Bu konuyu onunla konuştuklarında Brett notlarını düzelteceğini, ikinci dönemde hepsini pekiyi yapacağını söyledi.

Sonraki olay hafta sonu yaşandı. "Curt ile Jon'u partiye götüreceğim" dedi Brett.

"24:30'da evde olmayı unutma."

"Unutmam." Ama Brett eve geldiğinde saat 02:00'ydi. Anahtarı kilide sokmaya çalışırken babası kapıyı açtı ve onun çok sarhoş olduğunu fark etti.

"Sabah seninle konuşacağız" dedi.

Brett ertesi sabah kahvaltıya indiğinde babasının yüzündeki öfke ve hayal kırklığını görebiliyordu. "Her şeyi mahvettim, değil mi?" dedi.

"Hem de nasıl. Curt ile Jon nasıl döndü evlerine?"

"Ben bıraktım."

"O halde araba kullanarak nasıl bir tehlikeye atıldığının farkında değil misin? Ya polis kontrolüne yakalansaydın? Ya bir kaza yapsaydın?"

"Düşünemedim."

"Beni neden aramadın? Bir çaresine bakardık."

"İçtiğimi anlarsan kızarsın diye düşündüm. Araba kullanamayacak kadar kötü değildim. Sağ salim eve geldim zaten."

"Şansın varmış. Ama kendi hayatını da, arkadaşlarının hayatını da tehlikeye attın. Polise yakalanmayı bile göze aldın. İnanamıyorum!" Brett yaptığı yanlışın ciddiyetini yeni yeni anlamaya başlıyordu.

"İçkiyi nasıl buldunuz?"

"Partide."

"Yetişkinler de var mıydı?" Brett başını iki yana salladı.

"Baba, biliyorum; çok kötü şeyler yaptım. Ama bir daha olmayacak, söz veriyorum."

"Elbette olmayacak. Çünkü artık sarhoş halinle yollarda gezeceğin bir araban yok. Anahtarı ver şimdi. Bütün haklarını elinden alıyorum. Okula otobüsle gidip geleceksin. Onun dışında evden çıkmak yok."

Bu yetmezmiş gibi bir hafta sonra okuldan bir mektup geldi. Notları zayıftı, sınıfta kalmıştı. Ama karnesinin yanındaki not, daha da kaygı vericiydi. Brett altı gün okula gitmemişti. Sahte veli imzasının bulunduğu notları da iliştirmişlerdi.

"Bilmem gereken başka bir şey var mı?" dedi babası

"Hayır, yok."

"Okuldan kaçıp nereye gittin peki?"

"Şehre indik. Arabayla gezdik. Jon'un evinde takıldık."

Brett sekiz hafta boyunca evden okula, okuldan eve gidip geldi. Onun dışında bir yere gidemedi. Arabası elinden alındı. Kütüphaneye de izin yoktu. Partiler, akşam gezmeleri iptal edilmişti. Arkadaşları sadece hafta sonlarında, onu evde görebiliyordu.

Brett'le ailesi mümkün olduğunca konuşmamaya dikkat ediyorlardı. Tek iyi gelişme, notlarını yükseltmesi oldu. O zaman babası benden randevu istedi.

"Ne desem bilmiyorum, ona güvenimizi kaybettik. Ama çabaladığını da görüyoruz. Notlarını yükseltti. Haklarını ona geri vermeyi pek düşünmüyorum ama ömrü boyunca onu eve kapatamayız. Bunun kimseye bir faydası olmaz. O da, biz de çok üzgünüz." Brett'in babası, son iki aydır yaşadıklarını bana anlattı.

İkisi de kuralları değiştirmek zorunda olduklarını biliyor ama nasıl yapacaklarını bilemiyorlardı. Güvenleri sarsılmıştı, Brett'e özgürlük verirlerse bunu kaldırabileceğinden emin değillerdi.

Brett ise özgürlüklerini yeniden kazanmak için can atıyor, kendini ispatlamak için bir fırsat daha istiyordu. Yaptığı hatalar ona acı, ama önemli dersler vermişti. Güven duygusunun ne kadar kolay sarsılacağını görmüştü. Musluğu açıp kapatmak gibi kolay değildi, ailesinin güvenini yeniden kazanması zaman alacaktı.

Özgürlük, haklar, sorumluluk ve güven konusunda konuşarak birkaç seans yaptık. Sınırlardan, bu sınırları zorlamaktan, kuralları desteklemek için mantıksal sonuçlar uygulamaktan bahsettik. Brett'in ailesi artık rahatlamıştı. Ona bir fırsat daha vermeye hazırdılar. Bu süreçte ona yol göstermesi için daha kesin sınırlar koyacaktık.

Bir akşam babası, "Brett, bazı haklarını geri vermeyi düşünüyoruz" dedi.

"Arabayı alıp hafta sonları çıkabilecek miyim?"

"Evet. Kurallara uyarsan. Notlarını yükselteceksin, okuldan kaçmayacaksın, alkol ve uyuşturucudan uzak duracaksın. Kurallara uyarsan okula arabayla gidip gelebilirsin. Akşamları kütüphaneye gidebilirsin. Getir götür işlerini de yapabilirsin. Akşamları 18:00'de evde olacaksın. Gittiğin yeri haber vereceksin. Anlaşıldı mı?"

"Evet. Ama neden bu kadar sert kurallar koyuyorsun? Önceden gittiğim yeri haber vermezdim."

"Bu şekilde daha rahat olacağız. Sorumluluklarını yerine getirdiğini görürsek yeniden konuşuruz."

"Ya unutursam, başaramazsam?"

"Notların düşerse ya da okuldan kaçarsan, notlarını yükseltene kadar arabanı alırız. İçkili araba kullanırsan iki hafta araba kullanamazsın. Gittiğin yeri haber vermezsen bir hafta evden çıkamazsın."

"Partilere arabamla gidebilir miyim peki?"

"Evet. Ama 24:00'de evde olacaksın. Geç kalırsan dönüş saatini 23:00 çekeriz. Eve sarhoş gelirsen bir ay partilere gidemezsin. Geç kalmaya devam edersen arabanı alırız. Kurallara uydukça yeniden konuşuruz. Sence de uygun mu?"

"Eve 24:00'de gelmeyi anlıyorum. Kurallara uymamanın bedeli. Ama nereye gittiğimi neden haber vermek zorundayım? Önceden böyle bir şey yoktu. Aptal gibi hissedeceğim."

"Bir süre böyle olacak. Daha rahat edeceğiz. Her şey yolunda giderse yeniden konuşuruz. Şu anda bu kurallar sertmiş gibi gelebilir ama sana çok değer veriyoruz. Anlaştığımız kurallara uyduğunu görürsek değiştirebiliriz. Bir süre böyle olacak. Yapabilir misin?" Brett isteksizce başını salladı. Yeni kurallar ertesi günden itibaren geçerliydi.

Altı ay boyunca ayda iki kez Brett ve ailesiyle görüşmeye devam ettim. Beklendiği gibi ara sıra sınırlar zorlandı; ilk üç ay, Brett hafta sonları eve hep geç kaldı. "Her seferinde dönüş saati yarım saat erkene alındı. Birkaç gün buna uydu ama sonra yine geç kaldı. Ailesi hafta sonları çıkmasını tümden yasaklayacaktı ki durum iyileşmeye başladı.

İlk üç ayda Brett gittiği yeri haber vermeyi çoğu kez unuttu. Her seferinde bir hafta ceza aldı. Bir defasında cezalıyken evden çıkmaya kalkıp yakalandı. Bu sefer iki hafta ceza aldı. Sonunda kuralları yıkamayacağını anlayıp ailesine haber vermeye başladı.

Ama Brett, en önemli konuda sınırları zorlamadı. Notlarını

yükseltti ve okuldan hiç kaçmadı. Eve sarhoş gelmedi. Arabasını kullanma hakkını hiç kaybetmedi. Bu kurallarla yaşamayı öğrenmişti, ailesi ona yeniden güvenmeye başladı.

Ergenlerin İhtiyacı: Sınırları Belli Özgürlükler

Kerry ve Brett örneklerinden de anladığımız gibi ergenler deneyler ve araştırmalar yapmak için özgürlüğe ihtiyaç duyarlar. Ancak onları yönlendirip sorumluluk verecek kesin sınırlar da olmalıdır. Özgürlük ve sorumluluk arasında önemli bir denge vardır.

Kerry'nin annesi ona yeterli özgürlük vermediğinde Kerry isyan etmişti. Sınırları çok dardı, araştırma yapacak ve özgürlüğü sorumlulukla taşıyacağını gösterecek fırsatı yoktu.

Brett'in ailesi ona fazla özgürlük vermişti, sınırlar çok yumuşaktı. Ne kadar ileri gidebileceğini bilemedi ve fazla ileri gitti. Araştırmalarında onu yönlendirecek kesin sınırları yoktu.

Aşırı kontrol ve tam bir kontrolsüzlük üzerine kurulan eğitim modelleri, özgürlükle sorumluluk arasında olması gereken dengeyi kuramaz.

Bu iki yaklaşım da onlara özgürlüğü sorumlulukla taşıyabilmek için gerekli olan yönlendirmeyi verememişti. Aşırı kontrol ve tam bir kontrolsüzlük üzerine kurulan eğitim modelleri, özgürlükle sorumluluk arasında olması gereken dengeyi kuramaz. İkisi de onları yönlendirecek ve sorumluluk kazandıracak sınırları koyamaz.

Demokratik eğitim modeli, ergenler için en iyi modeldir. Onlara belli sınırlar içinde deney ve araştırma yapma fırsatı verir, sorumluluk kazandırır. Davranışlarından kendilerinin sorumlu olduklarını öğretir. Sorumluluk taşıyabilecekleri miktarda özgürlük almalarını sağlar. Kerry ve Brett'in aileleri demokratik yöntemi kullanmaya başladıklarında onların ihtiyaçlarını karşıladıklarını ve hedefledikleri eğitimi vermeye başladıklarını gördüler.

Sorun Çözmede Başarıyı Arttırma

Artık ergenlerin sınırları zorlama eğiliminde olduklarını kabul edersiniz. Ama onlara, sınırları daha çok zorlamayı öğretmenin mantıklı olduğunu kabul edebilir misiniz? Bu konuda onlara yardım etmeliyiz. Çünkü ergenler sınırları davranışlarından çok akıllarıyla zorlama eğilimindedirler ama bunu kendi başlarına yapmaları biraz zordur. Yönlendirme ve eğitilmeye ihtiyaçları vardır.

Ebeveynler onlara nasıl yardım edebilir? Sorun çözme sürecinde onları yönlendirerek sınırları zorlamada daha usta olmalarını sağlayabiliriz. Sınırlarını ve kurallara uymamanın sonuçlarını keşfederlerken onlara yardımcı olabiliriz. Hata yaparak öğrenmeyi seçtiklerinde müdahale etmeden bu süreci destekleyebiliriz.

On dört yaşındaki Carly'nin annesi, bir gün okuldan bir telefon aldı. Kızı saygısızlık ettiği için tarih dersinde sınıftan üçüncü kez çıkarılmıştı. Bir daha olursa tarihten kalacaktı. Öğretmen değiştirmek için çok geçti, Carly yaz okuluna kalacaktı. Annesi kızıyla konuşmaya karar verdi.

"Bugün okuldan aradılar" dedi Carly eve gelince.

"Tahmin etmiştim. Tarih dersinden yine atıldım. O öğretmen gıcığın teki! Onun dersini istemiyorum."

"Bir daha olursa tarihten kalacakmışsın."

"Aman ne güzel! Zaten ona dayanamıyordum."

"Öğretmenini sevmeyebilirsin. Ama tarihten kalırsan ne olacak?"

"Başka bir tarih sınıfına geçerim. Ondan başka türlü kurtulamayacağım çünkü."

"Bunun zamanı geçmiş, dönemin bitmesine iki hafta var. Diğer notların yüksek. Tarihten kalırsan ortalaman düşecek."

"Düşsün. Ben göze aldım."

"Şimdi öyle diyorsun ama sonra pişman olursun."

"Yaz okulunu mu diyorsun?"

"Evet. Altı hafta. Başka planların vardı hâlbuki." Carly üç haftalığına teyzesinin yanına gidecekti. Bu gezi iptal olabilirdi. Carly bunun farkına vardı.

"Ne yapacağım peki?"

"Sence seçeneklerin neler?"

"Dört hafta daha o adama katlanıp susarım. Ama işkence olacak. Yapabilir miyim, bilmiyorum."

"Başka ne yapabilirsin?"

"Ona haddini bildirebilirim" dedi Carly gülerek. "Ama bu benim sonum olur. Teyzemin yanına gidemem ve bütün yazı okulda geçirmek zorunda kalırım."

"O zaman ne karar veriyorsun?"

"Yaz tatilimi mahvetmesine izin vermeyeceğim. Birkaç hafta daha dayanmaya çalışacağım."

Carly farkında değildi ama aklını kullanarak sınırları zorlama konusunda çok büyük bir ders almıştı. Annesi bu konuda onu yönlendirmişti. Kuralları ve o kuralları çiğnemenin sonuçlarını düşündü. Seçeneklerini ve bunların sonuçlarını gözden geçirdi ve en doğrusuna karar verdi. Carly uygulamaya gerek kalmadan akıl yoluyla cevabı bulabilmişti.

Ergenler için Katlanılacak Sonuçlar

Sonuçlar, ergenlerin keşfini engelleyen duvarlar ve sorumlu bağımsızlık yolunda bir rehber olabilir. Süregelen çatışmaların, güç savaşlarının ve aile dansının kaynağını da oluşturabilir. Her şey nasıl kullanıldığına bağlıdır.

Cezacı ya da yumuşak yöntemleriniz varsa dans pistinden inemez ve güç savaşlarının içinde kalırsınız. Bunlar ergeni isyana teşvik eder ve öğretmek istediklerinizi öğretmez. Bu karmaşa içinde sorumluluklar da yok olur.

Demokratik yöntemi kullanırsanız mücadele etmeniz gerekmez. Çocuğunuza, hatalarından ders alma fırsatı tanımış olur, böylece sorumluluk duygularını geliştirirsiniz. Keşif süreçlerinde onlara yol gösterecek sınırları koymuş olursunuz.

Ne tür sonuçlar uygulamanız gerekir? 9. Bölüm'de öğrendiğiniz doğal ve mantıksal sonuçlar; ev işlerine yardım, ödev yapma ve özgürlük ve hakların kötüye kullanımı gibi karşınıza çıkacak sorunları çözebilir.

Hatırlayacağınız üzere doğal sonuçlar, olayların doğal akışı ihlal edildiğinde ortaya çıkıyordu. Örneğin; cumartesi günü çamaşır yıkayacağınızı söylemişseniz, çocuğunuz kirlilerini sepete atmamışsa bunun doğal sonucu, çamaşırlarının yıkanmamasıdır. Mantıksal sonuçlar ise kurallar çiğnendiğinde ebeveynler tarafından uygulanan sonuçlardır. Onaylanmayan davranış karşısında net bir mesaj verirler. Kerry ve Brett'in ailesi, temel kuralları mantıksal sonuçlarla destekliyorlardı.

Bir hakkın kötüye kullanımı, o hakkın alınması ya da azaltılmasıyla sonuçlanır. Örneğin Kerry'nin annesi, hafta sonu eve dönüş saatini 23:00 olarak belirlemişti. Bu hakkın kötüye kullanılmasının sonucu, dönüş saatinin 22:00'ye alınmasıyla sonuçlanacaktı. Bu iki hafta böyle devam edecekti. Dönüş saati Kerry için çok önemli olduğundan bu hakkını kötüye kullanmadı.

Ergenlerle küçük çocuklara sonuçları uygulamanın kuralları, bir nokta hariç, aynıdır. Ergenlere daha uzun süreli sonuçlar gerekir. Bu daha anlamlı ve öğreticidir.

Bütün mantıksal sonuçlar uzun vadeli olmak zorunda değildir. Süre uzadıkça öğretme ve öğrenme fırsatı da azalır.

Sonuçlar ne kadar uzun olmalıdır? Bunda bir kural yoktur. Eskiden cezacı yöntemi uyguladıysanız süreyi uzun tutmak isteyebilirsiniz. Tıpkı telefon kuralını çiğneyen Kerry'nin annesi gibi. Bir hafta yerine üç günlük bir süre daha etkili olabilirdi.

Eskiden yumuşak yöntemler uyguladıysanız süreyi kısa tutabilirsiniz. Tıpkı Brett'in ailesinin, eve dönüş saatini yarım saat erkene alması gibi. Bu sonuç Brett için etkili olmamıştı. Ancak hakkı tümden elinden alınınca etkili oldu.

Sınırlarınızın Zorlanmasına Hazırlıklı Olun

Kuralları desteklemek için mantıksal sınırları kullanmaya başladığınızda sınırların zorlanmasına hazırlıklı olun. Sınırların gerçek olduğunu, duvarların yıkılamayacağını başka türlü öğrenemezler. Zamanlarını boşa harcadıklarını, hata yaparak öğrenmeyi seçtiklerini düşünebiliriz ama hiç değilse öğreniyorlar.

Kurallarınız sıkça çiğneniyorsa mantıksal sonuçların etkisiz olduğunu düşünmeyin. Çocuğunuzun eğitilmesi gerekmektedir. Kuralları anlamaları için zamana ihtiyaçları vardır. Çıkış olmadığını öğrenene kadar defalarca duvarlara çarpabilirler.

Brett'in ailesinin, oğullarının nereye gittiğini haber vermesini istemesinin sebebi de Brett'in haklarını kötüye kullanmasıydı. Ailesi ondan, nerede olduğunu bildirme ve akşam eve zamanında gelme sorumluluğunu üstlenmesini istemişti. Not bırakarak ya da telefon ederek yerini bildirecekti.

Brett'in ailesi kurallarını mantıksal sonuçlarla desteklediler. Brett okula arabayla gittiği için arabasını elinden almanın, kuralları çiğnemesinin karşılığında uygun bir mantıksal sonuç olacağına karar verdiler.

Brett karşı çıksa da, şikâyet etse de, sınırı zorlasa da, karşısında hep bu mantıksal sonucu buldu. Azarlama, tartışma ve cezalar yoktu. Sorumluluk tamamen Brett'e aitti. Seçimleri ve davranışlarının bedelini ödeyecekti. Kuralların kesin olduğunu anlaması biraz zaman aldı ama anlayınca bu kurallara uymaya başladı.

Brett ve Kerry'nin aileleri etkin yöntemler kullanarak hedeflerine ulaşmışlardı. Çocuklarının keşif sürecini net olarak sınırlandırdılar, kurallarını mantıksal sonuçlarla desteklediler. Dans pistinden inerek çocuklarının kendi başına öğrenmesine fırsat tanıdılar. Öğretme-öğrenme süreci daha yumuşak devam etti ve sınırları çocukları değil, aileleri kontrol altında tutmaya başladı.

Özet

Ergenlik döneminin başta gelen olayı keşfetmektir. Ergenler yeni roller, değer yargıları, inanışlar, ilişkiler konusunda özgür olmak isterler. Her yeni tecrübe, kimliklerini oluşturmaya bir adım daha yaklaştırır.

Ergenler gelişimsel görevleri idare etmede zihinsel olarak donanımlıdır. İleriyi görebilirler, olası durumları değerlendirebilirler. Davranışta bulunmaksızın, akıllarını kullanarak sınırları zorlayabilirler. Bu zihinsel gelişim, yönlendirme yöntemlerimizde etkili olur.

Ergenlik dönemindekilerin sınırlara, cesaret verilmesine ve öğretici sonuçlara ihtiyaçları vardır ama esnekliğe, karar vermede söz sahibi olmaya ve seçeneklerini zihinsel aşamada keşfetmeye de ihtiyaç duyarlar. Araştırma yapmak için özgürlüğe, bu özgürlüğü yönlendirecek kesin sınırlara ihtiyaç duyarlar. Özgürlüğün az ya da çok olması araştırma ve keşfetme sürecine zarar verir. Sınırlar, özgürlük ve sorumluluk arasında denge kurarak konulmalıdır.

Katlanılacak sonuçlar, öğretme-öğrenme sürecinde büyük rol oynar. Sonuçlar kuralları destekleyen, ergenlerin sorularına cevap veren, araştırmalarını yönlendiren duvarlardır. Yaptıklarının hesabını vermelerine yol açarak sorumluluk duygusu kazanmalarını sağlar.

Ebeveynler için Çalışma Grubu Soruları

1. Ergenlerin birincil gelişimleri nedir? Bunu yaparken çocuğunuzun yaptıklarını paylaşın.
2. Ne tür sınırlar koyuyorsunuz? Kesin mi, yumuşak mı? Ergen çocuğunuz öğretmek istediklerinizi öğreniyor mu? Neden? Yaşadıklarınızı paylaşın.

3. Esnek sınırlar ne demektir? Siz bunu nasıl yapıyorsunuz? Yaşadıklarınızı paylaşın.
4. Karar verme aşamasına ergen çocuğunuzu nasıl dâhil ediyorsunuz? O nasıl tepki veriyor?
5. Seçeneklerin araştırılması, sorumluluk duygusu aşılamak ve sorun çözmeyi öğretmek açısından etkin bir tekniktir. Çocuğunuz bu tekniğe ne tepki veriyor?
6. Uzun süreli sonuçlar neden ergen çocuklarda daha etkilidir? Sonuçların süresini ayarlarken nelere dikkat etmelisiniz?
7. Ergen çocukları yönlendirirken demokratik yaklaşım en uygunudur, neden?
8. Ergen çocukların sınırlarını öğrenmelerine daha etkili biçimde nasıl yardımcı olabiliriz? Rehberlik yöntemine çocuğunuz ne tepki veriyor?
9. Kararlarınızı desteklemek için ne tür sonuçlar uyguluyorsunuz? Bu sonuçlar amacına ulaşıyor mu?
10. On dört yaşındaki Sharon, ailesine arkadaşına gittiğini söylemiş ama alışveriş merkezine gitmişti. Ailesi bunu anlayınca iki hafta boyunca bütün haklarını elinden alıp evden çıkmasını yasakladılar. Sharon'un ailesi başka ne yapabilirdi? Hangi sonuç daha etkili olurdu?
11. On altı yaşındaki Terry, okula babasının arabasıyla gidiyordu. Bir gün arkadaşlarını da alıp okuldan kaçtı. Ailesi bunu anlayınca ona uzun uzun nasihat ettiler, belli bir sonuç uygulamadılar. Terry kuralı ciddiye almış mıdır? Ailesi bu kuralı hangi yöntemle daha etkin destekleyebilirdi?
12. On beş yaşındaki Sabina'nın odasında kendi telefon hattı vardı. İlk ay -başka bir şehre taşınan arkadaşını sık sık

aradığı için- telefon faturası çok yüksek geldi. Ailesi ona seçenekler sundu. Ya Sabina iki ay çalışarak faturayı ödeyecek ya da ailesi telefonu kapattırıp depozito ücretiyle faturayı ödeyecekti. Sabina'nın ailesinin yöntemini tartışın. Bu yöntemler Sabina'ya sorumluluk duygusu aşılar mı?

Alıştırma: Ergen çocuğunuzla yaşadığınız sorunları ve çözüm yöntemlerinizi paylaşın. Çocuğunuzu daha iyi yetiştirebilmek için diğer grup üyelerinin tavsiyelerini alın.

11

Hiperaktivite ve Dikkat Eksikliği Olan Çocuklara Yardımcı Olma

ADD'li çocuklar; kendini kontrol etme, stresle başa çıkma, sorun çözme gibi sosyal becerilerde de destek isterler.

Beş yaşındaki Corey yerinde durmuyor, sınıfta sürekli yerinden kalkıyordu. Yedi yaşındaki Colin aklına geleni söyleyip duruyordu. Onu uyardıklarında çok bozuluyordu. On bir yaşındaki Mikala'nın dikkati hemen dağılıyordu. Verilen bir işi bitirebilmesi için sürekli yeniden odaklanması gerekiyordu. On dört yaşındaki Brent, dokuz kere okuldan uzaklaştırma cezası almıştı. Ödevlerini yapmıyor, derslere girmiyordu.

Bu çocukların ortak özelliği nedir? Dikkat bozukluğu. Bu durumun kısaltılmış hali ADD'dir ve bundan sonra bu şekilde tanımlanacaktır. ADD sorunu olan çocuklara özel yaklaşım gerekir. Destek ve rehberlik gereklidir. Yeteneklerini ortaya koyabilmeleri için yardım edilmelidir. Bu çocuklar, ebeveyn ve öğretmenlerin karşılaştığı en zor davranış yönetimi sorunlarını yaratırlar.

Bu bölümde, ADD'li çocukların özel ihtiyaçlarını anlayacak ve etkin öğretim yöntemleri öğreneceğiz. Bu hastalığın ne olduğu, teşhis ve tedavi yöntemleri gibi temel konularla başlayacağız. Sonra dört gerçek örneği inceleyecek ve nasıl bir tedavi süreci geliştireceğimizi göreceğiz. Bu bölümün sonunda ADD'li çocukların başarılı olabilmeleri için nasıl davranmanız gerektiğini öğrenmiş olacaksınız.

ADD Nedir?

Dokuz yaşında olduğunuzu düşünün. Sınıfta oturuyorsunuz. Öğretmenin dediklerini duymadınız çünkü ceketinizin fermuarıyla oynuyordunuz. Etrafınıza bakınca herkesin fen bilgisi kitabını açtığını gördünüz, siz de kitabınızı açtınız ama ne yapacağınızı bilmiyorsunuz. Yanınızdaki arkadaşınıza sorunca size pis pis bakıp sesinizi kesmenizi söyledi. Birine daha sordunuz, o da aynı şeyi söyledi ve sizi öğretmene şikâyet etmekle tehdit etti.

"Öğretmenim!" diye atıldınız. "Ne yapacağız şimdi?"

Hay Allah... Herkes rahatsız oldu işte. Öğretmen sinirlendi.

"Yardım isterken ne diyecektik?"

Hatırladınız ve elinizi kaldırdınız, o da yanınıza geldi. Ne yapılacağını tekrar etti ve acele etmeniz için, "On dakikan var" dedi. "Bitiremezsen, evde yapacaksın."

Sonunda dikkatinizi topladınız. İlk iki soruyu yaptınız ama kalemtıraşın sesi dikkatinizi dağıttı. Bir süre sınıfı seyrettiniz, sonra tekrar dikkatinizi toplayıp birkaç soru daha yaptınız. Sorular bitmeden, öğretmen sürenin dolduğunu, kâğıdı kalemi bırakıp çıkmanızı söyledi. Eşyalarınızı toplayıp beklemeye başladınız. Öğretmen önce sizin grubu gönderdi ama siz heyecanla koşmaya başladınız. Öğretmen sizi geri çağırdı.

"Sınıfta koşulmaz. Şimdi herkes çıkana kadar bekleyeceksin." İsteksizce yerinize oturdunuz.

Eve giderken öğretmeniniz ailenize vermeniz için bir davranış raporu veriyor. *Olamaz! Yine başım belada,* diye düşünüyorsunuz. Anneniz raporu okuyunca ters ters yüzünüze bakıp TV seyretmeme cezası veriyor.

Günlerinizi böyle geçirdiğinizi düşünün. Sizden uzak duran sınıf arkadaşlarınız hakkında ne hissederdiniz? Ya sizi sürekli uyaran öğretmeniniz ve aileniz hakkında? En önemlisi de kendiniz hakkında? Bu durum, ADD'li çocukların yaşadıklarının sadece küçük bir kısmıdır. Okuldaki sorunlar, evdeki sorunların göstergesidir.

ADD, klinik literatürde, 'dikkat eksikliği hiperaktif bozukluk' olarak tanımlanır. Bu sendromun nörolojik ve davranışsal nitelikleri vardır ve üç alandaki bozukluklarla karakterize edilir: Dikkat süresi, uyarım kontrolü ve aktivite düzeyi. Bu durumdaki çocukların çoğu dikkat toplayamama, içgüdüsel tepki verememe ve hiperaktivite gibi belirtileri bir arada gösterir ancak bazılarında bu belirtiler tek bir alanda yoğunlaşır. Teşhis için hiperaktivite olması şart değildir.

Dikkat bozukluğu, çocuk hastalıkları arasında yaygın görülür. Araştırmalar, okul dönemindeki çocukların %3 ile %5'inde ve daha çok erkek çocuklarda görüldüğünü belirtmektedir. Dikkat bozukluğu her ırk, kültür ve sosyo-ekonomik gruptan görülebilmektedir.

Eski inanışların tersine, belirtiler ergenlik döneminde ortaya çıkmaz. Son yıllarda yapılan araştırmalar, ADD'nin ilkokul yıllarında ortaya çıktığını ve ergenlik dönemine kadar yayılan bir hastalık olduğunu ortaya koymaktadır. Yapılan araştırmalara göre, kişilerin %30 ile %70'i, belirtileri yetişkinliğe kadar gösterebilir. ADD'li çocuklara, okulda başarısız oldukları gözlemlenene kadar teşhis konulamamaktadır.

Hastalığın en önemli belirtileri dikkat dağılması, yönlendirmeleri dinleme-izlemede zorluk, bir işe yoğunlaşma ve o işi sürdürmede zorluk, ödevleri bitirememe, yarım kalan bir işten diğerine atlamadır. Hiperaktivite belirtisi göstermeyen çocuklarda ADD teşhisi çok zordur. Bu tür çocukların kafasının karışık olduğu düşünülür ve ADD ihtimali akla getirilmez.

Hiperaktivite belirtileri yaşa ve gelişim seviyesine göre çeşitlilik gösterir. Örneğin okul öncesi çocuklarda, yaşıtlarından daha fazla motor aktivite (koşma, tırmanma, gürültü etme) eğilimleri vardır. İlk ve ortaokul çocukları huzursuzluk sergiler, yerinde duramaz. Dürtüsellik belirtileri, değişik yaş gruplarında benzerlikler gösterir. Yerlerinde oturamazlar, aniden lafa dalarlar, hiç susmadan konuşurlar, araya girerler, tehlikeli şeyler yaparlar.

Bunların yanı sıra, ADD'li çocuklar zayıf motor koordinasyon, el yazısı yazamama, sinir krizleri, duygusal patlamalar, uyarıldıklarında reddetme ve inatlaşma gibi belirtiler de gösterirler. Yönlendirme ve kuralları izlemekte güçlük çekerler, bu yüzden de büyüklerle ve arkadaşlarıyla çatışırlar. ADD'li çocukların düzeltici geri bildirime çok fazla ihtiyaçları vardır.

Pek çok ADD'li çocuk aniden öfkelenir, bozulur ve derslerin zorluğu karşısında kaygıya kapılır. Çoğunlukla ödevden kaçarlar. Bu yüzden derslerden geri kalırlar ve daha çok kaygılanırlar, bu da cesaretlerini kırar. Müdahale edilmezse bu kısır döngünün içinde sıkışıp kalırlar ve okulda başarısız olurlar.

Bu belirtilerin bazılarını siz de çocuğunuzda görüyor olabilirsiniz. Bunun anlamı çocuğunuzun ADD'li olduğu değildir. Bu belirtiler zaman zaman normal çocuklarda da görülebilir. Ama ADD'li çocuklarda daha sık görülür. Daha da önemlisi; bu belirtilerin okul başarısını, arkadaş ve büyüklerle ilişkileri aşağı çeken etkileri vardır.

Bozukluğun Seviyesi: Kritik Durum

ADD'li çocuklar belirtileri sürekli göstermez. Performanslarındaki değişkenlik kafa karıştırabilir. ADD'li çocukların dikkatlerini toplayabildikleri ve toplayamadığı anları olur. Ama yaşıtlarına göre dikkatlerini toplayamadıkları anlar daha fazladır.

Davranış modeli zamanla belirginleşir.

ADD tedavi edilebilir bir hastalıktır. Pek çok vakada belirtiler kontrol altına alınabilir ve çocuğa, potansiyelini kullanmada yardım edilebilir. Teşhis ne kadar erken koyulursa o kadar kolay tedavi edilir.

Erken teşhis ve tedavi olmazsa çocuk sorunlarla karşılaşabilir: Okulda başarısızlık, kendine saygı duymama, asosyallik, ailede sorunlar, duygu ve davranış sorunları, okulda devamsızlık, görevi ihmal, madde kullanımı ve akıl hastalıkları gibi.

ADD belirtileri çocuğunuzda da varsa bir çocuk psikoloğuna ya da çocuk doktoruna görünmenizi öneririm. Çocuğun okulunda böyle bir değerlendirme yapılıyorsa oradan da yardım isteyebilirsiniz.

Dikkat Bozukluğunun Değerlendirilmesi

ADD değerlendirmesi nasıl yapılır? Teşhis için kullanılan belli test ve muayeneler yoktur. Doktorlar verileri toplarken bazı kaynaklara dayanır: Gelişimsel ve tıbbi geçmiş; davranış skalası; okul kayıtları; çocuğun okulda ve evde gözlemlenmesi; öğretmenleriyle, ailesiyle ve arkadaşlarıyla görüşmeler.

Öğrenme sorunları olduğu bildirildiğinde ya da çocuk okulda başarısızsa ben de dâhil, pek çok doktor, bunun öğrenme zorluğundan kaynaklanıp kaynaklanmadığına bakar. Bunun için zihinsel ve motor testler yaparız. ADD'li çocukların yaklaşık %30'unda öğrenme güçlüğü vardır.

ADD'yi doktor ve psikologlar teşhis eder. 1973 yılında çıkan rehabilitasyon yasasıyla Amerika'da artık okullarda da teşhis konulabilmektedir. Okullarda görev yapan multidisipliner takımlar pek çok kaynaktan veri toplar ve Amerikan Psikiyatri Derneği'nin diagnostik ve istatistik el kitabındaki diagnostik kriterleri uygular.

Teşhis konulabilmesi için çocuğun belli bazı belirtileri göstermesi, yedi yaşından önce bozukluğun görülmesi ve evde ve okulda gözlemlenmesi gerekir. Belirtiler en az altı aydır görülüyor olmalıdır. Doktorun diğer tıbbi, duygusal ve çevresel unsurları da dikkate alması gerekir. ADD'nin hafif, orta ve ileri düzeyleri vardır. Her düzeyin belli bir tedavi yöntemi bulunmaktadır.

ADD Tedavisi

ADD'nin en etkili tedavisi, birden fazla terapinin uygulanmasıyla mümkündür: Tıbbi tedavi, sınıf içinde yardım, davranışlarda değişiklik ve danışmanlık. Bu terapiler; öğretmenler, eğitim terapistleri, doktorlar ve davranış ve akıl sağlığı uzmanlarınca birlikte yürütülür.

İç ve dış kontrollerin birleşimi olarak düşünülürse daha etkili olur (Şekil 11A).

Şekil 11A. ADD Tedavisi

Dış Kontroller
Hazırlanmış ortam/davranışın değiştirilmesi
+
İç Kontroller
İlaçlar
+
Destek
Danışmanlık
+
Belirtilerin Yönetimi
Daha iyi performans

Dış kontroller; hazırlanmış bir ortam, sınıfta yardım ve davranışların kontrolü ile olur. İçsel kontroller ilaç tedavisi, ebeveyn ve öğretmenlerin desteği ve danışmanlıktır. Teşhis konduktan sonra tedavi yöntemlerine doktorlar karar verir.

ADD'li çocukların tümü bu terapilerin hepsine ihtiyaç duymaz. Hafif belirtiler gösteren çocuklar, evde ve okulda arttırılan dış kontrollerle oldukça gelişim gösterebilir. Orta-ileri düzeyde belirti gösterenler hem iç hem dış kontrollerden geçmelidir. Destek ihtiyacı vakaya göre değişir. Artık tedavi konusunda genel bir fikriniz olduğuna göre tedavi öğelerini inceleyebiliriz.

Tıbbi Tedavi

ADD tedavisinde başarıyla kullanılan pek çok ilaç vardır. En yaygın kullanılan ise Ritalin'dir. Belirtilerin azaltılmasında çok etkilidir ve yan etkisi çok azdır. Cylert ve Dexedrine de tedavide kullanılır. Tofranil, Norpramin, Imipramine gibi antidepresanlar da sonuç vermektedir.

Bu ilaçlar nasıl etki eder? Bu ilaçlar, ADD'nin başta gelen nörolojik belirtisi olan dikkat bozukluğu ve güdüsel kontrol eksikliğini düzeltmek için vücuttaki sinir taşıyıcı kimyasalları etkilemektedir. İlaçlar bozukluğu tedavi etmez ancak belirtileri hafifletir ve çocuk, çevresindeki dış uyaranlara karşı daha iyi tepki verebilir. İlaç tedavisi, diğer tedavilerle birlikte kullanılmalıdır.

İlaçların yan etkileri var mıdır? Bazı çocuklarda yan etki görülebilir. Bu yan etkiler iştah kaybı, uyku bozuklukları, uyuşukluk olabilir. Yan etkiler doz ayarlamasıyla giderilebilir.

Sınıfta Yardım

ADD'li çocuklar hazırlanmış ortamlara, net mesajlara ve günlerini geçirebilmek için sürekli kurallara ihtiyaç duyarlar. İyi düzenlenmiş bir sınıf, ADD'li çocukların kapasitelerini en üst düzeyde göstermesine yardımcı olur. ADD'li bir çocuğunuz varsa öğretmenine sınıfta yapılması gereken düzenlemeleri anlatın.

Sınıfın Düzenlenmesi

- ADD'li çocuğun öğretmene yakın oturması, tercihen en yakın olması ve diğer çocuklara sırtının dönük olması gerekir. Grup düzeninde oturmak sorun yaratabilir.
- Çocuğun kalemtıraş gibi eşyalardan; kalorifer, klima, havalandırma gibi ses çıkartan bölümlerden; kapılardan, yoğun geçiş olan yerlerden uzağa oturtulması gerekir.

- Çocuğun yapılacak şeyle ilgili uyarılması gerekir (kitabını bırakıp kütüphaneye gideceksin, hazırlan). Öğretmenler, dışarıda sıra olmak, otobüse binmek, teneffüse çıkmak, okul toplantı ve gezileri gibi zor durumlar için bir plan geliştirmelidir.
- Sınıf kuralları ve yapılacak işler duvara asılmalıdır.
- Öğretmenler; görülür bir yere, ödev ve izin kâğıtlarının konması için bir sepet koymalıdır.
- Çocuğun enerjisini atması için ona tahtayı silmek, kâğıtları dağıtmak, yemek fişlerini toplamak, evrakları götürmek gibi işler verilmelidir.
- Çocuğun sakinleşmesi için sınıfta sessiz ve rahat bir yer ayarlanmalıdır.

Talimatların Yeniden Düzenlenmesi

ADD'li çocuklar, sınıf talimatları ve ödevlerde netlik ve süreklilik ararlar. Aşağıdaki ipuçlarını öğretmenine de verin.

- Mümkünse bir kerede bir talimat verin ve talimatlarınız kısa ve öz olsun.
- Talimatları sözlü ve yazılı olarak verin.
- Anlamadığı bir şey olursa sorması için ona cesaret verin.
- Anlamadığını hissederseniz kontrol sürecini kullanın.
- Çocuğun dikkati dağıldığında yeniden toplamasını sağlayacak bir şifre bulun.
- ADD'li çocuklar yapılacak işlerin çokluğundan ürkerler. Ödevleri bölüm bölüm verin ve adım adım ilerleyin. Çabasını teşvik edin, bitirdiği ödevler için onu tebrik edin. Bazı ödevleri kısaltmanız gerekebilir.

- Yazılı ödevler için fazladan süre verin. Dikkat eksikliği olan çocuklar zaman sınırlaması olan işlerden ürkerler.
- Yazılı ödevleri yapamıyorsa farklı yöntemler uygulayın. Kelime işlemciler, ses kayıt cihazları, yazıcılar, sözlü sunumlar gibi.
- Ödevlerini, kitaplarını ve eşyalarını düzenli tutabilmeleri için çocuğa yardımcı olun.

Davranış Yönetimi

ADD'li çocuklarda hangi tür davranış yönetimi işe yarar? Farklı bir davranış yönetimine gerek yoktur, sadece fazlası gerekir. Özellikle de davranış mesajlarına ve sonuçlara. ADD'li çocuklar daha çok görsel ve deneysel öğrencilerdir. Sözlü mesajları algılamada sorun yaşarlar. Yani ebeveynler, sonuçlara ve davranış mesajlarına ağırlık vermelidir. Bu kitaptaki diğer yöntemler de etkilidir ama sonuçlar yöntemini daha sık uygulamak durumunda kalabilirsiniz. ADD'li çocuklar rotadan şaşmamak için daha çok davranış mesajına ihtiyaç duyarlar.

Hangi yöntemlerden kaçınmalıdır? Cezacı ve yumuşak yöntemler, ADD'li çocuklara gerekli olan net mesajları ve desteği veremez. Bu yöntemler çatışma ve güç savaşını getirir.

> ADD'li çocuklar rotadan şaşmamak için daha çok davranış mesajına ihtiyaç duyarlar.

Ben ADD'li çocuklara danışmanlık yaparken hem evde hem de sınıfta yürütülecek davranış tedavileri uygularım. Tedavi sürecini ebeveynler ve öğretmenlerle birlikte planlarım. Bundan sonra evde, sınıfta birlikte uygulanacak sekiz haftalık bir program başlatırım. Ev ve okul arasında tutarlılık olursa çocuk daha iyi tepki verir. Davranış yönetimi aşamaları çocuktan çocuğa değişir ama genellikle aşağıdaki şu adımlar atılır:

- Net sözel mesajlar (5. Bölüm)
- Kontrol süreci ve sakinleşme (6. Bölüm)
- Cesaret verici mesajlar (7. Bölüm)
- Örnek olma, "tekrar dene" mesajı, sınırlı seçenekler (8. Bölüm)
- Mantıksal sonuçlar ve mola süreci (9. Bölüm)

Birlikte yürütülen uygulamalar türlü amaçlara hizmet ederler. Çocuğun davranışlarını yönetmek için gerekli olan araçları ebeveyn ve öğretmenlere verir. ADD'li çocuklara evde ve okulda net mesajlar verir. Tedavinin etkisini arttırır, öğrenme ve davranış değişimini hızlandırır. Doktorların, hazırlanmış ortamın ve çevre kontrolünün gelişimdeki etkisini değerlendirmelerine yardım eder.

Sekiz hafta sonunda, tedavi sürecine katılan herkesi bir araya toplarım. Çocuğun gösterdiği gelişimi tartışır, yapılacak düzenlemeleri gözden geçiririz. Pek çoğu, hazırlanmış bir ortamda büyük gelişme kaydeder.

Destekleyici Danışmanlık

Dikkat eksikliği sadece çocuk için değil, tedavi sürecine katılanlar için de stresli bir durumdur. Ebeveyn ve öğretmenler çoğu zaman umutlarını yitirir, hayal kırıklığına uğrar, yorgun düşer. Olumlu düşünebilmek ve bu yolda devam etmek için anlayış ve destek ararlar. Danışmanlık, bu durumu kolaylaştırır.

ADD'li çocuklar; kendini kontrol etme, stresle başa çıkma, sorun çözme gibi sosyal becerilerde de destek isterler. Danışmanın ofisi, yeni davranış ve becerilere alışmak için güvenli ve uygun bir ortamdır. Tedavinin amacına ulaşması için ebeveynler ve öğretmenler tarafından pekiştirilmesi gerekir.

Dört Örnek Vaka

Bu bölümün kalan kısmında, etkili bir tedavi planı geliştirmede örnek olacak dört vakayı inceleyeceğiz. Bu vakalarda tedavilerin birlikte uygulanmasıyla çocuklarda önemli gelişmeler gözlendi ama süreç her zaman kolay geçmedi. Her vaka, tedavi sürecinde ortaya çıkabilecek belli sorunlara örnek teşkil etmektedir.

Corey: ADD'li Bir Anaokulu Çocuğu

Corey üç anaokulundan atılmış, şimdi dördüncüsüne gelmişti. Ailesi onun saldırgan ve taşkın davranışlarının büyüdükçe düzeleceğini düşünmüş, beş yaşına kadar onu kreşe göndermemişler, doğrudan anaokuluna başlatmışlardı.

Corey ailesiyle ofisime geldiğinde ondaki bu taşkınlığın sebebini hemen anladım. Yerinde duramıyordu. Öbür çocuklara verdiğim oyuncaklara bakmamıştı bile. Oyalanacak başka şeyler bulmuştu. Perdelerimle oynamış, raflarımı indirmiş, lambamı açıp kapatmış, ilginç bir şey var mı diye çöp sepetimi karıştırmıştı.

Ailesi onu durdurmaya çalıştığında ellerinden kurtulup her seferinde başka bir şeye atlıyordu. Ele avuca sığmıyordu. Sonunda babası onu dışarı çıkardı ve biz de annesiyle birlikte standart değerlendirmemize başlayabildik. Formları doldurduk, Corey'in tıbbi ve gelişimsel geçmişini konuştuk ve sınıfta bir gözlem yapmak için ayarlamalar yaptık.

Bütün bunlar açıkça gösteriyordu ki Corey'de dikkat bozukluğu hiperaktivite vardı ve orta-ileri düzeydeydi. Sürekli hareket halindeydi. Gürültü yapıyor, bir işten diğerine atlıyor, söz dinlemiyor, istediği olmayınca sinir krizi geçiriyordu.

Onun bu davranışlarının sebebi etkisiz sınırlar konulması değildi ama ailesinin yaptıkları da işe yaramıyordu. Annesi yumuşak yöntemleri uyguluyordu. Sürekli hatırlatıp tekrar ediyor, uzun açıklamalarda bulunuyor, Corey ise çoğunlukla direniş gösterip sınırları zorluyordu.

Babası ise annesinin yumuşak yöntemlerini telafi etmek ister gibi çok sertti. Sürekli bağırıyor, onu suçlayıp tehdit ediyor, dövüyordu. Corey'nin neden sık sık vurduğunu anlamıştım.

Neyse ki öğretmeni çok iyiydi. Ona net, kesin ve tutarlı mesajlar veriyordu ama artık yorulmaya başlamıştı. Corey'nin sürekli takip edilmesi gerekiyordu. Corey yerinde oturamıyor, dikkatini veremiyor, ödevlerini yapamıyordu. Sabahları evden çıkmak, bir yerden bir yere gitmek kâbus haline geliyordu.

Öğretmeni en çok onun saldırgan davranışları konusunda endişe duyuyordu. Sürekli diğer çocukları itekliyor, onlara vuruyordu. Öğretmeni diğer çocukların güvenliğinden endişe duymaya başlamıştı. Diğer çocukların aileleri de şikâyetçiydi.

Değerlendirme bittikten sonra Corey'nin ailesini, öğretmenini, okul müdürünü ve rehberlik öğretmenini çağırarak bir toplantı yaptım ve değerlendirme sonuçlarını tartıştık, evde ve okulda birlikte yürütülecek bir tedavi planı hazırladık. Sonuç açıktı. Corey'nin kombine bir terapiye ihtiyacı vardı. Ancak ailesi, diğer yöntemleri denemeden ilaç tedavisine başlamak istemiyordu. Hep birlikte aşağıdaki planı uygulamaya karar verdik. Sekiz hafta sonra tekrar toplanıp gelişmeleri ve atılacak yeni adımları konuşacaktık.

Corey'nin ev/okul davranış yönetimi programı

- Net sözel mesajlar (5. Bölüm)
- Kontrol ve sakinleşme süreci (6. Bölüm)
- Cesaret verici mesajlar (7. Bölüm)
- Örnek olma, "tekrar dene", sınırlı seçenekler (8. Bölüm)
- Mantıksal sonuçlar ve mola süreci (9. Bölüm)

Corey'nin sınıf düzenlemeleri

- Öğretmene yakın oturacak.
- Ona en yakın çocuk, üç adım ötesinde olacak.
- Corey'nin sabahki işleri sırasında alanını belirlemek için halı çıtası kullanılacak.
- Sıraya girme ve oyun alanına gitme gibi bir yerden bir yere gidişlerde özel prosedürler uygulanacak.
- Fazla enerjisini atması için sınıf içi görevler verilecek.
- Sakinleşme ve mola süreci için uygun bir yer belirlenecek.
- Sınıf içi talimatlar gerektiğinde tekrarlanacak.
- Corey'nin yıkıcı davranışlarını durdurmak ve onu kontrol altına almak için bir şifre bulunacak.

Corey tedaviye, özellikle evde, olumlu yanıt verdi. Ailesi çok mutluydu. Onun bu aşırı davranışlarını, hatta sinir krizlerini bile ilk kez başarıyla kontrol edebilmişlerdi. Söz dinlemeye başlıyor, istediğini almak için sorun çözme tekniğini kullanabiliyordu.

Okulda durum biraz karışıktı. Corey sabah işlerinde ve bir yerden bir yere giderken daha uyumluydu. Sakinleşme ve mola süreçleri, kendine gelmesini sağlıyordu. Ama diğer çocukları itip kamaya, onlara vurmaya devam ediyordu. Ailelerin şikâyetleri de artmaya başlamıştı. Öğretmeni çok yorulmuştu.

Müdür de endişeliydi. Vurmak, okuldan uzaklaştırma ile cezalandırılıyordu ama dört haftada altı uzaklaştırma alan Corey, bundan hiç etkilenmemiş görünüyordu. Müdürün iki seçeneği kalmıştı: Ya Corey'i teneffüslerde diğer çocuklardan ayrı tutacak ya da okuldaki süresini kısaltacaktı. Durumu anlattığında ailesi gerçekleri kabul edip ilaç tedavisine başlamayı kabul etti.

Öğretmeni değişimi hemen fark etti. Corey daha dikkatliydi. Yerinde uzun süre oturabiliyor, diğer çocukları rahatsız etmiyordu. Vurma alışkanlığını bırakmıştı. İlaç kullanması, onun sınıfta uyumlu olmasını sağlamıştı. Öğretmenin işi artık daha kolaydı.

Sekiz hafta sonra toplandığımızda hepimiz, kombine tedavinin hedefine ulaştığını düşünüyorduk. Diğer çocuklardan daha fazla ilgiye ihtiyacı vardı ama davranışları kontrol edilebiliyordu. Corey potansiyelini göstermeye başlamıştı.

Colin: Yıkıcı Bir 2. Sınıf Öğrencisi

Klinik çalışmalarımda ADD için bir örnek versem, bu kesinlikle Colin olurdu. Ofisimdeyken aşırı hareketleri yoktu ama davranış derecelendirme skalasına baktığımızda sık sık lafa girdiğini, aklına geleni söylediğini, sırasını bekleyemediğini gördüm. Sürekli yerinden kalkıyordu. Dikkati dağılmış gibi değildi ama söz dinlemiyor, ödevlerini yapmıyordu. Colin, ADD belirtilerini taşıyordu ama bilerek yapar gibiydi. Geçmişini ve ailesinin yöntemlerini öğrendiğimde bunun sebebini anladım.

Evde her şey Colin'in kontrolündeydi. Üç yaşından beri. Annesi bekârdı. Çok yumuşaktı. Sürekli tekrar ve hatırlatma yapıyor, uyarıyor ve bir şans daha veriyordu. Colin karşı çıktığında yüzleşmekten kaçınıyordu. Colin bildiği gibi davranmaya alışmıştı. Aynı şeyleri okulda da yapmak istiyordu.

Öğretmeni, evdekilere benzer yöntemler uygulamıştı. Sürekli tekrar etmiş, hatırlatmış, uyarmış, bir şans daha vermiş ama durumda düzelme olmamıştı. Colin sınırları zorlarsa adını tahtaya yazıyor, inat ederse adının yanına bir çarpı koyuyor, durmazsa onu teneffüse çıkarmıyor, annesine haber vermesini istiyor, eve not yolluyordu. Bu sonuçların hiçbiri işe yaramamıştı. Öğretmeni vazgeçmek üzereydi.

Bilgi topladıkça Colin'in ADD'li çocuklara pek benzemediğini fark ettim. Belirtilerin çoğunu gösteriyordu ama bunlar çok hafifti. Davranışları, yumuşak yöntemlerle büyütülen inatçı çocuklara daha uyuyordu. Colin saldırgan bir araştırmacıydı. Herkesin sabrı taşana kadar sınırları zorluyordu. Rotasında kalması için gerekli olan kesin sınırları bulamıyordu.

Bu gözlemlerimi öğretmeniyle paylaştığımda çok şaşırdı. Uyguladığı yöntemlerin soruna katkı sağladığından şüphesi yoktu. Annesi ise pek şaşırmadı. Oğlunun evin patronu olduğunu biliyordu. Aynı şeyi okulda da yapacağından şüpheleniyordu ve çok haklıydı.

Colin'in annesine ve öğretmenine aynı davranış yönetimini anlattım. Bir an önce başlamak istiyorlardı ancak önce hazırlık yapmak gerekliydi. İşe yaramayan bütün adımları ortadan kaldıracaktık. Tekrar ve hatırlatma yapılmayacaktı. Uyarı ve şans verme olmayacaktı. Bağırıp çağrılmayacaktı. Tahtaya ismi yazılmayacak, annesine haber verilmeyecek, eve not yollanmayacaktı. Bunları hallettikten sonra programı uygulamaya geçtik. Ve sekiz hafta devam ettik.

Colin'in davranış yönetimi programı

- Net sözel mesajlar (5. Bölüm)
- Kontrol ve sona erdirme süreci (6. Bölüm)
- "Tekrar dene" ve sınırlı seçenekler (8. Bölüm)
- Mantıksal sonuçlar ve mola süreci (9. Bölüm)

Evdeki ve okuldaki tutarlılık, beklediğimiz değişimi sağladı. Colin sınırları daha az zorluyor, daha çok söz dinliyordu. Yıkıcı davranışlar her hafta azalıyordu. Sekiz haftanın sonunda, hepimiz Colin'in davranışlarını kontrol etmeye başladığını gördük. Başarmıştı. Hazırlanmış ortam ve tutarlı davranış yönetimi sayesinde gelişme göstermişti.

Mikala: Öğrenme Güçlüğü Olan Bir ADD'li

Mikala'nın ailesi ofisime geldiğinde bir değerlendirme istememişlerdi. Beşinci sınıftaki kızlarına, birinci sınıftayken ADD teşhisi konmuştu. O zamandan beri günde iki kez Ritalin alıyordu. Ailesi endişeliydi çünkü bekledikleri gelişmeyi göremiyorlardı. Yıllardır mücadele ediyorlardı.

Mikala beşinci sınıfa geldiğinde neredeyse iki yıl gerideydi. Ödevlerin zorluğundan yakınıyor, bitirmektense yarım bırakmayı tercih ediyordu. Başı sıkışınca da sınıf düzenini bozuyor, huzursuzluk çıkarıyordu. Sürekli başını derde sokuyordu.

Gelişme gösterememesinin sebeplerini bulabilir miyim diye tedavi programını inceledim. İlaçlarla başladım. Ailesi ona günde iki kez 20 mg. Ritalin veriyordu, bu onu okul saatlerinde sakinleştiriyor ama öğleden sonra ev ödevlerini yaparken işe yaramıyordu. Sınıf ortamının uygun olup olmadığını merak ettim. Ailesi bu merakıma anlam verememişti çünkü sınıfta Mikala'nın ihtiyaçlarına göre bir düzenleme yapılmamıştı. Ona da herkes gibi davranıyorlardı. Ödevlerin uzunluğu, süresi ve yazılı ödevlerle ile ilgili düzenleme yapılmamıştı. Sadece bir kez, o da sözlü olmak üzere talimat veriliyor, soru sorması için cesaretlendirilmiyordu. Sınıfta bitiremediği ödevleri evde yapmak zorunda kalıyordu. Tedavi sürecinin yeniden ele alınması gerekliydi.

Bunun ardından evdeki ve okuldaki yönlendirme metotlarına baktım. Mikala'nın ailesi karışık yöntemler uyguluyordu. Uzun açıklamalar yapıyor, nasihat ediyorlardı. İşe yaramadığını görünce sinirleniyorlar ve haklarını uzunca bir süre için elinden alıyorlardı.

Öğretmeni de sınıfta cezacı bir yöntem uyguluyordu. Mikala'ya derslerini yaptırmak için onu azarlıyor, aşağılıyordu. Mikala sınıfta huzursuzluk çıkardığında onu bir özür mektubu ve sınıf kurallarını yazması için zorluyor, ailesine olumsuz davranış notları gönderiyordu. Okulda karşılaştığı olumsuz tavır, evde de devam ediyordu.

Mikala'nın gelişme gösterememesinin nedenlerini anlamıştım. Tedavi programı, dört tekerin sadece biri üstünde gidiyordu. Oysa onun birçok tedavi yönteminin beraber kullanıldığı bir yönteme ihtiyacı vardı. Başarısızlığı beni endişelendirmişti.

Ailesi ve öğretmenleri, onun başarısızlığını ADD'ye ve ders çalışma alışkanlığı olmayışına bağlıyor, öğrenme güçlüğü olmadığına inanıyorlardı. Bu doğru bir varsayım mıydı? ADD'li çocukların yaklaşık %30'unda öğrenme güçlüğü vardır. Mikala yıllardır derslerin zorluğundan yakınmaktadır. Belki de gerçekten zor geliyordu.

Mikala'yı değerlendirmek için psikolojik ve eğitimle ilgili testler yaptım. Sonuçlardan, Mikala'nın yıllardır bunu söylemeye çalıştığı anlaşılıyordu. Derslerden bazıları çok zordu. Öğrenme güçlüğü çekiyordu ve bu konuda yardıma ihtiyacı vardı. Okul yöneticileri ile bir toplantı yapıp tam bir tedavi programı başlatmalıydık.

Mikala'nın ailesi, öğretmeni, okul müdürü, rehberlik uzmanı ve ben; test sonuçlarını değerlendirmek ve Mikala'nın başarısı için neler yapacağımız tartışma üzere toplandık. İşe yaramayan adımları ortadan kaldırarak işe başladık. Utandırma ve aşağılama olmayacaktı. Özür mektupları yazılmayacak, sınıf kuralları ezberlenmeyecekti. Eve şikâyet notları gitmeyecekti. Mikala başarmanın nasıl bir şey olduğunu görmeliydi. Aşağıdaki programı yaptık ve sekiz hafta boyunca uygulamaya karar verdik.

Mikala'nın tıbbi tedavisi

Mikala'nın ailesi doktoruyla konuşup öğleden sonra ev ödevlerini yaparken yardımcı olması için bir ilaç daha verilmesini kabul etti.

Mikala'nın sınıf düzenlemeleri

- Öğretmene yakın bir yerde oturacak.
- Mikala'ya yardım edecek bir arkadaş tayin edilecek.

- Talimatlar hem sözlü hem yazılı verilecek.
- Mikala'nın dikkatini yeniden toplamasını sağlayacak gizli bir şifre bulunacak.
- Ödevler daha kısa tutulacak, bitirebilmesi için fazladan zaman verilecek.
- Yazılı ödevleri bitirebilmesi için farklı yöntemler sunulacak. Kelime işlemci ya da sözel sunum gibi.
- Ödevler haftalık olarak tek bir kâğıtta teslim edilecek.
- Okulda haftada üç gün özel ders alacak.

Mikala'nın ev/okul davranışı yönetimi

- Net sözel mesajlar verin.
- Kontrol sürecini kullanın.
- Yardım ederek cesaretlendirin.
- "Tekrar dene" ve sınırlı seçenekler.
- Mantıksal sonuçlar ve mola sürecini kullanın.

Mikala'nın destekleyici danışmanlık süreci

Ailesi, Mikala'nın danışmanlık alması için gerekeni yaptı. Sekiz haftalık program sonunda ailesi ve öğretmeni, gözle görülür bir gelişme kaydettiğini söylediler. Daha çok ödev yapıyor, yakınmıyor, kaçmaya kalkışmıyordu. Özel öğretmenden ders almak hoşuna gidiyordu. Başarısı arttıkça sınıfta huzursuzluk yaratmamaya başladı. Beşinci haftadan itibaren mola sürecini pek az kullanır olmuşlardı.

Diğer yöntemler de işe yarıyordu. Öğleden sonra ilave ilaç alması, ödevlerine yoğunlaşmasına yardımcı olmuştu. Mikala kendini iyi hissediyordu. Tedaviler işe yaramıştı.

Brent: ADD'li Ortaokul Öğrencisi

İlkokuldan ortaokula geçiş bütün çocuklar için zor bir durumdur. ADD'li bir öğrenci içinse daha zordur. Uyum sağlaması gereken bir sürü öğretmen, yapılacak daha çok ödev, daha çok kural, daha çok görev vardır. Ortaokul öğretmenlerinin çok fazla öğrencisi vardır, bu yüzden sınıf içi düzenlemeler yapmaları zordur. Birden fazla öğretmen olunca süreklilik arz eden bir davranış yönetimi de zorlaşmaktadır.

Brent'le tanıştığımda bu sorunlardan muzdaripti. İlkokulda fazlaca sınıf içi düzenlemeye gerek olmamıştı. Zeki bir çocuktu. Aldığı ilaçlar sayesinde dikkatini toplayabiliyordu. Ödevlerinin tümünü bitiremese de notları ortaydı. Arada bir çıkardığı huzursuzluklarsa çok ciddi değildi. Böyle durumlarda öğretmenleri onun dikkatini toplamasına yardım ediyor, mola sürecini kullanıyorlardı. Çoğunlukla sakin kalabiliyor, kendine geliyordu.

Brent yedinci sınıfa başlayınca işler değişti. Daha çok ödevi vardı ve bu ödevlerin not ortalamasına etkisi daha fazlaydı. Artık sınıfta dersi dinlemek ve katılmak yeterli değildi. Brent huzuru bozduğunda her öğretmen farklı bir tepki veriyordu. Bazıları onu sınıftan çıkarıyor, bazıları özür mektubu yazdırıyordu. İki öğretmeni ise onu herkesin önünde küçük düşürmüştü. Sık sık inatlaşmaya başlamış, müdürün karşısına çıkarılmış, ceza almıştı.

Birinci dönemin sonunda Brent karşı gelmekten dolayı dokuz kere ceza almıştı ve dört dersten de kalmıştı. Okul müdürü onu nakil etmeyi düşünüyordu.

Ailesi müdürle görüşmeye gitti. Okul müdürü onlara, Brent'in evdeki haklarına kısıtlama getirmelerini tavsiye etti. Ailesi de TV seyretmeyi, bilgisayar oyunlarını, telefonu kullanmayı, arkadaşlarıyla görüşmeyi sınırlandırdı. Okuldan sonra evde oturup ödevlerini yapacak, ders çalışacaktı. Notları yükselirse haklarını geri vereceklerdi. Ama bu bir işe yaramadı. Sorun devam ediyordu.

"Hayal kırıklığına uğradık. Okulun önerdiği her şeyi yaptık ama her şey daha da kötü oldu. Brent de hayal kırıklığı içinde" dedi annesi. Brent başını salladı.

Onları anlayabiliyordum. Ödevlerini yapamıyordu ve okul yönetimi, Brent'in disiplin sorunu olduğuna inanıyordu. Annesi haklıydı: Cezacı yöntemler durumu daha da kötüleştirmişti. Brent'in, iki ya da üç bileşenli etkin bir tedavi yöntemine ihtiyacı vardı ama sadece biri uygulanıyordu: İlaç tedavisi. Amacım buna bir bileşen daha eklemekti.

Brent'le ailesine, 13. Bölüm'de göreceğiniz ödev yapmada dengeyi kurma tekniklerini öğrettim. Brent bütün ödevlerini not alacak, gereken bütün araçları eve getirecek, ödevini zamanında bitirecekti. Söylenmek, yakınmak, ödevden kaçmaya çalışmak yoktu. Ödevini bitirirse haklarını kullanabilecekti. Aksi halde televizyondan, bilgisayardan, telefondan ve arkadaşlarından mahrum kalacaktı. Brent bu planı sevmişti ama annesinin bir endişesi vardı.

"Ya ödevlerini ve kitaplarını okulda bırakıp gelirse? Bize ödevi olmadığını söylerse? Nereden bileceğiz?"

Günlük ödev cetveli sistemini kullanabileceklerini söyledim. Öğretmenleri imza atarak verilen ödevleri doğrulayacaktı. Brent günlük ödev cetvelini getirmezse o günün sonuçlarına katlanacaktı.

Annesi bu planı sevmişti. Açık kapılar yoktu. Brent artık ne yapması gerektiğini biliyordu. Öğretmenleri de buna uyabilirdi, günlük ödev cetvelini imzalamak birkaç saniyelerini alacaktı. Ödev sorunu çözülmüş gibiydi. Artık daha etkin bir davranış yönetimi planına geçmeliydik.

Brent evde saygısızlık ettiği, söz dinlemediği zaman ailesi mola süreci yöntemini kullanıyordu. Okuldaki öğretmenlerini de bu yönteme ikna edebilirsek ev ve okul arasında tutarlılık sağlamış olacaktık. Bunu Brent'e söylediğimde özür mektubunu yazmaktansa mola sürecini tercih edeceğini söyledi.

Ergen çocuklar, onlarla ilgili kararlarda söz sahibi olmak isterler. Brent de böyleydi. Okulda ceza almamak için ne yapabileceğini sorduğumda hevesle cevap verdi.

"Üçüncü ve altıncı derse giren öğretmenler çok asık suratlı. Biraz neşeli olsunlar. Emir vereceklerine rica etsinler."

Brent saygı görmek istiyordu. Bu mantıklı bir istekti ama ulaşabilir miydik, emin değildim. O iki öğretmenin tavırlarını değiştirmeye niyeti var mıydı, bilemezdik. Bütün öğretmenleriyle toplantı yapıp planı uygulamayı teklif ettiğimde o iki öğretmenin de olumlu yaklaştığını gördüm. Brent'le ailesi de planı onaylamıştı. Okulu arayıp öğretmen ve yöneticilerle bir toplantı ayarladım. Brent'le ailesi de gelecekti.

Brent'in günlük ödev cetvelini doldurmalarını ve aşırı davranışlarda bulunduğu zaman daha nazikçe uyarmaları konusunda bilgi verdiğimde bütün öğretmenler işbirliği yapacaklarını belirtti. Brent'in dikkati dağıldığında ödevlerine yoğunlaşması için uyaracaklardı. Öğretmenlerden bazıları bu yöntemi diğer bazı çocuklarda da kullanacağını söyledi.

Brent inatla söz dinlemezse onlara mola yöntemini kullanmalarını önerdim. Özür mektupları, eve not yollamak, müdür odasına göndermek yoktu. Okul müdürü olayın dışında kaldığı için çok rahatlamıştı. Bu yeni tedavi planı kolay uygulanabilirdi ve kısa süreliydi. Sekiz hafta sonra yeniden toplanıp durum değerlendirmesi yapmaya karar verdik. Brent'in tedavi aşamaları şöyleydi:

Brent'in sınıf içi düzenlemeleri

- Öğretmenler Brent'in ödevlerini ödev cetveline yazıp imzalayacaklardı.

Brent'in davranış yönetimi planı

- Brent huzursuzluk yarattığında onu şifreli bir şekilde uyaracaklardı.
- Söz dinlememeye devam ederse mola vereceklerdi.

> Okul başarısını ve sosyal ilişkileri olumsuz etkileyen dikkat bozukluğuna karşı özel yöntemler uygulamak gerekir.

Sekiz hafta sonra toplandığımızda herkesin yüzü gülüyordu, en çok da Brent'in. Ödev yapmayı alışkanlık haline getirmiş, notları yükselmişti. Şifreli uyarılar sayesinde dikkatini rahatça toplayabiliyordu. Sınıfta daha az huzursuzluk çıkarıyor, öğretmenleri onun bu davranışlarına son vermek için daha etkin yöntemler kullanıyorlardı. Mola süreci işe yaramıştı. Artık disiplin cezası almıyordu. Tedavi yöntemleri ve ailesi ile öğretmenlerinin ortak çabasıyla Brent artık düzelmişti.

Özet

Bu bölümde, çocuklarda yaygın olarak görülen dikkat bozukluğu konusunu inceledik. Okul başarısını ve sosyal ilişkileri olumsuz etkileyen bu bozukluğa karşı özel yöntemler uygulamak gerekir. ADD'li çocukların önceden hazırlanmış bir ortama ve yönlendirilmeye ihtiyaçları vardır. Bunun yanında ilaç tedavisi de gerekir. Başarılı bir tedavi ancak aile, okul ve doktorların çabaları ile gerçekleşebilir.

ADD'li çocuklar davranışlarla öğrenir. Davranışsal mesajlara, mantıksal sonuçlara, açık, net ve saygı çerçevesinde verilen mesajlara ihtiyaç duyarlar. Uzun konuşmalar, öfkelenme, duygusal tepkiler sadece mesajınızın netliğini bozar ve öğretme-öğrenme sürecine zarar verir. Cezacı ya da yumuşak yaklaşımlar ise çatışma ve güç savaşlarına sebep olur.

Ebeveynler için Çalışma Grubu Soruları

1. ADD'nin belirtileri nelerdir? Teşhis konulması için hiperaktivite şart mıdır? ADD'li çocuğu en doğru kim değerlendirebilir? Değerlendirme nasıl yapılır?
2. ADD tedavisinde erken teşhis neden önemlidir? Geciken durumlarda ne tür sorunlar çıkar?
3. Evde ve okulda uygulanacak tedaviler nelerdir? İlaçların rolü nedir? Tedavide okul ve ev arasındaki tutarlılık neden önemlidir?
4. ADD'li çocuklara ne türde bir davranış yönetimi uygulanmalıdır? Sık sık mantıksal sonuçlar uygulamak neden gereklidir?
5. ADD tedavisinden danışmanlığın rolünü tartışın. Ne zaman başlanmalıdır? Ne işe yarar?
6. Ödev yapmalarına yardımcı olabilmek için ADD'li çocuklara nasıl yardım edilebilir?

7. Yazılı ödevlerin yapılabilmesi için ne gibi önlemler alınabilir?
8. ADD'li çocuklara sınıfta destek olacak arkadaşlar neden önemlidir? Bunun yararlarını tartışın.
9. Gizli şifre nedir? ADD'li çocuklara nasıl yardımcı olur?
10. ADD'li çocuk sınıfta huzursuzluk yaratıyorsa öğretmene nasıl yardımcı olunabilir?

12

Ev işleri

Kesin sınırlar, çocuklara ev işleri yapma sorumluluğu kazandırır.

Ev işlerine yardım etmek, çocuklara sorumluluk duygusu aşılamak ve ailenin bir parçası olarak hissetmelerini sağlamak açısından çok önemlidir. Ancak çoğu aile için bu durum tartışma sebebi olur. Sizin evde de böyle sorunlar varsa bu bölümde faydalı bilgiler bulacaksınız. Ev işlerini, çatışma konusu olmaktan çıkarıp sorumluluk aşılamanın bir yolu olarak tanımlamak için kesin sınırlar koymayı, cesaret vermeyi ve mantıksal sonuçlar kullanmayı göreceğiz.

Erkenden Başlamak

Pek çok ebeveyn gibi ben de ev işlerine katılımın çocuklara yararlı olduğunu anlatan kitaplar okudum. Bu kitaplarda ev işlerinin çocuğa sorumluluk duygusu, bağımsızlık ve güven kazandırdığı yazar. Ev işlerine erken yaşta katılan çocuklar faydalı olma ve aidiyet duygusunu daha derin yaşarlardı.

Ama kendi çocuklarım olduktan sonra farklı düşünmeye başladım. Yazılanları yapmak o kadar da kolay değildi. Bazen ne yapacağıma karar veremiyordum. Hangi işler onlara uygun, ne zaman başlamaları gerekir, hazır oldukları nereden anlaşılır?

Bu soruların cevaplarını bulmam gerekiyordu. Aradığım cevapları, iki oğlumun gittiği kreşte buldum.

Kreşte ev işleri, programın bir parçasıydı. Her çocuğun bir görevi vardı. Bunları dönüşümlü olarak yapıyorlar, herkes her gün bir işin ucundan tutuyordu. Yiyecekleri dağıtıyorlar, kişisel eşyaları (tişört, ceket, ayakkabı, el işleri gibi) yerlerine kaldırıyorlardı. Bir oyuncakla oynayıp işleri bitince yerine koymak zorundaydılar.

Çocuklarımı kreşten almaya gittiğimde bu işleri yaparken gözlemleme fırsatı bulmuştum. Akşamüstü beş gibi kreşe gidiyordum. Koşarak gelip bana sarılıyorlar, sonra şaşkınlık verici bir şey yapıyorlardı. Geri dönüp oyuncaklarını yerlerine koyuyorlardı! Ceketlerini ve beslenme çantalarını alıp yola düşüyorduk.

Bu duruma bir tek ben değil, pek çok ebeveyn şaşırıyordu. "Keşke evde de böyle olsalar" diyorlardı. Ama hepsi de kreşte aynı şeyi her gün yapıyordu.

Çocukların yüzlerinde gurur dolu bir ifade vardı. Üzerlerine düşeni yapmanın ödüllendirici bir yanı vardı. Faydalı olduklarını, becerikli olduklarını hissediyorlar, sorumluluk duygusu kazanıyorlardı. Tıpkı kitaplarda yazıldığı gibi. Tek ihtiyaçları yönlendirilmekti ve kreş çalışanları beklentilerini net mesajlar vererek, onları cesaretlendirerek bunu başarıyorlardı.

Eve gelince çocuklar eski hallerine dönüyorlardı. Ceketlerini yerlere atıyor, beslenme çantalarını ortada bırakıyor, doğruca mutfağa koşuyorlardı. Arkalarını kim topluyordu? Evet. Anneyle baba. Her akşam oğlanlar yattıktan sonra yarım saat onların döktüklerini toplamakla geçiyordu. Artık sinirlenmeye başlamıştık.

Bir gün, yine ceket bir yana, beslenme çantası bir yana atılınca sabrım taştı. "Ne yapıyorsunuz siz? Kreşte böyle mi davranıyorsunuz?" dedim.

"Hayır, tabii ki. İzin vermiyorlar."

"Ben de izin vermiyorum o zaman." Bunun doğru olmadığını biliyordum. Ev işleri konusunda kreşte bizden farklı davranıyorlardı. Kesin sınırlar koyuyorlar ve beklentileri açıkça belirtiyorlardı. Oysa evde, çocuklar kendi görevlerini bizim yapmamız gerektiğine inanmıştı.

Pek çok ebeveyn gibi eşim ve ben de onların işlerini yapmayı alışanlık haline getirmiştik. Yeterince büyüdüklerinden emin değildik ve biz yapınca işler daha çabuk bitiyordu. Oysa ne onlara ne de kendimize iyilik ediyorduk.

O akşam çocuklar yattıktan sonra oğlum Scott'ın dediklerini eşime anlattım. Onlara hizmet etmekten vazgeçmeye karar vermiştik. Çocuklar eşyalarına sahip çıkabilirlerdi.

Eşim Jeanne, kreşteki gibi özel dolapları olması için oyuncak dolaplarını aşağıya taşımamı ve birkaç raf eklememi önerdi. Bu işi hallettikten sonra ikisini de karşımıza aldık.

"Çocuklar, evimizde yeni kurallar var; artık kreşteki gibi yapacağız. Size dolaplar yaptık. Okuldan gelince ceketlerinizi ve beslenme çantalarınızı oraya koyacaksınız. Oyuncak dolabınız da oturma odasında duruyor. Oyuncaklarla işiniz bitince hepsini dolaba kaldıracaksınız. Kahvaltınız bitince tabağınızı tezgâha koyacaksınız ve çöplerinizi çöpe atacaksınız. Anlaşıldı mı?"

"Ya unutursak?" dedi Scott

"Kreşte çok güzel yapıyorsunuz, unutmazsınız. Ama unutacak olursanız eşyalarınızı yerine koyana kadar oyun oynayamazsınız."

"Ya oyuncaklarımızı kaldırmazsak?"

"O zaman cumartesi kutusuna koyarız."

Bu fikrin bana ait olduğunu söylemeyi çok isterdim ama grup çalışmasındaki bir anneden öğrendim. Cumartesi kutusu, oyuncakları bir süreliğine ortadan kaldırmak için kullanılan bir yöntemdi. Böylece çocuklara oyuncaklarını kaldırma sorumluluğu veriliyor, hem de hangi oyuncaklarını daha çok sevdiğini anlamış oluyorduk. Önemsemedikleri oyuncaklar cumartesi kutusuna gidiyordu.

Yeni kuralı ertesi günden itibaren uygulamaya başladık. Kurallara hemen uymalarını pek beklemiyordum ama eve geldiklerinde ceketlerini çıkarıp beslenme çantalarıyla birlikte dolaplarına koydular, ikindi kahvaltılarını ettikten sonra da tabaklarını kaldırıp çöplerini döktüler. "Teşekkürler, çocuklar" dedim. Bu kadar kolay olmasına şaşırmıştım. Bir hafta böyle devam etti.

Sınırları zorlamaya bundan sonra başladılar. Belki de gerçekten unutuyorlardı. Ne olursa olsun, "O ceket orada mı duracak?" ya da "Ortalığı toplamadan oyun yok" demek işe yarıyordu. Hemen söz dinliyorlardı.

Kreş sayesinden çocuklarımız erken bir başlangıç yapmışlardı. Artık ev işlerine yardım etme alışkanlıkları iyice yerleşti. Bazen sınırları zorladıkları oluyor, mantıksal sonuçlar kullanmak zorunda kalıyoruz ama ikisi de eşyalarını toplamanın kendi işleri olduğunu anladılar.

Geç Başlamak

Çocuklarımızı ev işlerine alıştırmak zor olmamıştı. Yaşları küçüktü ve bize bağımlı değillerdi. Ebeveynler çocuklarının işleri 8, 10 yaşlarına kadar yaparlarsa ne olur? Ev işlerine yardım etmelerini sağlamak, sorumluluk kazandırmak için geç mi kalınır?

Çok geç olmaz ama daha zor olur. Kuralları desteklemek için kesin sınırlar ve mantıksal sonuçlara sık sık başvurmamız gerekir. Sınırlarınız zorlanacaktır. Ama kararlı olursanız sonuç alırsınız. Hiç başlamamaktansa geç başlamak daha iyidir.

On yaşındaki Patty'de de bu konuda geç kalınmıştı. Küçüklüğünden beri yatağını annesi yapıyor, odasını o topluyor, kirlilerini kirliye o atıyordu. Çalışma grubuma katılan bu anne, kızının işlerini kendi başına yapması gerektiğine karar vermişti. Bir akşam, yemekten sonra kızını karşısına alıp yeni kuralları anlattı.

"Olamaz, ben yapmam. Çünkü senin görevin" dedi Patty.

"Artık benim görevim değil. Sana devrediyorum. Benim çok işim var."

"Yapmayacağım işte. Zorla yaptıramazsın!"

"Çok doğru. İşlerini ister yaparsın, ister yapmazsın. Senin sorunun. Seni zorlamayacağım. Ama sabahları yatağını yapmazsan, odanı toplamazsan ve kirlilerini kirliye atmazsan TV seyredemezsin ve arkadaşlarınla oynayamazsın. Seçim senin."

Patty çok direndi. İki hafta boyunca kılını kıpırdatmadı. Dağınık yatağında uyuyor, kirlilerle dolu darmadağınık bir odada oturuyordu. TV seyredemiyor, arkadaşlarını göremiyordu.

"Umurumda değil, ben böyle de yaşarım" dedi Patty.

"Sen bilirsin." Annesi başka bir şey söylemedi.

Arkadaşları okuldan sonra neden oyuna gelmediğini soruyorlardı. Patty olanları anlattı. "Annem bana ev işi yaptırmak istiyor. Odamı temizleyecekmişim, yatağımı toplayacakmışım, kirlilerimi kirliye atacakmışım. Yoksa oynamaya göndermiyor."

"E, ben yapıyorum her gün" dedi Bath.

"Ben de" dedi Annie. "Zor değil ki, hemen bitiyor. Sonra da istediğin gibi oynayabiliyorsun."

Ama Patty'ye göre bu haksızlıktı. Yıllardır annesinin yaptığı işleri onun yapması doğru gelmiyordu. Kuralların neden değiştiğini anlayamıyordu. İnat etmeye devam etti.

Üçüncü haftada Patty'nin annesi beni aradı. Çok yorulmuştu, vazgeçmek üzereydi. "Neredeyse bir ay oldu, Patty parmağını oynatmadı. Bana düşeni yaptım. Kararlı oldum, ona cesaret verdim, mantıksal sonuçları uyguladım. Ama dik dik suratıma bakıp söyleniyor sadece. Çok fenayım."

"O da bunu istiyor zaten. Sizi vazgeçirmeye çalışıyor."

"Başardı o halde. Dayanamayacağım ben." Onu cesaretlendirmeye çalıştım.

Aradan birkaç gün geçmişti ki Patty temiz kıyafetinin kalmadığını fark etti. "Temiz kıyafetim kalmamış" dedi.

"Kirlilerini kirliye koyarsan seve seve yıkarım."

Patty cevap vermedi. O okula gittikten sonra annesi kirlilerini toplayıp sepete attığını gördü. Patty odasını toplamış, kirli çarşafını da çıkarmıştı.

"Galiba oluyor" dedi annesi.

Patty okuldan gelince yatağında tertemiz bir çarşaf ve temiz kıyafetler buldu. Çok sevinçliydi. Hemen oynamaya çıktı.

Ama ertesi gün eski haline dönmüştü. Yatağını düzeltmemiş, kirlilerini sepete atmamış, odasını dağınık bırakmıştı. "Ben Annie'lere gidiyorum" dedi.

"Odanı topladın mı?"

"Sayılır."

"Bakalım." Annesi odasını kontrol ettiğinde pek de toplanmadığını gördü. "Güzelce toplarsan çıkabilirsin. Yoksa çıkamazsın."

"Senden nefret ediyorum! Bana çok kötü davranıyorsun!" Patty odasına kapanıp yarım saat ağladı. Sonra annesinin dediklerini hatırladı. Kaçışı yoktu.

Odasını toplayıp çıkmak istediğini söyledi. Annesi odayı kontrol etti, "Aferin" diyerek onu arkadaşına gönderdi.

Birkaç hafta sonra Patty'nin annesi yine aradı. "Galiba başardık, Patty işlerini yapıyor artık."

"Tebrik ederim. Çok çaba harcadınız." Annesi kesin sınırlar koymaya ve mantıksal sonuçları uygulamaya hazırlıklıydı. Zor kısmı bitmişti ancak birkaç ay daha işi sıkı tutmak gerekiyordu.

Ev İşleri: Zorunlu mu, İsteğe mi Bağlı?

Çocuğunuz erken de başlasa, geç de başlasa ev işleriyle ilgili kurallarınızın etkin olması; koyduğunuz sınırların ne kadar kesin olduğuna bağlıdır. Yumuşak yöntemler kullanıyorsanız sınırların zorlanması kaçınılmazdır. Kesin sınırlar, çocuklara ev işleri yapma sorumluluğu kazandırır.

On bir yaşındaki Melissa, okuldan gelince bulaşık makinesi boşaltmak ve sofrayı kurmakla görevliydi. Ancak bundan sonra oynamaya çıkabiliyordu. Ancak üstüne düşeni pek yapmıyor, sadece annesi hatırlattığında yapıyordu.

"İşlerini bitirdin mi? Yoksa dışarı çıkamazsın" dedi annesi.

Hay Allah! Yine yakalandık, diye düşündü Melissa. Geri dönüp işlerini bitirdi.

Ama genellikle işlerin bitmediği anlaşılmadan evden çıkmış oluyordu. Annesi fark edince söylene söylene işleri kendi yapıyordu. Melissa eve gelince azarı işitiyor ama yaptığı yanına kalıyordu.

Annesi, bu işlerin yapılmasının zorunlu olduğunu söylese de aslında isteğe bağlı olduğunu ima ediyordu. Melissa bu mesajı çok net almıştı. Yakalanmadan kapıdan çıkmayı başarırsa işlerini yapmak zorunda olmadığını biliyordu.

Yakalansa ne olacaktı ki? İşleri bitirecek ve azar işitecekti. Melissa buna katlanabilirdi. Bu böyle devam edebilirdi, hiçbir sakıncası yoktu.

On yedi yaşındaki Chris, işten kaçmanın çok iyi bir yolunu bulmuştu: Tartışma ve pazarlık. Chris ön ve arka bahçeyi temizlemek, çimleri biçmek, yaprakları süpürmekle görevliydi. Bu işlerin hafta sonu yapılması gerekiyordu ama her hafta bir engel çıkıyordu. Chris'in hep bir bahanesi vardı.

"Bahçeyle ilgilenmen gerek, Chris. Bu hafta yaparsın umarım" dedi babası.

"Tamam."

"Ne zaman?"

"Herhalde pazar günü."

"Cumartesinin suyu mu çıktı?"

"Kevin'e gideceğim. Oradan da maça. Kevin'in babası bilet almış. Maç 13:00'de başlıyor. Akşama kadar dönemem."

"Sabah gitmeden bahçeyi temizleyebilirsin."

"Aman baba!" Chris sinirle itiraz etti. "Ne fark eder ki? Pazar günü yaparım."

"Mutlaka yapacaksın ama."

Pazar günü Chris 11:00'e kadar uyudu. Kahvaltısını edip hazırlandığında öğlen olmuştu. Sonra arkadaşları geldi. Alışveriş merkezinde imza günü vardı, oraya gideceklerdi.

"Ben çıkıyorum" dedi Chris.

"Dur bakalım. Bugün işlerini bitirecektin."

"Ama baba, imza günü 16:00'da bitiyor."

"O zaman hemen işe koyul, ancak bitirirsin."

"Ciddiyim baba. Böyle fırsat bir daha ele geçmez. Çimleri biçmek uğruna imza gününü mü kaçırayım? Hiç değilse ön bahçeyi bitirip çıkayım. Gelince de arka tarafı yaparım."

"Peki. Ama gelir gelmez işini bitireceksin."

"Tamam, söz veriyorum." Chris ön bahçenin çimlerini biçip çıktı.

Ama hava karardıktan sonra dönebildi. Babası onu bekliyordu. "Evet, Chris. Yine işten kaytarmanın yolunu buldun, bakıyorum."

"Yapacak bir şey yoktu. İmza sırası çok uzundu, bize ancak 16:00'da sıra geldi."

"Ama saat 17:30. Bu saate kadar ne yaptın?"

"Kevin önce Pete ile Ryan'ı bıraktı. Eve erken dönmeleri gerekiyormuş. Haftaya cumartesi ilk işim arka bahçeyi halletmek olacak. Söz veriyorum."

Bu olaydan Chris'in aldığı ders neydi? Zaten bildiği bir şeyin sağlamasını yapmış oldu: Uygun bir bahane bulabilirse işten kaytarabileceğini. Babasını hayal kırıklığına uğrattığı için biraz üzülmüştü ama bir süre sonra her şeyin unutulacağını biliyordu.

Chris ve Melissa'nın aileleri, ev işleri ile ilgili kurallarda yumuşak sınırlar koyuyorlardı. Sözleriyle, "İşini yap" derken, davranışlarıyla, "Yapmak zorunda değilsin" diyorlardı. Kurala uymak isteğe bağlıydı, mecburi değildi. Çocuklar da bunu biliyor, ancak kaçış kalmadığında yapıyorlardı.

Ev İşleri Yapmada Kesin Sınırlar Koymak

Chris ve Melissa'nın aileleri ne yapmalıdır? Çocuklarına, davranışlarını hesabını verme sorumluluğunu aşılamaları gerekir. Beklentilerini net bir şekilde belirterek ve sözlerini davranışlarıyla destekleyip mantıksal sonuçları kullanarak bunu başarabilirler.

Melissa'yla başlayalım. Kuralları öğrenmesi için annesinin hatırlatıp durmaktan ve azarlamaktan vazgeçmesi, kuralları uygulamada daha kararlı olması gerekir. Şöyle bir mesaj vermelidir: "Melissa, bulaşık makinesini boşaltmak ve sofrayı kurmak senin işin. Dışarı çıkmadan önce bunları bitireceksin (kesin sınır). İkindi kahvaltısından önce ya da sonra yapabilirsin (sınırlı seçenek) ama dışarı çıkmadan bitirmiş olacaksın. Yoksa çıkamazsın (mantıksal sonuç)."

Artık kurallar iyice netleşti. Kurallar ve bu kurallara uyulmadığında neler olacağı açıkça belli. Melissa kurala uymazsa, davranışının sonucuna katlanmak zorunda kalacak. Annesi ise bundan sonra onu cesaretlendirip işlerini yapmasına destek olacak.

Chris'in babası için de aynı şey geçerlidir. Net olmayan yönlendirmelerden vazgeçmesi gerekir. Bu onun, yumuşak sınırlar koyduğu anlamına gelir. "Bu hafta sonu çimleri biçeceksin" derken, "bu hafta sonu" neyi kast etmektedir? Cumartesiyi mi, pazarı mı? Öğleden önce mi, sonra mı? İlk fırsatta mı? Buna kim karar verecek? Hatırlarsanız, baba oğul, netleştirilmemiş bu konularda sürekli tartışıp pazarlık yaptılar.

Babası Chris'in her hafta sonu bahçenin bakımını yapmasını istiyorsa sözlerini davranışlarıyla desteklemek zorundadır. Yeni mesajı şöyle olmalıdır: "Chris, bahçenin bakımını cumartesi sabahı yapacaksın (kesin sınır). Sabah kalkınca da yapabilirsin, öğle yemeğinden önce de (sınırlı seçenek). Ama işin bitene kadar dışarı çıkamazsın. Arkadaşların da gelemez (mantıksal sonuç)."

İşin nasıl yapılması gerektiğini belirlemek, sınır koyma sürecinin bir parçasıdır.

Artık Chris'in kaçacak yeri kalmamıştır. İşini ya zamanında yapar ya da yapmaz. Babası kararlı durduğu ve pazarlıktan kaçındığı müddetçe, Chris seçtiği davranışın bedelini ödeyecektir.

Şimdi başka bir açıdan bakalım. Diyelim ki Melissa işini bitiriyor ama baştan savma yapıyor. Bulaşık makinesini boşaltıp kaşıkları çekmeceye koymuyor. O zaman iş bitmemiş demektir.

Annesi ne yapmalıdır? İşini bitirdiğini varsayarak ona teşekkür mü etmelidir? Melissa bu mesajdan ne ders alır? Yarım yamalak yapılmış işin kabul edileceğini öğrenmez mi? Melissa artık hep böyle davranmaz mı? Elbette. Annesi daha azına razı gelirse o da daha az iş yapacaktır.

İşin nasıl yapılması gerektiğini belirlemek, sınır koyma sürecinin bir parçasıdır. Bunu nasıl yapacağız? Pek çok yöntem olabilir ama ben 8. Bölüm'deki davranışlarla örnek olma yöntemini tercih ederim. Ebeveyn çocuğa, işin nasıl yapılacağını adım adım gösterir. Melissa'nın annesi de bu yaklaşımı kullanabilir.

"Melissa, işlerin nasıl yapılacağını sana göstereyim. Bulaşık makinesini boşaltmak, içindeki her şeyi alıp dolaptaki yerlerine koymak demektir. Sofrayı kurmak; tabakları, çatal kaşıkları, bardakları ve peçeteleri yerlerine koymak demektir (sofrayı kurarak gösterir). İşini bitirdiğinde işte böyle görünmesi gerek. Anladın mı?"

Artık annesinin ondan ne beklediği açıktır. Melissa beklenenden azını yaparak sınırı zorlarsa sonuçlarına da katlanmak zorundadır.

Oyundan Önce İş

Ev işleriyle ilgili sorunlar basit önlemlerle bertaraf edilebilir. Küçük oğlum Ian dört yaşındayken bana bu konuda bir ders verdi.

Her sabah 06:30'da kalkan Ian, mutfağa gider; kahvaltı etmek isterdi. Kahvaltı etmek, onun en sevdiği şeydi. Kahvaltı saatini mümkün olduğunca uzatmaya çalışıyordu. Saat 07:00 gibi, "Kahvaltı saati bitti" diye onu uyarmam gerekiyordu. Artık işlerini yapması gerekliydi.

Ian'ın görevleri iki köpeğimizi beslemek (mama kaplarına mama koymak), dişlerini fırçalamak ve giyinmekti. Annesi kıyafetleri oturma odasına getiriyor, o da ayakkabıları ve çorapları dışında her şeyini giyebiliyordu. Ya da öyle olması gerekiyordu.

Ian sabahları kahvaltı ettikten sonra köpekleri besliyor, dişlerini fırçalıyor ama iş giyinmeye gelince çamaşırını giymesi beş dakika sürüyordu. Ağırdan alıyor, çok oyalanıyordu. Ona sürekli çıkma zamanının geldiğini hatırlatmak zorunda kalıyordum. Bir dansın içine girmiştik. Tam biz kapıdan çıkarken bir şekilde hazırlanıp geliyordu.

Ian kendi başına ve zamanında giyinebileceğini biliyordu. Scott da öyle. Ian'ın bütün arkadaşları da. Mesele giyinmemekti. İlgi çekmek istiyor, giyinme süresini uzattıkça uzatıyordu. Bu iş sabahları en önemli olay haline gelmişti.

Birkaç ay sonra eşim Jeanne, bu konuda bir şeyler yapmamız gerektiğini söyledi. Yani "benim" bir şeyler yapmam gerektiğini. *Evet, bu evde davranış uzmanı benim, müdahale etmem gerek,* diye düşündüm.

Ertesi gün Ian kahvaltısını bitirince onunla baş etmek için kendimi hazırladım: Kesin sınırlar, alarm, sınırlı seçenekler, mantıksal sonuçlar, her şeye hazırdım. O sabah gözleme yedik. Ian'ın çok sevdiği bir yiyecekti. Kahvaltıyı biraz uzattı. Saat 07:00 olmuştu. Sonra dişlerini fırçaladı, köpekleri besledi, giyinmek için odaya geçti.

> Ebeveynlerin görevi, işin ne zaman yapılacağını belirlemek ve bu işlerin eğlenceden önce yapılmasını sağlamaktır.

"Ian, ister yukarıda, ister aşağıda giyinebilirsin. Hangisini seçiyorsun?" dedim.

"Aşağıyı seçiyorum" dedi, şüpheyle bakarak.

"Tamam. Ben saati kuruyorum. On dakikan var. Yoksa giyinmeni yukarıda bitireceksin."

Ian on dakikanın ne kadar sürdüğünü bilmiyordu ama eskisinden daha çabuk giyinmesi gerektiğini anlamıştı. Sınırı zorlamasını bekliyordum, zorladı da.

Beş dakika sonra sadece çamaşırlarını giyebilmişti ve oyalanıyordu. "Hadi Ian, çabuk ol!" dedik. Beklediği şeyin farkındaydık ama ona istediğini vermedik. Alarm çaldığında hâlâ çamaşırlarıyla oturuyordu.

"Peki Ian. Kıyafetleri alıp yukarı çık. Odanda giyineceksin." Kıyafetlerini eline tutuşturdum ve ağır ağır yukarı çıkışını seyrettim.

Bu davranışımızın sonunda, annesinin yukarı çıkıp gitme zamanının geldiğini söylemesini, Ian'ın da her zamanki gibi son anda giyinip aşağıya inmesini bekliyordum ama öyle olmadı. Birkaç dakika sonra Ian giyinmiş olarak aşağıya geldi. "Aferin sana" dedim.

Bu üç hafta kadar böyle devam etti. Ian her sabah sınırlı seçeneklerinin ne olduğunu öğrendi, alarm kuruldu, sınır zorlandığında yukarı gönderildi. Yöntem işe yarıyordu. Yarım saati alan giyinme süresini on dakikanın altına indirebilmiştik ama çalışmaya devam etmemiz gerekiyordu.

Bir sabah aklıma bir fikir geldi. İşlerin sırasını neden değiştirmiyorduk? Ian kahvaltı etmek için beklemek istemeyecekti. Kıyafetlerini akşamdan hazır edip giyindikten sonra kahvaltıya oturmasını söyleyebilirdik. O akşam yeni kuralı anlattık ve kıyafetlerini hazırlayıp Ian'ı yatırdık. Sabah giyinmiş olarak kahvaltıya indi. Bir daha da giyinme konusunda sorun yaşamadık.

Ian'da işe yarayan "önce iş, sonra eğlence" yöntemi, her yaştan çocuklarda işe yarar. Banyo yapmak, yatağını toplamak, odayı temizlemek, oyuncakları kaldırmak, sofrayı kurmak, çimleri biçmek gibi. Ebeveynlerin görevi, işin ne zaman yapılacağını belirlemek ve bu işlerin eğlenceden önce yapılmasını sağlamaktır (oyun ya da TV seyretmek gibi). Çocuğun kurala uyması için gereken sonuç da hazırdır. Uyumadan önce oyalanmayı çok seven Mattie örneğine bakalım:

Beş yaşındaki Mattie, akşam 19:30'da yatakta olmalıydı. Ama yatmadan önceki son işinde, dişlerini fırçalarken oyalanarak, yatma saatini hep geciktiriyordu. "İnanamıyorum" dedi babası. "Pijamalarını iki dakikada giyiyor ama dişlerini fırçalaması on beş dakika sürüyor."

Mattie'nin uyku rutini 19:00 gibi başlıyordu. Annesi, "Pijama giyme zamanı" diye onu uyarıyordu. Mattie hemen koşup pijamalarını giyip geliyordu. Kitap okumak en sevdiği şeydi. Annesine sokulup resimlere bakmayı, sayfaları çevirmeyi çok seviyordu.

Saat 19:30'da annesi, "Dişlerini fırçalama zamanı" diyordu.

"Tamam." Mattie isteksizce, tavşanını da alıp banyoya gidiyordu. Özellikle çok yavaş hareket ediyordu. Beş dakika geçiyor, annesi, "Bitmedi mi daha?" diyordu.

"Bitiyor" diye cevap veriyordu Mattie. Ama daha fırçayı ağzına bile sokmamış oluyordu. Beş dakika daha geçiyor, annesi yine uyarıyordu.

On beş dakika geçtikten sonra annesi ya da babası banyoya geliyor, Mattie'nin işlerini bitirip odasına götürüyordu. Her gece aynı şey yaşanıyordu.

Çözüm işlerin sırasını değiştirmekti. Kitap okumadan önce dişlerini fırçalaması istense Mattie bu işi pijama giymekten bile daha kısa sürede yapacaktı belki. Diyelim ki, Mattie yine de oyalanmaya devam etti. O zaman ne yapabiliriz? Kitap okuma saatini kaçırabilir ve 19:30'da yatar. Mattie bunu hemen kavrayacak, diş fırçalaması sorun olmaktan çıkacaktır.

Ev İşleri için Harçlık Verme

Çocuklara ev işi yaptırma hakkında sık sık karşımıza çıkan başka bir konuya bakalım: Harçlık. Ev işi yapma karşılığında harçlık vermek çok yaygın bir tutumdur ama çocuklara sorumluluk duygusu aşılar mı? Tony'nin ailesi, beklemedikleri bir durumla karşılaşana kadar bunun işe yaradığını düşünüyordu.

On yaşındaki Tony, para kazanmanın önemini anlayacağı bir yaştaydı. Ailesi ona harçlık vermenin iyi bir fikir olduğunu düşündü. "Harçlık vererek para biriktirmesini ve işlerini yapmasını öğretebiliriz" dediler. Belli miktara karar verip konuyu Tony'ye açtılar.

"Annenle ben, ev işleri yapman karşılığında sana harçlık vermeye karar verdik. Haftada 2.50 dolarla başlayacağız. Ne kadar çok iş yaparsan, o kadar çok kazanacaksın. Paranın yarısını harcayacaksın, yarısını biriktireceksin" dedi babası.

"Harika!" Tony çok sevinmişti. Haftalık almak, her seferinde ailesinden para istemekten çok daha iyiydi.

Bu anlaşmayla herkes memnun olmuştu. Tony haftalık işlerini aksatmadan yaptı, pazarları da 2.5 dolarını aldı. Yarısını saklıyor, kalanını da harcıyordu. Parasını idare etmeyi öğrenmiş gibiydi. Bir süre işler yolunda gitti ama sonra beklenmedik bir şey oldu. Babası bir gün, onun işlerini yapmadığını gördü.

"Tony, işlerini bitirene kadar harçlık yok."

"Olsun baba. Zaten harçlık lazım değil. Çok para biriktirdim ben."

Benim öğretmek istediğim bu değildi, ne oldu şimdi, diye düşündü babası.

Sorumluluk aşılamak isterken harçlık vermeye haddinden fazla güvenen her ebeveynin düştüğü çelişkiyi yaşıyordu o da. Çocuklar para kazanma heveslisiyken harçlık vermek iyi bir teşvik unsuru olabilir, ya Tony gibi paraya olan ilgilerini yitirirlerse? İşlerini yapmaları için neyle teşvik edilebilirler? İşte sorun buradaydı. Bu yöntem sorumluluk aşılamıyordu.

Tony'nin ailesi; beklentilerini netleştirerek, kurallarını mantıksal sonuçlarla destekleyerek durumu düzeltebilirdi. Şimdi geriye dönelim ve Tony paraya ihtiyacı olmadığı için ev işlerini yapmayı reddedince nasıl tepki vermeleri gerektiğine bakalım.

"Tony, senden ne beklediğimizi anlatamadık galiba. Sana harçlık verdiğimizde iş yaptığın için seni ödüllendirmek ve para biriktirmeyi öğretmek istemiştik. Paraya ihtiyacın olunca iş yapmayı değil. Para alsan da almasan da işlerini yapmak zorundasın. Yoksa televizyon seyredemezsin ve sevdiğin diğer şeyleri yapamazsın."

Artık Tony'nin ailesi, hedefledikleri şeyi öğretme yoluna girmiştir. Tony işlerini bitirirse harçlık alarak ödüllendirilecek. Yapmazsa bu seçiminin sonuçlarına katlanmak zorunda kalacak. Her iki durumda da sorumluluklarını üstlenmek zorundadır ve ailesinin vermek istediği dersi alır.

Ev İşlerini Düzenleme

Evde daima çok iş olur. Bütün iyi niyetlere rağmen ev işleri diğer önceliklerin arkasına düşebilir (müzik dersi, futbol antrenmanı, dişçi randevusu gibi). Sizin ve çocuğunuzun, işleri düzenli tutmak için yardıma ihtiyacınız olabilir. Bir iş çizelgesi bunu halledebilir.

İş çizelgelerinin çok faydası vardır. Banyo aynasına, mutfak dolabına, buzdolabının kapısına asılmış bir çizelge, çocukların ne yapmaları gerektiğini hatırlatır. Ebeveynler de yapılması gereken işleri takip edip zamanında müdahale edebilirler.

Piyasada bu tür iş çizelgeleri satılmaktadır. Kırtasiye reyonlarında bulabilirsiniz. Hatta isterseniz kendiniz bile yapabilirsiniz.

Kreşe giden ve okuması olmayan çocuklar için resimli çizelgeler tercih edilebilir. Daha büyükler için sıradan bir çizelge yeterlidir. Çizelgenizde günlük işleri sığdırabileceğiniz kadar yer olsun ve haftanın günlerini belirtsin, yeter.

Farklı Yaş Gruplarına Verilecek İşler

Aşağıdaki liste, Arizona Üniversitesi Danışman ve Rehberlik merkezinin, 2-12 yaş arasındaki çocuklara verilebilecek işler listesinden esinlenerek yapılmıştır. Bu liste değiştirilebilir, önerilen yaşlar sadece dayanak noktası olarak alınmıştır. Sizin çocuğunuz yaşının üstünde ya da altındaki işleri yapabilir. Bu liste, çocuğuna sorumluluk duygusu aşılamak amacıyla ev işi yaptırmak isteyen ebeveynler için bir başlangıç noktasıdır.

İki-Üç Yaş Görevleri:

1. Oyuncakları toplayıp yerlerine koymak.
2. Gazeteleri gazeteliğe koymak.
3. Yeri süpürmek.

4. Peçete, tabak ve kaşıkları masaya koymak. Kuralına göre dizilmese de olur.
5. Yemekten sonra tabağını, çatal ve kaşığını kaldırmak.
6. Kahvaltıda sunulan iki seçenekten birini seçmek.
7. Yemekten sonra masayı silmek. Tabakları mutfağa götürmek.
8. Tuvalet eğitimi almak.
9. Yardımla giyinip soyunmak.
10. Alışveriş dönüşü poşetleri boşaltmak.
11. Gazeteleri toplamak.
12. Basit yemeklere yardım etmek.
13. Hayvanları beslemeye yardım etmek.
14. Geri dönüşüm malzemelerini ayırmak.
15. Ceketleri asmak.

Dört Yaş Çocuğunun Görevleri:

1. Sofrayı kurmak.
2. Poşetleri boşaltmak.
3. Alışveriş listesine yardım etmek, markette malzemeleri raflardan almak.
4. Hayvanları beslemek.
5. Bahçe işlerine yardım etmek.
6. Yerleri süpürüp silmek.
7. Bulaşık makinesini doldurmaya yardım etmek.
8. Ekmeğine reçel sürmek.
9. Sütlü mısır gevreği hazırlamak.
10. Mikseri ya da blenderi tutmak.

11. Postaları almak.
12. Oyun oynarken nerede olacağını haber vermek.
13. Ceket ya da çantaları alçak askılara asmak.
14. Sütü almak.
15. Kullandıktan eşyalarını yerine koymak.

Beş Yaş Çocuğunun Görevleri:

1. Yemek yapmaya ve alışverişe yardım etmek.
2. Kahvaltı hazırlamak, sandviç yapmak.
3. Yemekten sonra sofrayı toplamak.
4. Sofrayı kuralına göre kurmak.
5. Yatağını toplamak, odasını temizlemek.
6. Kıyafetlerini seçmek ve kendi başına giyinmek.
7. Kirlilerini sepete atmak.
8. Temiz kıyafetlerini dolabına koymak.
9. Telefona uygun şekilde cevap vermek.
10. Arabayı yıkamaya yardım etmek.
11. Çöpü çıkarmak.
12. Hayvanları beslemek.
13. Ayakkabılarını bağlamak.
14. Saçlarını taramak.
15. Bulaşık makinesi boşaltmak.

Altı Yaş Çocuğunun Görevleri:

1. Havaya ya da o günün şartlarına göre kıyafetini seçmek.
2. Çiçekleri sulamak.

3. Sebze soymak.
4. Basit yemekleri yardımla pişirmek (tost, yağda yumurta, makarna gibi).
5. Beslenme çantasını hazırlamak.
6. Kıyafetlerini asmak.
7. Şömineye odun taşımak.
8. Köpeği yürüyüşe çıkarmak.
9. Ayakkabılarını bağlamak.
10. Bahçedeki yaprakları temizlemek.

Yedi Yaş Çocuğunun Görevleri:

1. Telefon mesajlarını yazmak.
2. Getir götür işlerine bakmak.
3. Bahçeyi ve garajı süpürmek.
4. Bisikletinin basit tamir işlerini yapmak.
5. Çiçekleri sulamak.
6. Hayvanları yıkamak.
7. Hayvanları eğitmek.
8. Arabadan poşetleri taşımak.
9. Sabahları alarmla kendi kendine uyanmak.
10. Yemek parasını idareli kullanmak.

Sekiz- Dokuz Yaş Çocuklarının Görevleri:

1. Peçeteleri katlamak ve sofrayı kuralına göre kurmak.
2. Yerleri paspaslamak.
3. Kendi kendine yıkanmak.

4. Dolaplarını düzenli tutmak.
5. Giyim kuşam alışverişine yardım etmek.
6. Okul kıyafetlerini çıkarmak.
7. Ödevlerini yapmak.
8. Battaniyeyi katlamak.
9. Temiz çamaşırları katlamak.
10. Bahçeyi temizlemek.
11. Kolay tarifler okumak ve yemek pişirmeye yardım etmek.
12. Ağaçtan meyve toplamak.
13. Şömineyi yakmaya yardım etmek.
14. Tamir ve boya işlerine yardım etmek.
15. Kartpostal yazmak.
16. Bebeği beslemek.
17. Kardeşine banyoda yardım etmek.
18. Kirlileri sepete atmak.
19. Küçük elektrikli aletleri kullanmak (blender, mısır patlatma makinesi gibi).
20. Çöpü çıkarmak.

On Yaş Çocuğunun Görevleri:

1. Çarşaflarını değiştirmek.
2. Çamaşır makinesini çalıştırmak.
3. Deterjanı ölçmek.
4. Bulaşık makinesini yardımsız doldurup boşaltabilmek.
5. Listeyle alışveriş yapmak.

6. Randevularına gitmek (dişçi, ya da antrenman gibi).
7. Hazır kek yapmak.
8. Postalarına cevap vermek.
9. Misafir ağırlamak.
10. Parti düzenlemek.
11. Basit yaralanmaları tedavi etmek (küçük kesikleri çizikler gibi).
12. Komşulara yardım etmek.
13. Ev işlerini söylemeden yapmak.
14. Para biriktirmek, gelecek için planlar yapmak.
15. Arabayı yıkamak.

On Bir-On İki Yaş Çocuğunun Görevleri:

1. Bebek bakarak ve bahçe işleriyle para kazanmak.
2. Evde yalnız kalabilmek.
3. Yalnız başına otobüse binmek.
4. Halka açık alanları kullanmak (kütüphane, konser salonu, market).
5. Hobiler edinmek.
6. Açık hava aktivitelerine katılmak (izcilik gibi).
7. Kardeşlerini giydirip yatırmak.
8. Havuzu ve etrafını temizlemek.
9. Başkalarının eşyalarına dokunmamak.
10. Kendi işlerini yapmak.
11. Çimleri biçmek.
12. Tamirata yardım etmek.

13. Ocağı temizlemek.
14. Ödev planı yapmak.
15. Gazete dağıtıcılığı yapmak.

Ebeveynler için Çalışma Grubu Soruları

1. Diğer üyelerle çocuğunuzun evde yapmasını istediğiniz işleri tartışın. Beklentileriniz çok mu, az mı? Onların işlerini siz mi yapıyorsunuz? Mantıklı beklentiler nelerdir?
2. Çocuklarınızın ev işi yapması zorunlu mu, isteğe mi bağlı? Ne tür sınırlar kullanıyorsunuz? Çocuklarınız ne tepki veriyor? Neden? Yaşadıklarınızı paylaşın.
3. Çocukların görevleri konusunda eşiniz ya da bakıcınızla uyum içinde misiniz? Değilseniz, bu uyumu nasıl sağlayabilirsiniz?
4. Çocuklar ev işlerini yapmadıklarında sorumlu tutuluyorlar mı? Hangi sonuçları uyguluyorsunuz? Etkili oluyor mu? Başka neler yapabilirsiniz? Yaşadıklarınızı paylaşın, diğer üyelerin fikirlerini alın.
5. Ev işleri konusunda önerileriniz nelerdir? Direnişle karşılaşacağınızı düşünüyor musunuz? Nasıl başa çıkarsınız? Düşüncelerinizi paylaşın.

13

Ev Ödevi Dansı

Ödevlerin sistemli bir şekilde yapılabilmesi için ebeveynlerin, öğretmenlerin ve çocukların birarada hareket etmesi gerekir.

Danışmanlık yaptığım sürede, ailelerde en çok, ev ödevleri konusunda yaşanan danslara şahit oldum. *Ödev dansı.* Ebeveynlerin hatırlatma, ikna, tehdit ve azarlamayla; çocuklarınsa kaçmaya kalkışma, bahaneler bulma, inat etme, ağırdan alma ve erteleme yöntemleriyle ettikleri dans. Dansların çoğu gibi bunda da cezacı ve yumuşak yaklaşımlar vardır. Ebeveynler ikisini de kullanır.

Ödev savaşları ya da her gün yaşanan rutin baskılar ya da ne derseniz deyin. Kesin olan tek şey vardır. Bunu yapan çok fazla ebeveyn olduğu. Çoğu, bunun nasıl başladığını; neden devam ettiğini bilemez ama bir kere başladı mı, kimse nasıl durduracağını da bilmez. Bu bölümde dansa nasıl son vereceğinizi ve çocuklarınıza ödev yapma sorumluluğunu nasıl aşılayacağınızı göreceksiniz.

Pek çok ebeveyn, ödevin üç ayağı olduğu fark etmez: Ebeveynler, öğretmen ve çocuklar. Ödevlerin sistemli bir şekilde yapılabilmesi için herkes üstüne düşeni yapmalıdır. Bu olmadığında sistem bozulabilir.

Bu bölümde ödev sisteminin nasıl çalıştığını, her gün yaşanan rutin baskılardan nasıl kurtulacağınızı göreceksiniz. Başarılı bir ödev sistemi yürütmenin anahtarı, çocuğun ya da öğretmenin işini yüklenmeden, üstünüze düşeni yapmaktır. Böylece hedefinize ulaşmış olursunuz.

Dans

Darren 4. sınıfa gidiyordu. Ailesine uyarı gelmişti. Darren ödevlerini yapmıyordu. Notları düşmüş, iki dersten kalmıştı.

Öğretmeni her şeyi denemişti. Süreyi uzatmış, telafi şansı vermiş, anlaşmalar yapmış, başarı tabloları hazırlamış, moral vermeye çalışmış, notlar göndermişti. Hiçbiri işe yaramadı.

Sorun ödevler gibi görünüyordu ama gerçekten de öyle miydi? Darren gibi, ödev yapmakta sorun yaşadığı sanılan ama sorunun bambaşka bir şey olduğu sonradan fark edilen bir sürü örnek görmüştüm. Asıl sorun öğrenme güçlüğü, beceri noksanlığı, davranış bozukluğu, duygusal ya da sosyal sorunlar, alkol ve uyuşturucu bağımlılığı gibi şeyler olabilirdi. Bundan emin olmalıydım. Çocuğun geçmişini sorguladık ve bir görüşme ayarlandı.

Görüşmede oluşan kanaatim, Darren'in gayet normal, iyi yetişmiş bir çocuk olduğuydu. Boş zamanlarını arkadaşlarıyla geçiriyor, paten kayıyor, bisiklete biniyor, ödevlerden başka bir konuda çatışma yaşamıyor, ailesi ve çevresi ile iyi ilişkiler kuruyordu. Darren'ın ödev yapabildiğinden emin olmam gerekiyordu.

"Ödevler zor geliyor olabilir mi?" dedim.

Ailesi bunu sormamı bekliyormuş meğer. Annesi bana karnelerini ve sınav sonuçlarını gösteren bir dosya verdi. Şöyle bir bakınca çoğunlukla iyi notlar aldığını gördüm. İkna olmuştum. Darren'da kapasite vardı. Ama ödevler sorun oluyordu.

Ailesinin, diğer ailelere benzer şikâyetleri vardı: "Ödevi olmadığını söylüyor ama meğer varmış. Verilen ödevleri tek tek yazması gerekiyor ama çoğunlukla yazmıyor. Ödev defterine bakmak istediğimizde ya unuttuğunu ya kaybettiğini ya da ödevinin olmadığını söylüyor. Biz de sınıf arkadaşlarına telefon edip öğreniyoruz. Bazen sadece ne ödevler verildiğini öğrenmek için bir saatimiz gidiyor. Neyse ki artık böyle değil. Öğretmeni her pazartesi beni arayıp o haftanın ödevlerini veriyor."

"İşe yarıyor mu?"

"En azından artık ne ödevi olduğunu biliyoruz. Ama ödev yaptırmak yine çok zor. O konuda bir şey değişmedi. Her akşam yemekten sonra 19:00'da televizyon karşısına geçip yarım saat televizyon izliyor, sonra oturup ödevlerine bakıyoruz. Yapılacakları ona okuyorum, bazen ilk soruyu çözüp ona gösteriyorum. Ama orada öylece oturuyor! Ben de onu teşvik etmeye çalışıyorum. 'Hadi, bu akşam 20:00'den önce bitirelim şu ödevleri' diyorum. Bir iki soruyu yapıyor ama sonra bırakıyor. Yine onu harekete geçiriyorum, birkaç soru daha yapıyor. Sonra da banyo saati geliyor. Şansımız varsa ödevlerinin yarısını yapmış oluyor. Banyodan sonra da aynı şeyler. Bazen çok sinirlenip bağırıyorum. O zaman eşim de geliyor, o da bağırmaya başlıyor. Darren altüst oluyor. Ben de onu teselli ediyorum, eşim bu sefer de beni çok yumuşak olmakla suçluyor. Deliriyorum! Darren televizyon seyretmek için kaçarken ben ikisini de bir güzel haşlıyorum. Ödevler asla bitmiyor. Öğretmeni o ödevlerin yarım saat, kırk beş dakikada biteceğini söylüyor. Bizim evde ise saatler sürüyor! Başında oturmazsak asla yapmıyor."

Bu her gün, haftalar boyu böyle devam ediyor; ailesi akşamları Darren'ı ödev yapmaya teşvik etmekle, tehdit etmek ve ona nutuklar çekmekle geçiriyor; Darren ise olabildiğince ağırdan alıyordu. Ödev yapmak bu kadar zor muydu? Asıl önemli olan "bitirmek" miydi?

Ödevin Amacı Nedir?

Bazen ödevin "bitmesine" o kadar çok takılıyoruz ki asıl amacını gözden kaçırıyoruz. Önce, çocuklara neden ödev verildiğini düşünelim.

Ödev, çocuklara iki şey öğretir. Birincisi hemen görülür, ikincisini görmek içinse biraz derine inmek gerekir. Çocuklara ödev vermenin ilk nedeni becerilerini geliştirip alıştırma yaptırmaktır. Alıştırma yapmak becerileri geliştirir. Düzenli olarak ödev yapmak, çocukların becerilerini geliştirir ve notlarını yükseltir. Darren'ın ailesinin en çok önem verdiği şey budur. Buna ders 1 diyelim.

> Ödev, alıştırma yapmak becerileri geliştirir. Sorumluluk, öz disiplin, bağımsızlık, azim ve zaman yönetimi kavramlarını öğretir.

Ancak ödev yapmak, notla ölçülemeyecek kadar önemli bir şey daha öğretir: Sorumluluk, öz disiplin, bağımsızlık, azim ve zaman yönetimi. Bu beceriler uzun vadede, hem okulda hem de gelecekteki hayatında çocuğa çok daha büyük başarılar getirecektir. Darren'ın ailesi ve öğretmeni bu noktayı gözden kaçırmaktadır. Buna da ders 2 diyelim.

Çocuklar ders 2'yi nasıl öğrenir? Kendi başlarına kalma fırsatı tanındığı zaman ve ailesiyle öğretmeni karışmadan kendi işini yaparak. Bu durum bile, çok güçlü davranışsal bir mesaj verir: "Kapasiten olduğuna inanıyorum." "Sana güveniyorum. Bu işi tek başına yapabilirsin."

Dengesiz Bir Sistem

Okulda ve evde, Darren'a ödev yaptırmak için kullanılan yöntemlere bakarsak aklımıza şu soru geliyor: Ödev kime verildi? Darren'a mı? Peki, ödevleri kim yapıyor? Anne ve öğretmen. İşi kim bitirmiş oluyor? Anne ve baba. Ödevi zamanında kim teslim ediyor? Anne. Ödev yapılmayınca sonucuna kim katlanıyor? Anne, baba ve okul. O ödev Darren'a verildiyse neden herkes onun yerine yapıyor?

Darren'ın ailesi ve öğretmeni, sorumluluk duygusu aşılama konusunda ne kadar büyük bir hataya düştüklerinin farkında değildi. Bu hatayı kim düzeltecek? Darren değil. Yaşananlarda, davranışını değiştirecek bir teşvik unsuru yoktur. İşinin, ailesi ve öğretmeni tarafından yapılacağını bilmektedir.

Darren'ın ailesi ve öğretmeni bir tuzağa düşmüştür. Onun sorumsuzluğunu, Darren'ın işlerini üstlerine alarak telafi etmektedirler. Buna devam ettikleri müddetçe Darren, ödevini yapmayacak ve ödev sistemi dengesini kaybedecektir. Farkında olmasalar da Darren'ın bu şekilde davranmasına kendileri sebep olmuşlardır.

Aile dansı sayesinde biraz da olsa ödev yapılıyordu ama kimin sayesinde? Ders 2'ye ne oldu? Herkes işini hakkıyla yapmazsa durum düzelmeyecektir.

"Ödev sisteminizi biraz daha yakından incelememiz gerek" dedim.

"Ödev sistemi mi? Bizim öyle bir sistemimiz yok ki? Ya da ben bilmiyorum" dedi babası.

Cevabına şaşırmadım. Ev ödevi dansında sıkışıp kalmış pek çok ebeveyn ne yaptığının ya da bir sistemi işlettiğinin farkında olmaz.

"Her ailede bir sistem vardır. Sizinki ise pek iyi işlemiyor" dedim. Onlara bir şema verdim (Şekil 13A).

"Tanıdık geldi mi?" diye sordum. Başlarını salladılar. "Çocuğun işini aile ve öğretmen yaparsa ortaya böyle bir şema çıkar" diye devam ettim. Birlikte şemayı inceledik.

"Nasıl bu hale geldik biz?" dedi babası.

Bazı ebeveynler dengesiz bir sistemle işe başlarlar. Yapılacak şey en başından belirsizdir. Ebeveyn müdahalesi çok fazladır. Yardım ettiklerini sanırlar ama zamanla, çocuklarından daha çok ödev yaptıklarını fark ederler.

Bazı ebeveynler de ödevler zorlaştıkça müdahale etmeleri gerektiğini düşünürler. Amaçları yardım etmektir ama zamanla bütün iş üstlerine kalır.

Sorun adım adım, gizlice gelişir. Çoğu zaman, tıpkı Darren örneğinde olduğu gibi, çocuk ödev yapmayı tümden bırakana kadar da fark edilmez. Ebeveynler ters giden bir şeyler olduğunu anladıklarında iş işten geçmiş ve ödevler ebeveynlerin görevi haline gelmiş olur.

Darren'ın annesi düşünceliydi. "Bir dakika!" dedi, şemada ailenin işlerini gösteriyordu. "Ben bunları yapmam gerektiğini sanıyordum. Her gün ödevlerini sorup hatırlatmamam mı gerekiyor?"

"Kesinlikle. Sistemin dengesini sağlamak ve Darren'a sorumluluk aşılamak istiyorsanız, bunu yapmayacaksınız. Onun işlerini yapmaktan vazgeçip sadece kendi işlerinizi yapacaksınız. Ancak bu şekilde sorumluluk aşılayabilirsiniz. Sürekli başkasına güvenir ve onu kurtaracak biri olduğunu bilirse ödevini yapar mı?"

Şekil 13A Dengesiz Ödev Sistemi

Ailenin işi	Çocuğun işi	Öğretmenin işi
Ödevleri sık sık sormak. Diğer derslerini de hatırlatmak. Ödev yapıldı mı diye sorma. Okula gidip kitapları ya da ödevleri alma. Ödevlerin bir kısmını yapma. Ödev yapılmayınca azarlama ceza verme. Çocuğun başarısızlığında sorumluluk hissetme.	Bahaneler bulmak (kaybettim, çaldırdım, ödev yoktu, köpek yedi). Hatırlatma, nutuk ve azarları dinleme. Başlamak için son anı bekleme. Ödevi gürültülü bir yerde yapma. Aile yardım etsin diye anlamamış gibi yapma. Ödevi bitirmek için hızlı ve başta savma yapma. Zayıf notlar yüzünden aile ve öğretmeni suçlama.	Nutuk çekmek, ikna etmek, zorlamak. Ders yapmayı hatırlatma. Süre uzatma, telafi fırsatı verme. Yapılsın diye kolay ödev verme. Ailenin yardımını isteme. Biten ödevler için ödül verme. Çocuğun başarısızlığında sorumluluk hissetme.

"Ben oğlumu tanırım. Ben yapmazsam o da yapmaz."

"Haklısınız. Ödev sisteminde sonuçlar uygulayıp ona bedel ödetmezseniz yapmayacaktır. Şimdiki gibi sadece nutuklarınıza ve azarlarınıza katlanıp ödev işinden sıyrılacaktır."

Annesinin düştüğü çelişkiyi anlıyordum. Öğretmen ona, ödevlere daha çok yardımcı olmasını söylemişti. Anne ise net bir mesaj alamadığı için eskisinden daha çok yardım etmeye başlamıştı.

"Bu döngüyü nasıl kıracağız?" dedi babası.

"Evet. Artık işi Darren'a devredip dengeli bir sistem kurmalıyız" dedim.

Sistemin Dengesini Yeniden Kazandırmak

Onlara bir şema daha verdim (şekil 13B). "İşte bu dengeli bir sistemdir. Sorumluluğun üç taraf arasında nasıl dağıldığına dikkat edin." Şemayı biraz incelediler, sonra devam ettik.

Dengeli bir sistemde aile ve öğretmen; sınırlı oranda müdahale eder ve ödevi teşvik eden, az bir katkı yapan kolaylaştırıcı bir unsur olmaktan öteye geçmez. Burada anahtar kelime *az*dır. Ebeveynler işlerin yapılması için sınırlar koyar, çocuğun görevini yapması için gereken her şeyi sağlar ve sorumlulukları bu noktada biter. Gerisi çocuğun işidir. İşi bitirecek olan odur.

"Şemaya göre düzenli olarak zaman ve yer sağlamamız gerekiyor" dedi babası. "Şu anda yaptığımızdan farklı olarak ne yapabiliriz?"

"Güzel soru. Dengeli bir sistem kurmak için zaman ve yer sağlamanın yollarına bakalım."

Ödev Zamanı

Ödev yapma zamanını seçerken üç şeye dikkat edin. Hep aynı saat olmalıdır. Alışkanlık haline gelmeli ya da çocuk düzenli olarak yapmayı öğrenebilmelidir. Zamanı belirleyerek ona ödev yapma alışkanlığı verirsiniz.

Bu saati eskisinden erkene alın. Çünkü çocuklar akşamüstü daha uyanık olurlar. İşlerini bitirip eğlenmek isterler.

Şekil 13B Dengeli Ödev Sistemi

Ailenin işi	Çocuğun işi	Öğretmenin işi
Ödev yapmaya düzenli zaman ayırma. Ödev yapmak için düzenli bir yer ayırma. Gerekli araç gereç sağlama. Az bir yardımda bulunma. Bitmeyen ödevler için mantıksal sonuçlar uygulama.	Kitaplara ve ödevlere sahip çıkma. Zamanında başlama ve bitirme. Az bir yardımla ödevi bitirme. Ödevi zamanında bitirme. Notların ve diğer sonuçların sorumluluğunu kabullenme.	Yönlendirme. Araç gereç sağlama. Süreyi belirleme. Teşvik etme. Teslim edilen ödevle ilgili geri bildirimde bulunma.

Bu noktada hesap verme zorunluluğu çok önemlidir. Ödevler yatma saatinden hemen önceye konursa yapılmamasının sonucu ne olacaktır? Hiç. Hesap verme sistemi çöker. Ödev saati geçe alınırsa ders 2'deki mantıksal sonuçları uygulamak imkânsızlaşır. Eskilerin dediği, "Önce iş, sonra eğlence" sözü çok doğrudur.

Son olarak da ödevin bir başlangıç ve bitiş saati olmalıdır. Ailenin yardım edeceği ve yardım etmeyi bırakacağı süre belirlenmelidir (16:30'dan 17:30'a kadar yardım edeceğim. Ondan sonra kendin yapacaksın). Böylece ödev sorumluluğunu çocuğa devretmiş ve ne kadar zaman ayıracağını belirlemiş olursunuz.

Süreyi sınırlamanın başka faydaları da vardır. Çocuklar zamanı yönetmeyi öğrenirler; çocuk ve ailesi, ödevleri bitirip keyifli saatler geçirebilirler. Önemli bir sınav ya da büyük bir proje varsa esneklik olabilir ancak onun dışında belirlediğiniz saatlere bağlı kalmalısınız. Aksi halde ödevler saatlerce bitmez ve çocuğunuz ilgi çekmek ve sizi kontrol etmek için bu durumu kullanır. Dediğim gibi ödevlerin üstüne bu kadar düşmenin gereği yoktur.

Ödevler için her gün kaç saat ayrılmalıdır? Öğretmenlerden edindiğim bilgilere göre, 1. ve 2. sınıflar 30-45 dak., 3-6. sınıflar 30-60 dak., 7-12. sınıflar 60-90 dak. ve daha fazla süreye ihtiyaç duyarlar. Liseye gidenler ayrıca hafta sonları da ödev yaparlar. Bir karar vermeden önce çocuğunuzun öğretmenine danışmanızı tavsiye ederim.

Çocuğunuz belirlenen süreden önce ödevlerini bitirirse? Çok güzel olur! Ödevler biter ve gerektiği gibi yapılırsa sürenin sonuna kadar beklemenin bir gereği yoktur. Bazılarını yanlış yapmış olsa bile. Çocuğunuz istemediği sürece de kontrol etmeyin. Burada sonuca değil, verilen çabaya; ürüne değil, sürece önem vermeliyiz. Çocuğunuz çaba gösterip ödevini bitirdiyse bu yeterlidir. Kusursuz olması gerekmez.

Ödev Yeri

Ödevler nerede yapılmalıdır? Sakin, ev halkından uzakta bir yer seçilmelidir. Evin gürültülü bir yeri seçilirse dengeli bir sistem kuramazsınız. Mutfak masasında ya da ayakaltı bir yerde ödev yaptırırsanız daha çok müdahale edersiniz. Bu da dansa davetiye çıkarmak demektir.

Peki, nereyi seçmelisiniz? Ödev yapmak için en uygun yer çocuğun kendi odasıdır. Masası olan sessiz, sakin bir oda da olur. Burası hep aynı kalmalı, gürültüden uzak olmalı ve gerekli donanımlara (masa, lamba, defter, kalem, sözlük, cetvel, vs.) sahip olmalıdır.

"Yeni sistemi nasıl işleteceğiz?" dedi Darren'ın annesi. İşlerin düzeleceğini umarak biraz rahatlamıştı.

Dengeli Sistem Kurmanın Üç Adımı

Dansa son vermek ve sorumluluğu çocuğuna devretmek isteyen ebeveynler için iyi haber: Durumu düzeltmek için şu andan daha az zaman ve enerji harcayacaksınız. Yapmanız gerekenler şunlar:

> Katlanılacak sonuçlar, iyi seçim yapmayı teşvik eder.

1) Görevleri belirleyin.
2) Hesap vermesini sağlayın.
3) Dans pistinden inin.

1. Adım: Görevleri Belirlemek

Öncelikle, yapılacak işlerde kesin sınırlar koymalısınız. Çocuğunuzu karşınıza alıp ödev yapma konusunda bazı şeylerin değişeceğini anlatmanızı öneririm. Dengeli sistemdeki listeleri gözden geçirin ve görevin detayları konusunda net olun (nasıl, ne zaman, nerede). Bazı aileler zaman çizelgesi yapıp buzdolabına asar, böylece çocuklar açıkça görebilir.

"Tamam, bu sistem iyi bir şeye benziyor ama ya Darren ödev yapmamayı seçerse?" dedi babası.

"Bu noktada hesap vermesi gerekecektir. Dengeli bir sistemde çocuklar yanlış seçim yaptıklarında bunun hesabını verirler çünkü görevlerini yapmamanın sonucuna katlanırlar. Sizin sisteminizde eksik olan budur. Bu yüzden işlemiyor. Katlanılacak sonuçlar, iyi seçim yapmayı teşvik eder" dedim.

2. Adım: Hesap Vermeyi Sağlamak

Çocuğunuz herhangi bir sonuca katlanmadan, sürekli ödevinden kaçıyorsa sisteminiz hesap vermeyi sağlamıyor demektir. Bunu sağlamadan davranışlarını değiştiremezsiniz. Çocuğunuzun ödevlerini takip edip yapmadığı zaman mantıksal sonuçlar uygulamalısınız.

Ödevleri takip etmenin yollarıyla başlayalım. Bunun pek çok yolu olabilir ama benim özellikle seçtiğim iki yol var. Bu yollar ebeveynlerin müdahalesini pek gerektirmiyor ve ikisi de çok basit.

İlkokul çocukları için, haftalık ödev takip listesi, her pazartesi eve getirilir (Şekil 13C). Öğretmen ödevleri her günün karşısına yazar. Listeyi eve getirmek çocuğun sorumluluğundadır. Getirmezse sonuçlarına katlanır (haklarından mahrumiyet gibi).

Ergen çocukların listesi daha karmaşıktır çünkü birden fazla öğretmen vardır. Bu durumda, günlük ödev listesine ödevleri yazmak çocuğun sorumluluğundadır (Şekil 13D). Çocuk her dersin sonunda listeyi öğretmenine verir. Öğretmen ödevi imzalar ve eklemek istediklerini ekler. O gün ödev yoksa çocuk "ödev yok" yazar, öğretmen de bunu imzalar.

Ödevlerini listeye yazmak, öğretmenlerine imzalatmak ve her gün eve getirmek; çocuğun görevidir. Görevini yapmazsa sonuçlarına katlanır (haklardan mahrumiyet gibi). Ebeveynler her gün, verilen ödevle yapılan ödevi karşılaştırır, her şey yolundaysa çocuk haklarını kullanabilir.

"Bu sistem Darren'ın sorumluluklarını azaltmıyor mu?" dedi babası.

"Evet, biraz azaltıyor" dedim. "Ama üstlendiği sorumluluklarla karşılaştırıldığında çok az. Bu sistemle görevler konusundaki belirsizlikler ortadan kalkıyor. Ödevlerin yapılıp yapılmadığını kontrol edebiliyor ve sonuç uygulamaya gerek olup olmadığını anlamış oluyoruz.

Şekil 13C. İlkokul Çocukları için Örnek Ödev Listesi

HAFTALIK ÖDEVLER
24-28 ŞUBAT

PAZARTESİ

Kâşifler kitabının 10-22. sayfalarını oku.
Soruları cevapla.

SALI

Heceleme listesini çalış.
Kelimeleri cümle içinde kullan.
Fen bilgisi deneyi için malzeme getir: Kapaklı bir kavanoz ve mum.

ÇARŞAMBA

Matematik kitabı 119. sf. 25 problem çöz.
120. sf. Beş soruyu cevapla.

PERŞEMBE

Kâşifler kitabının 23-31. sayfalarını oku.
Soruları cevapla.
Cuma günkü sınav için 24. sf. Haritayı çalış.

Şekil 13D. Ortaokul Öğrencileri için Örnek Ödev Listesi

Tarih: ___________

Ders: ___________ Teslim tarihi: ___________

Ödev:

Öğretmenin imzası

Ders: ___________ Teslim tarihi: ___________

Ödev:

Öğretmenin imzası

Ders: ___________ Teslim tarihi: ___________

Ödev:

Öğretmenin imzası

Ders: ___________ Teslim tarihi: ___________

Ödev:

Öğretmenin imzası

Ders: ___________ Teslim tarihi: ___________

Ödev:

Öğretmenin imzası

Şimdi hesap verme sisteminin ikinci bölümüne bakalım: Katlanılacak sonuçlar. Sonuçlar gerektiği gibi uygulandığında yanlış davranışlarının hesabını vererek sorumluluk almayı öğrenmelerini sağlar. Bu dersi verebilmek için sonuçları uygularken dansa kapılmamanız (azarlama, tehdit, hatırlatma ve öfkeden uzak durmanız) gerekir. Tek yapmanız gereken görevi çocuğa devretmek ve hatalarından ders çıkarmalarına izin vermektir.

Ödev yapmamanın mantıksal sonucu hakların ya da eğlenceli faaliyetlerin engellenmesidir. Sistem çok basittir. Çocuğunuz ödev listesini her gün getiriyor ve düzenli olarak ödevlerini yapıyorsa günlük hakları elinde kalır ve keyfine bakar. Bütün hafta böyle geçmişse hafta sonu hakları da elinde kalır.

Ama ödev listesini getirmez, ödevlerini yapmazsa o gün haklarından mahrum bırakılır. Bu durumu, evde sakin bir gün geçirmesi olarak yorumlayabilir ve günlük olarak uygulayabilirsiniz. Yarım kalan ya da hiç yapılmamış ödevler cumartesi ya da pazar günü yapılır. Hafta içi yaptıklarıyla çocuğunuz sadece o gün için değil, hafta sonu için de haklar kazanır.

İLKOKUL ÇOCUKLARI İÇİN SONUÇLAR

Okuldan sonra oyun hakkını kaybetmek.

Arkadaş çağıramamak.

Televizyon ve bilgisayardan mahrum kalmak.

ERGENLER İÇİN SONUÇLAR

Boş zamanlarında yaptığı şeyleri yapamamak.

Arkadaş çağıramamak.

Telefonu kullanamamak.

Televizyon seyredememek.

Evde oturup sessiz, sakin faaliyetlerde bulunmak.

Ödev yapmada uyumsuzluk devam ederse eve geliş saati, arkadaşlık ilişkileri, araba kullanma, akşam dışarı çıkma gibi haklar da gözden geçirilebilir.

3. Adım: Dans Pistinden İnmek

Görevleri belirledikten ve çocuğun hesap vermesini sağladıktan sonra geriye çekilip sistemin gereken dersi vermesini izleyin. Artık sorumluluk çocuktadır. Amacınız, sorumluluğun çocukta kalmasını sağlamaktır. Bunu nasıl yapacaksınız? Sadece göreviniz olan şeylere dâhil olarak ve gerisini hesap verme sistemine bırakarak.

"Yeni sistemi işletmeye başladığımızda ne kadar sürede sonuç alırız?" dedi Darren'ın babası.

Beklemeniz Gerekenler

Herkes iyi haberler almak, her şeyin çabucak düzeleceğini duymak ister ancak ev ödevi dansları gibi bazı şeyler hemen düzelmeyebilir. Eski alışkanlıkların değişmesi zaman alacaktır. Darren'ın ailesi bunu başaracaktı çünkü gerekli olan motivasyon onlarda vardı. Yine de gerçekçi beklentileri olsun istiyordum.

"Sonuç almanız, sistemin ne kadar süredir bozuk işlediğine bağlıdır. Eğer bu yeni bir şeyse görevleri belirleyip sonuçları uygulayarak birkaç haftada gelişme kaydedersiniz. Ama uzun süredir devam eden bir sorunsa daha uzun zaman alabilir. Başlangıçta durum daha da kötüye gidecektir. Darren, ders 2'deki dersleri alana kadar yaptığı yanlış seçimlerin sonucuna defalarca katlanmak zorunda kalacaktır. Bu uzun bir süreçtir. İki ay kadar sürebilir. Ancak gereken dersi aldığında sorun da çözülecektir."

Bu geçiş döneminde, ebeveynler sınırların zorlanmasına hazırlıklı olmalıdır. Çocuğunuz eskisi gibi davranmak isteyecektir. Ödev listesini unuttuğunu bahane edecek, ağırdan alacak, kaytarmaya çalışacak, ödevleri anlamamış gibi yaparak çaresiz bir tavır takınacaktır. Sizi azarlamaya, ceza vermeye itecek boş çabalar gösterecektir.

Asla vazgeçmeyin. Kesin sınırlarınızı koruyun ve üç adımlık planı uygulayın. Sonsuza kadar direnemezler. Bu normal ama gergin bir süreç olacaktır.

O akşam Darren ve ailesi, görevlerini gözden geçirip yeni sistemi yürürlüğe koydular. Ödev yapma saatini 16:00 ile 17:00 arası olarak belirlediler. Ailesi ona saat 17.00'den sonra yardım etmeyecekti.

Belirlenen süre sayesinde, Darren'ın, okuldan geldiğinde bir şeyler atıştırmaya ve ödev saatinden sonra oyun oynamaya zamanı oluyordu. En güzeli de akşamları istediğini yapabilecek olmasıydı.

Darren'ın yeni ödev yeri üst kattaki odası oldu. Babası odasına bir masa koyup gerekli eşyaları getirdi, odadaki televizyonu ve oyun konsolunu aşağıya indirdi. Darren yardım isteyecek olursa aşağıya inip annesini çağıracak ve yukarı çıkacaktı.

Hesap vermesini sağlamak için ailesi, benim önerdiğim ödev takip sistemine de geçtiler. Her pazartesi ödev listesini getirmek Darren'ın görevi olacaktı. Getirmezse o günkü haklarını kaybedecekti. Bahane kabul edilmeyecekti.

Kısacası, Darren'ın okuldan sonra yapacakları ve sahip olduğu haklar, görevi yerine getirmesine bağlıydı. Görevini her gün yaparsa (ödevlerini eve getirip gerektiği gibi bitirmek) bütün hakları elinde kalacaktı. Arkadaşlarını çağırabilir, onlara gidebilir, akşamları istediğini yapabilirdi.

Görevlerini yapmazsa o günkü haklarını kaybedecek, 17:00-18:00 arasında odasında kalacak, akşamları da haklarını kullanamayacaktı.

İki hafta sonra Darren'ın ailesi kontrole geldi. "Nasıl gidiyor?" diye sordum.

"Şu ana kadar ödevlerini bitirdiğini görmedik" dediler. "Ama itiraz da etmiyor."

"Eşim haklı. Aylardır ilk kez, mideme kramplar girmeden sofraya oturuyorum. Evimiz artık daha sakin ve huzurlu bir yer oldu."

"Darren çok direniş gösterdi mi?" dedim.

"Beklendiği kadar. İlk hafta çarşamba gününe kadar ödevlerini getirmedi. Her seferinde de sonuçları uyguladık. Haklarından mahrum bıraktık. Sonunda ödevlerini getirmeye başladı ama 'Yapmayacağım' diyordu. 'Sen bilirsin' dedik. Ama her gün saat 16:00'da odasına gönderdim. 'Yardım istersen, saat 17:00'ye kadar isteyebilirsin' dedim. Hiç yardım istemedi. Aslında ilk hafta hiçbir ödevini yapmadı. Öylece oturdu. Ben de onu haklarından mahrum ettim. Her ödev saatinden sonra bir saat odasında kaldı, yemekten sonra da istediğini yapamadı. Cumartesi günü de bir adım atmadı, ben de evden çıkmasını yasakladım. Arkadaşları gelince de onunla oynayamayacaklarını söyledik."

"Darren ne tepki verdi peki?"

"Başlangıçta umursamıyordu. Ama sonra ağlamaya, bizim çok kötü olduğumuzu söylemeye başladı. Bir hafta boyunca bize surat astı."

"İkinci haftanın sonunda ödevlerinin birazını yaptı, öyle mi?"

"Evet. Perşembe günü odasına çıktı ve ödevini yaptı. Ben surat asıp oturacağını sandım ama saat 17:00'de çıkıp ödevini verdi ve oynamaya çıktı. Ne kadar şaşırdığımı tahmin edersiniz. Tuhaf olan şey, hiç de zorlanmamış olmasıydı. O akşam hep beraber, hiçbir şey olmamış gibi televizyon seyrettik. Cumartesi günü bizi daha da şaşırtarak hafta içinden kalan ödevlerinin çoğunu bitirdi. Oysa biz gelen arkadaşlarını göndermeye hazırlanıyorduk. Ama kahvaltıdan sonra odasına çıkıp 10:30'a kadar hepsini bitirdi. Sonra da oynamaya gitti. Kolay oldu."

Ödev sistemi işlemişti. Darren iki hafta boyunca sorumluluğu yüklendi, kimsenin üstüne atamadı. Kaytarmaya, karşı gelmeye çalıştı, ailesinin onu kurtarmasını bekledi. Ders 2'yi öğreniyordu ve ders 1'i öğrenmesi de çok yakındı.

Darren ve ailesi sonuca yaklaşıyorlardı. Sistemin oturması için zamana ihtiyaçları vardı. O güne kadar iki haftada bir kontrol görüşmelerine devam ettik.

Gelişme sürüyordu. Dört haftanın sonunda, Darren ödevlerinin çoğunu yapıyordu, kalanları da cumartesi günü bitiriyordu. Bu durum altı hafta devam etti. Notları yükselmişti. Sekizinci haftada, bütün ödevlerini günü gününe yapar hale gelmişti. Bu büyük bir adımdı! Cumartesileri çalışmasına gerek kalmamıştı.

Onuncu haftada, Darren artık kimsenin hatırlatmasına gerek kalmadan odasına çıkıp ödevlerinin başına geçiyordu. Ailesi sadece arada bir kontrol ediyordu. Darren bir an önce oynamaya çıkmayı çok istediğinden bunun farkında bile değildi. On ikinci haftada artık kontrol de etmemeye başladılar. Sistem oturmuştu.

Son görüşmemizde Darren'ın ailesi çok mutluydu. Ne zamandır sürüp duran ödev savaşları artık sona ermişti. Darren artık kendi başına ödevlerini yapıyordu ve notları da yükselmişti. Her şey yoluna girmişti. Gerçekten de öyle miydi?

Değişim, özellikle de başlangıçta, her şey yolundaymış gibi göründüğü anlarda her an tersine dönebilir. Geri dönüşler yaşanabilir. Bu büyüklerin de, çocukların da başına gelebilir. Her şey unutulan bir ödev listesiyle başlar. Nutuklar, hatırlatmalar derken bir de bakmışsınız, en başa dönmüşsünüz.

Sistemin dengesini korumak için ebeveynlerin çok dikkatli olması gerekir. Geri dönüşler konusunda uyanık olmaları, gerekirse ödev takibi yapmaları gerekir.

Uzman Yardımına İhtiyaç Duyulduğunda

Darren gibi sadece ödev sorunu olan, başka bir sorunu olmayan çocuklarda üç adım yöntemi çok işe yarar. Ancak yöntemi uygulamaya başladıktan 4-6 hafta sonra bile gelişme görmüyorsanız ne yapacaksınız?

Bu durumda başka olasılıkları değerlendirmek gerekir. Bu yüzden de bir uzmana danışmanız icap eder. Hatırlarsanız, Darren ve ailesiyle görüşmeye başladığımda bir değerlendirme yapmıştım. Pek çok etkeni gözlemiştim: Öğrenme güçlüğü, davranış bozukluğu, duygusal ve sosyal sorunlar, alkol ve uyuşturucu bağımlılığı gibi. Darren'ın geçmişine ve okuldaki durumuna ait bilgileri topladıktan sonra sorunun sadece ödev yapmama olduğunu görerek rahatlamıştım.

Sizin çocuğunuzun da böyle bir değerlendirmeden geçmesi gerekebilir. Bu konuda uzmanlardan yardım alabilirsiniz.

Tam bir değerlendirme yapıldıktan sonra üç adım sistemini başarıyla uygulayabilirsiniz.

Ödevle İlgili Sorular

1. *Çocuklara en başından ödev yapma alışkanlığı nasıl kazandırılır?*

   Cevap: Dengeli bir sistemle başlamalısınız. Ebeveynler ve çocuklar görevlerini belli bir zaman diliminde ve belli bir yerde yapmalıdır. Ödev bir alışkanlık haline gelmelidir. Sınırları baştan belirler ve kararlı bir şekilde uygularsanız sonraları ödev takip sistemine ve sonuç uygulamaya ihtiyacınız kalmayacaktır.

2. *Üç adım sistemi ne zaman uygulanmalıdır?*

   Cevap: Çocuk ödev yapmaktan sürekli kaçıyorsa üç adım sistemini uygulamanın zamanı gelmiş demektir.

3. *Çocuğum ödevlerini hiç aksatmaz ama yemek masasında ve geç saatlerde yapar. Bunu değiştirmem gerekir mi?*

   Cevap: Bildiğiniz gibi çocukların geç saatlerde ya da gürültülü yerlerde ödev yapmalarını uygun görmem ancak bu durum mutlaka sorun yaratacak diye bir şart da yoktur. Sisteminiz çökmemişse tamir etmeye de gerek yoktur. Önemli olan ders 1 ve ders 2'nin öğrenilmiş olmasıdır.

4. *Küçük yaştakilerin ödevlerine daha çok yardım edilmeli midir?*

Cevap: Evet. Zaten bu yüzden ebeveynler ödev işine gereğinden fazla dâhil olurlar. Küçük çocukların ödev yapmaya başlarken ve soruları cevaplarken daha çok yardıma ihtiyaçları olur. Müdahale ettiğinizde net ve kısa mesajlar verirseniz ("Ödev zamanı" ya da "Saat 16:00'da ne yapıyorduk?" gibi) daha faydalı olursunuz.

5. *Çocuğum ödevlerine başlarken çok oyalanıyor. Sürekli hatırlatma ve tekrar etmekten nasıl kurtulabilirim?*

Cevap: Saati kurun ve sınırlı seçenekler sunun. Ödev zamanı gelince alarmı beş dakikaya kurun ve "Ödevine ya şimdi başlarsın ya da alarm çalınca, hangisini seçiyorsun?" deyin. Sonra da duruma göre tavır alın.

6. *Öğretmen bitmiş ödevleri imzalamamı ya da ödevlere daha çok yardım etmemi isterse?*

Cevap: Onlar da insan. İyi niyetle konuşmuş olabilir ama bir faydası yoktur. Ödev sisteminin dengede kalması için bütün tarafların üstüne düşeni yapması gerekir.

7. *Üç adım sistemi sonuç verdiyse ödev takip sistemini ne zaman bırakmalıyım?*

Cevap: Bu süreç yavaş yavaş sona erdirilmelidir. İki üç hafta boyunca her şey yolunda gidiyorsa sonraki iki üç hafta boyunca ara sıra kontrol edebilirsiniz. Hâlâ bir sorun yoksa takip sistemine de son verebilirsiniz ancak her an yeniden başlamaya da hazır olmalısınız.

8. *Sistemde geri dönüşler yaşanırsa bu, sistemin işlemediğini mi gösterir?*

   Cevap: Hayır. Bunun anlamı, çocuğunuz dersi tam öğrenememiş demektir. Üç adım yöntemini tekrarlamanız gerekir.

9. *Üç haftadır üç adım yönetimini uyguluyorum. Kızım karşı çıkmadan odasına gidiyor ama çok kısa bir süre sonra ödevlerini bitirdiğini söyleyerek çıkıyor. Kontrol ettiğimde hepsini yarım yamalak, baştan savma yaptığını görüyorum. Ne yapmalıyım?*

   Cevap: Bu bir tür sınırları zorlama davranışıdır. Kızınız ödevlerini gerektiği gibi yapmıyorsa ona bunu söylemeli ve düzgünce yapması için odasına geri göndermelisiniz. Tartışmaya girerek zaman kaybetmeyin. Çocuğunuz ciddi olduğunuzu anlayamamışsa bunu ona anlatmalısınız.

10. *Ödevlerini zamanında bitirirlerse onlara ödül vermeli miyiz?*

    Cevap: Hayır. Bu yanlış bir mesaj verir. Ödüller, özel başarılara verilir. Ama siz, başka çocuklardan beklenmeyecek kadar özel bir şey istemiyorsunuz.

Ebeveynler için Çalışma Grubu Soruları

(İsteğe Bağlı)

1. Ödevler evinizde nasıl yapılıyor? Ödev sisteminiz dengeli mi? Herkes görevini biliyor mu? Değilse, bu durum sorun yaratıyor mu? Yaşadıklarınızı paylaşın.

2. Şu andaki sisteminiz ders 1 ve ders 2'yi verebiliyor mu? Grup üyeleriyle bunun sebebini tartışın.
3. Sisteminiz dengeli değilse sebepleri nelerdir? Görevleri belirleyebildiniz mi? Çocuğunuz görevini yapmadığında hesabını vereceğini biliyor mu?
4. Hesap vermeyi sağlamada sorun varsa, bu durumu düzeltmek için hangi mantıksal sonuçları uygularsınız?
5. Ödev sisteminizi nasıl geliştirmeyi düşünüyorsunuz? Atacağınız somut adımlar nelerdir? Düşüncelerinizi paylaşın. Diğer grup üyelerinin fikirlerini alın.
6. Değişimden neler bekliyorsunuz? Çabuk olacağını düşünüyor musunuz? Sizce bu beklenti gerçekçi midir? Düşüncelerinizi paylaşın ve diğer üyelerin fikirlerini alın.
7. Yeni sistemi yürürlüğe koyduğunuzda direnişle karşılaşacak mısınız? Nasıl tepki vereceksiniz? Düşüncelerinizi paylaşın ve diğer üyelerin fikirlerini alın.
8. Gerektiğinde uzman yardımı almak için nereye başvuracağınızı biliyor musunuz? Diğer üyelere de sorun ve bulunduğunuz yerdeki uzmanların listesini alın.

14

Değişime Hazırlanmak

Değiştiğinizi ya da değişeceğinizi söylemek, çocukların inandığı şeyleri değiştirmeye yetmez. Değişimin gerçek olduğunu görmeleri gerekir.

Bu kitaptaki bilgileri öğrenmek işin en kolay kısmıdır. Verilen bilgilerin çoğu açık ve uygulanması kolaydır. İşin en zor yanı; değişim başladığında pek çok yönden çocuklarınızdan, ailenin diğer üyelerinden ve en çok da kendinizden gelebilecek direnişlerle başa çıkmaktır.

Öğrendiğiniz yöntemlerin sizi arzu ettiğiniz değişime götüreceğini kavramış olabilirsiniz ama bu yöntemleri uygulamak başlangıçta size de, çocuğunuza da zor gelebilir. Çocuğunuz büyük olasılıkla direnecek, siz de o eski kötü alışkanlıklarınıza dönmek isteyeceksiniz. Kötü alışkanlıklardan kurtulmak kolay değildir.

Bu bölüm, sizi önünüzdeki değişime hazırlayacaktır. Değişim sürecini daha iyi anlayacak, direnişle başa çıkmayı öğrenecek, gerçekçi beklentiler oluşturacak ve bu yolda ilerlemenizi sağlayacak destek sistemi için nelere ihtiyacınız olduğunu belirlemenize yardım edecektir.

Ne Beklemelisiniz?

Bu kitaptaki yöntemleri uygulamaya başladığınızda çocuğunuzun sınırları daha zorladığına, daha çok direndiğine şahit

> Ne kadar tutarlı olursanız, sözlerinizle davranışlarınız ne kadar uyumlu olursa çocuğunuz o kadar kısa sürede sözünüzü dinlemeyi öğrenir, sınırları zorlamaktan vazgeçer ve işbirliği yapar.

olacaksınız. Telaşlanmayın. Bu geçici bir durumdur ve sürecin doğal bir parçasıdır.

Çocuğunuzun, sizin davranışlarınızla ilgili yerleşik yargıları vardır. Bu yargılar yılların tecrübesiyle oluşmuştur. Siz kuralların değiştiğini söylediniz diye, bu yerleşik yargıların bir gecede değişmesi beklenemez. Çocuğunuz, değişmeyi kabul etmek için sözlerinizden daha fazla şeyler ister.

Yıllardır tanıdığınız birinin, günün birinde size gelip artık farklı davranacağını söylediğini düşünün. Diyelim ki bu kişi eskiden sürekli eleştiren, önyargılı biriydi. Ama artık daha hoşgörülü olacağını söylüyor. Ona inanmanız için gözünüzle görmek istemez misiniz? Çoğumuz isteriz. Çocuklar da öyle.

Değiştiğinizi ya da değişeceğinizi söylemek, onların inandığı şeyleri değiştirmeye yetmez. Değişimin gerçek olduğunu görmeleri gerekir. Ancak bundan sonra değiştiğinize inanabilirler. Bunu onlara, tutarlı davranışlarınızla göstermeniz gerekir.

Bu süreçte sınırları zorlamaya, her şeyi eski haline çevirmeye kalkacaklardır. Eskiden onlarla dans ediyorsanız sizi duymazdan gelerek, dikkate almayarak, meydan okuyarak ve taleplerinizi sorgulayarak piste çekmeye çalışacaklardır. Bu durumda, 6. Bölüm'de öğrendiğiniz yöntemleri uygulayabilirsiniz (kontrol süreci, sakinleşme ve sona erdirme).

Başlangıçta sonuçlar uygulamak da işe yarar. Kurallarınızı desteklemek, yanlış davranışa son vermek ve çocuğunuzun, yaptıklarının hesabını vermesini sağlamak için sık sık bu yola başvurmak durumunda kalabilirsiniz. Ne kadar tutarlı olursanız, sözlerinizle davranışlarınız ne kadar uyumlu olursa çocuğunuz o kadar kısa sürede sözünüzü dinlemeyi öğrenir, sınırları zorlamaktan vazgeçer ve işbirliği yapar.

Bu süreç ne kadar sürer? Bunu etkileyen bazı faktörler vardır: Çocuğunuzun yaşı, huyu, ne kadar kararlı olduğunuz ve sorunun ne zamandır sürdüğü. Yöntemleri kararlı bir şekilde uygulayan ebeveynler, ilk sekiz haftada, sınırları zorlamanın çok belirgin bir düzeyde azaldığını bildirmiştir. Üç-yedi yaş arası çocuklar daha çabuk düzelme gösterir. Pek çoğu iki üç haftada değişime ayak uydurur.

Yaşı büyük olan çocuklar ve ergenlerde, sorun daha köklü olduğundan, yöntemlerinizi kararlılıkla uygulamaya uzunca bir süre devam etmelisiniz. Sizi dinlemeye, sınırlarınızı daha az zorlamaya, kuralların değiştiğini kabul etmeye alışmaları zaman alacaktır. Pek çoğu 4-8 hafta içinde gelişme gösterir. Bazılarınınsa daha uzun zamana ihtiyaçları olur. Kararlı tutumunuz bu süreci hızlandıracaktır.

Çabucak uyum sağlayacakları fikri cazip gelmektedir. Hepimiz çocuklarımızın davranışlarını çabucak düzeltmelerini isteriz ama bilmeliyiz ki sorunlar bir gecede ortaya çıkmamıştır. Düzeltmesi de zaman alacaktır. Çocuğunuzun, kuralların değiştiğine inanması için yeteri kadar bilgi toplaması gerekir. Kararlı tutumunuzla zamanı lehinize çevirebilirsiniz. Ama değişimin hızlı olmasını beklerseniz hem siz hem de çocuğunuz hayal kırıklığı yaşayabilirsiniz.

Başlangıçta sınırlar sürekli zorlanacaktır. Bu süreçte çocuk veri toplamaktadır. Sınırların zorlanması, yöntemin işlemediği anlamına gelmez; eğitimin tamamlanmadığı anlamına gelir. Kararlılıkla devam edin. Öğretme ve öğrenme sürecinin kendi akışında devam etmesine fırsat verin.

Aslında çocuğunuzun sınırı zorlaması lehinizedir çünkü böylece yöntem ve becerilerinizi deneme imkânı bulursunuz. Çabucak düzelselerdi, bu fırsatı bulamayacak ve eski düzene kolayca geri dönebilecektiniz.

Değişim Sürecini Anlamak

Aile terapistleri ve diğer uzmanların dediğine göre aileler iletişim, sorun çözme ve ilişkiler konusunda bir denge oluşturmak isterler. Bu denge; onaylanabilir davranışın, ailenin normal davranışlarının konfor aralığını belirler.

Cezacı ya da yumuşak yaklaşımlar ve aile dansları bu konfor alanının bir parçasıdır. Bilinen ve kabul görmüş kalıplardır. Pek çok aile bu kalıpları terk etmek istemez. Değiştirilmek istendiğinde direniş gösterirler ve değişen dengeleri eskisine çevirmek isterler. Değişime direniş normal bir tutumdur.

Bu kitapta öğreneceğiniz yöntemler aile dansına son verecek ama aile içi dengeyi bir an için bozacaktır. Çocuklarınızın direniş göstermesi normaldir. Her şeyin eskisi gibi olmasını, eskisi gibi davranmanızı isteyeceklerdir. Bu baskıya teslim olmak istediğiniz anlar gelecektir.

Ama kararlı olursanız bu baskının geçici olduğunu göreceksiniz. Bir süre sonra kuralların değiştiğini kabul edeceklerdir. Sınırları zorlamamaya, söz dinlemeye başlayacaklardır. Bundan sonra değişim süreci başka bir alana kayacaktır.

Aile içi davranış değişimleri iki biçimde olur. Aile terapistleri, ilkini, *birinci dereceden değişimler* olarak tanımlar. Bu değişim, kurallarla ilgili yerleşik inanışlarda değil; yüzeysel davranışlarda görülür. Değişim sona erdiğinde davranışlar da eskisine döner.

Örneğin bu kitaptaki yöntemleri iki hafta uygulayıp keserseniz çocuğunuzun yanlış davranışına son verebilir ama onun kurallarla ilgili yerleşik inanışlarını değiştiremezsiniz. Yöntem, kestiğiniz andan itibaren eski davranışlarına geri dönecektir.

Bu kitap size, daha ileri gidip *ikinci dereceden değişimi* gerçekleştirmede yardım edecektir. Bu değişim ailenin normal davranış biçimi haline gelen kalıcı değişimdir. Kurallarla ilgili yerleşik inanışlar değişir ve bütün aile üyeleri bu değişimi kabul edip onaylar. Bunu başarmak için kararlı olmak gerekir.

Bu programın sekiz haftalık bölümünün ardından ikinci dereceden değişime doğru ilerliyor olmanız gerekir. Çocuğunuz sınırları daha az zorlamaktadır, kuralları kabul etmeye başlamıştır ama işiniz daha bitmemiştir. Bu noktada gevşerseniz, her an başa dönme riskiniz vardır.

Değişimin yerleşmesi için haftalar, aylar boyunca kararlılık göstermelisiniz. Ebeveynlerin çoğu, 4-6 hafta içinde gelişme kaydettiklerini bildirmişlerdir.

Direnişle Başa Çıkma

Kötü bir alışkanlığı bırakmayı deneyen herkesin bildiği gibi değişim mümkündür ama kolay değildir. İstekli ve kararlı olmak, engeller karşısında geri adım atmamak için gerçekçi beklentilere sahip olmak gerekir.

Programı uygulamaya başladığınızda destekten çok direnç göreceksiniz. Çocuklarınız, eşiniz, arkadaşlarınız, ailenin diğer üyeleri, hatta siz bile direnebilirsiniz.

Çocuklarınızdan ne beklemelisiniz? Bu yöntemleri uygulamaya başladığınızda size, "Bravo anne, çok iyi başardın" ya da "Bravo baba! Çok teşekkür ederim" demeyeceklerdir. Genellikle, "Çok kötüsün!" "Haksızlık ediyorsun!" gibi tepkiler vereceklerdir. Etkili olduğunuzu görmek için ihtiyacınız olan olumlu tepki, çocuklardan gelmeyecektir.

> İstekli ve kararlı olmak, engeller karşısında geri adım atmamak için gerçekçi beklentilere sahip olmak gerekir.

Bu süreçte eşinizden de tepki görebilirsiniz. Heather örneğindeki gibi. Dört yaşındaki oğlunun sinir krizleriyle baş edebilmek için çalışma gruplarıma katılmıştı. Onu sakinleştirmeyi, yalvarıp ikna etmeyi, ona açıklama yapmayı, onunla pazarlık etmeyi denemiş; hiçbiri işe yaramamış; her şey daha da kötü olmuştu. Justin'in krizleri gittikçe sıklaşıyordu.

Heather eşini çalışma grubuna katılmak için ikna etmek istedi ama o bir sorun olduğuna inanmıyordu. "Dört yaş çocukları hep böyledir, geçici bir şey. Bunun için kursa gitmeye gerek yok" diye itiraz etti.

Heather ise, "Belki davranışlarını düzeltmenin yollarını öğreniriz" diyordu.

"Sen istiyorsan gidebilirsin. Bence gayet iyi idare ediyoruz."

Böylece Heather gruba katıldı. Kısa sürede gelişme gösterdi ve Justin'in krizlerini kontrol altına aldı. Huysuzlanıp şikâyete başladığında ona sınırlı seçenekler sunuyor, sinir krizi geçirmeye karar verdiğinde onu molaya gönderiyordu. İki hafta içinde Justin'in krizleri epeyce azalmıştı. Gündüzleri hiç olmuyordu.

Ama akşamları devam ediyordu ve Heather sebebi çok iyi biliyordu. Krizlerle eşi başa çıkmaya çalıştığı için. Açıklamalar yapıyor, ikna etmeye çalışıyordu. Heather'ın cesareti kırılmaya başlamıştı.

Belki ona gösterirsem işe yarar, diye düşündü. Bir akşam, Justin'le bir süre uğraşmamasını söyledi. Eşinin canına minnetti.

O akşam yemekten sonra Justin, "Bir tane daha dondurma istiyorum" dedi.

"Başka dondurma yok" dedi annesi. Ama babası yanındayken Justin'in ret cevabını kabul etmesine imkân yoktu. Bağırmaya, mızmızlanmaya başladı.

"Justin, ya susarsın ya da beş dakika odanda bekleyip sakinleşirsin. Hangisini seçiyorsun?" dedi. Justin daha çok bağırmaya başladı. Kendini yere atıp tekmeler savurdu.

Annesi sakince uzanıp onu kucakladı, odasına götürdü. "Beş dakika sonra sinirin geçerse çıkabilirsin."

Heather oturma odasına döndüğünde eşinin yüzündeki ifadeyi fark etti. Hiç sesini çıkarmadı ama etkilendiği belliydi. Justin beş dakika sonra sakinleşmiş olarak dışarı çıktığında daha da şaşırdı. Justin bir daha dondurma yüzünden mızmızlık etmedi.

Heather birkaç akşam daha onun krizlerini savuşturdu. Her seferinde de aynı sonucu aldı. Ama vazgeçmedi. Justin odasına gönderildi, sakinleşmeden çıkamadı. Bir keresinde daha mola süresi dolmadan sakinleşmişti bile. Heather'ın eşi her şeyi gözlemliyordu.

Ertesi akşam Heather son çalışma grubuna katıldı. Eşi ise Justin'e bakıyordu.

Eve döndüğünde Heather eşine nasıl gittiğini sordu.

"Justin her zamanki gibiydi ama bu sefer paçasını kurtaramadı" dedi eşi.

"Ne yaptın?"

"Molaya gönderdim" dedi eşi gülerek. "Haklıymışsın, işe yarıyor!"

Eşiniz size destek olmak istemezse onu, Heather kadar çabuk ikna edemeyebilirsiniz. Yöntemin etkinliğini ispatlayana kadar uygulamanız gerekebilir. Ancak sizin örnek davranışlarınız en önemli ikna yönteminizdir. Uygulama anında sizi görmelerini sağlayın.

Bazen de ailenin diğer üyeleri destek olmak ister ama kendi yöntemlerini değiştirmek istemezler. İşte bu da Barbara'nın çelişkisiydi. Bekâr bir anneydi, dört ve yedi yaşlarında iki çocuğu vardı. Çocukların bakımında annesinden ve eski eşinden destek alıyordu.

Çalışma grubuma katıldığında çok etkilenmişti. Yıllarca yumuşak yöntemler kullanmış ama artık çocuklarıyla neden o kadar çok tartışma yaşadığını anlamıştı. Yumuşak yöntemlerini, aile dansına nasıl kapıldığını, nasihat ederek yumuşak sınırlar koyduğunu gördü. Değişmek istiyordu.

Kısa sürede daha önce engelleyemediği kötü davranışları engelleyebilir hale geldi. Buna çok seviniyordu. Ama her gün okuldan sonra çocuklarına bakan annesini ve iki haftada bir onları alan babalarını hesaba katmamıştı. İkisi de yumuşak yöntemler uyguluyordu ve değişmek istemiyorlardı. Çocuklar anneannelerinden ya da babalarından döndüklerinde sınırları zorlamaya daha meyilli oluyorlardı. Barbara değişimin beklediğinden uzun süreceğini anladığında umutsuzluğa kapıldı.

Ailenizdeki diğer kişiler yeni yöntemlerinize karşı gelebilir, yöntemleriniz olumsuz etkilenebilir. Barbara gibi siz de umutsuzluğa kapılabilirsiniz. Orada durun. Olumlu düşünmek için pek çok sebebiniz var. Sizi desteklemeyenlerden uzak durabilirsiniz. Direnç göstermeleri sizi yavaşlatır ama hedefinize ulaşmaktan alıkoyamaz. Azminiz karşılığını bulacaktır.

Arkadaşlar, komşular, iş arkadaşları direnç kaynakları olabilir. Bazen gizliden gizliye etki ederler. Çocuk yetiştirmek hakkında yerleşik kanaatleri olabilir. Size katılmayabilirler ve istemediğiniz halde, "Benim çocuğum olsa bir tane patlatmıştım" ya da " O çocuğun iyi bir nasihate ihtiyacı var" gibi tavsiyelerde bulunurlar. Önemsemeseniz de bunlar üstünüzde baskı yaratmaya devam edebilirler.

Çevrenizdeki kişiler yapmak istedikleriniz doğru bulmayıp desteklemeyebilirler. Ancak değişimin önündeki asıl engel ne arkadaşlarımız ne de akrabalarımızdır. İnatçı çocuklarımız bile engel oluşturamaz. Asıl engel içimizden gelen, eski alışkanlıklarımıza geri dönme ve eskisi gibi davranma arzumuzla giriştiğimiz mücadeledir. Bu kitaptaki yöntemlerin istediğiniz değişimi yaratacağını kavramış olabilirsiniz ancak uygulama aşamasında huzursuzluk duyabilirsiniz.

Eskiden yumuşak bir ebeveynseniz, yöntemler size çok sert gelebilir. Çocuklarınız koyduğunuz kesin sınırlara karşı çıktığında kendinizi suçlu hissedebilir, onlara haksızlık ettiğinizi düşünebilir ve bir şans daha vermek isteyebilirsiniz. Bu isteğinize gem vurmalı ve kararlılıkla devam etmelisiniz.

Eskiden cezacı yöntemler uyguladıysanız bu yöntemler yumuşak gelebilir. Etkin olmayacağını, yeterince acı vermeyeceğini düşünebilirsiniz. Size hafif gelebilir. Gereğinden fazla tepki gösterme isteğinize karşı koymalısınız.

Mola yöntemini uygulayan bir babayla yaptığım görüşmeyi hatırlıyorum. "Nasıl gidiyor?" diye sordum. "Karşı gelmelerde azalma oldu mu?" "Hayır, devam ediyor. Eskisinden daha beter oldu." *Çok garip,* diye düşündüm. Üç haftadır mola yöntemini uyguluyordu. Karşı gelmede azalma olmalıydı. "Yöntemi anlattığım şekilde yapıyor musunuz?" dedim.

"Evet, birkaç gün dediğiniz gibi yaptım. Ama işe yaramadı. Dale'de en ufak bir pişmanlık belirtisi olmuyordu. Biz de ek olarak yüz defa, 'Aileme karşı gelmeyeceğim' diye yazmasını söyledik." Dale'in neden daha beter olduğu ortadaydı. Babası daha fazla tepki gösterme dürtüsüne karşı gelememiş, yöntemin etkinliğini yok etmişti. Dale'in babası, etkin öğrenmenin acı ve üzüntü olmadığı durumlarda mümkün olduğunu anlayamıyordu. Molaların ardından cezaları ekleyince Dale'in daha çok tepki gösterdiğini gördü.

Değişim Süreci Hakkında On Söylenti

Ebeveynlerin yöntemlere karşı çıkmalarının altında, değişim süreci hakkında edindikleri gerçek dışı beklentiler yatmaktadır. Büyük hayal kırıklıkları ve engeller yaratan on temel söylenti vardır:

1. Yeni yöntemlere başladığımda her şey iyiye gitmeli, daha da kötüleşmemeli.

   Gerçek: Yanlış davranışa anında son vermeniz mümkün olabilir ancak başlangıçta karşı gelmeler normaldir, bunu beklemek gerekir.

2. Çocuklar çabucak değişmelidir.

   Gerçek: Bazı şeyler çabuk değişebilir ama yerleşmiş davranış kalıpları kolay değişmez. İkinci dereceden değişimler zaman alır. Çocuklarınızın kurallar hakkındaki fikirleri değişmeye başladığında karşı gelmeleri de azalacaktır.

3. Ben değişmesem de çocuklarım değişmeli.

   Gerçek: Çocuklarınız davranışlarını size göre ayarlar. Siz değişmezken onlardan değişmelerini beklemek gerçekçi değildir.

4. Çocuklarım kuralları çiğnemeye ve karşı gelmeye devam ediyorsa yöntemler işe yaramıyor demektir.

   Gerçek: Bunun sebebi yeterince öğrenememeleridir. Yöntemleri kararlı olarak uygulamanız gerekir. Böylece kuralların değiştiğini anlayabilirler.

5. Çocukları yönlendirmek kolaydır.

   Gerçek: Yöntemlerinize sadık kalarak eskiden gelen hataları düzeltmek çok zor bir iştir. İstekli, uyanık ve karşılaşacağınız direnişle baş edecek kadar azimli olmalısınız.

6. Kesin sınırları sadece babalar koyabilir.

   Gerçek: Katı babaları ve yumuşak anneleri olan annelerden çok duyduğum bir sözdür. Anne de, baba da kesin sınırlar koyabilir.

7. Yöntemler can yakmıyorsa etkisizdir.

   Gerçek: Bu kitaptaki gibi cezacı olmayan yöntemler istediğiniz bütün dersleri vermenizi, daha az zaman ve çaba harcayarak ve kimseyi incitmeden hedefinize ulaşmanızı sağlar.

8. Yöntemlerim çocuklarımı mutsuz ediyorsa etkisizdir.

   Gerçek: İstediğini yapamayan herkes mutsuz olur. Bu yöntemler uygulanırken mutsuz ya da doyumsuz hissetmek çok normaldir. Yöntemleri sevmelerini beklemeyin.

9. Yöntemleri uygularken hata yapmamalıyım.

   Gerçek: Ebeveyn ve çocuklar için öğrenme sürecinde hata yapmak normaldir. Hata yapmayı kabul etmelisiniz. Hata yaparsanız hedefinize yeniden odaklanın ve daha iyisini yapmaya çalışın. Amacınız gelişme göstermek olsun, kusursuzluk değil. Çocuklar gibi, büyüklerin de temiz bir sayfa açmaya ihtiyaçları vardır.

10. Ailemden öğrendiğim eski yöntemlere ve aile danslarına hemen son vermeliyim.

    Gerçek: Robot olsaydık çiplerimizi değiştirerek aile dansına bir anda son verebilirdik. Belli bir davranış için yazılmış programı silerek o davranışı anında unutabilir, yerine yenisini koyabilirdik. Ama insanlarda böyle olmaz. Aile dansları ve yazılımlar yıllar içinde öğrenilmiştir. Farklı şekilde davranmak ve değişimi sindirebilmemiz için çok çabalamamız, uzun süre uğraşmamız gerekir.

Destek Sistemleri Geliştirmek

Şu ana kadar, direniş göstermenin, değişim sürecinin normal bir parçası olduğuna ikna olmuşsunuzdur. Süreç boyunca birtakım direnişlerle karşılaşmayı beklemeniz gerekir. Bu direniş sizi yavaşlattığında umutsuzluğa kapılabilirsiniz. Beklenenden fazla dirençle karşılaşırsanız, ek önlemler almanız gerekebilir.

Ne tür desteklere ihtiyaç duyacaksınız? Muhtemelen iki tür: Uyguladığınız programı (1) ve direnişle baş etmek için kendinizi (2) desteklemeniz gerekecektir.

Programı desteklemek; sizin yöntemleriniz ile çocuğunuzun hayatında yer alan öğretmen, bakıcı, akraba gibi diğer yetişkinlerin yöntemlerinin tutarlı olmasını sağlamak demektir. Bu tutarlılığı sağladığınız müddetçe değişim süreci herkes için daha kolay ve çabuk geçer. Çocuklar, örnek aldıkları yetişkinlerin tümünden aynı mesajları alırlarsa daha çabuk öğrenirler.

Bu kitaptaki yöntemleri çocuğunuzun hayatında rol alan diğer yetişkinlerle de paylaşın. Ne yapmak istediğinizi anlatın ve yöntemleri gösterin. Etkin ve amacınıza ulaşmanızı sağlayan bu yöntemleri uygulamaktan kaçınmayacaklardır.

Mark'ın ailesi, oğullarının kreş öğretmeninden çok destek almıştı. Onu tanıdığımda Mark daha dört yaşındaydı. İnatçılığı, saldırganlığı ve şiddete meyilli olması yüzünden iki kreşten kovulmuştu. İki farklı kreşe yarımşar gün gidiyordu çünkü kimse onu tam gün almak istemiyordu.

Mark'ın ailesi çaresizdi. Oğulları seneye anaokuluna başlayacaktı ama şiddete meylini nasıl engelleyeceklerini bilemiyorlardı. Yeni yöntemler denemeyi çok istiyorlardı ama önce hangi yöntemleri kullandıklarını konuşmalıydık.

Mark'ın ailesi karışık yöntemi kullandıklarını anladılar. Sık sık tekrarlayıp hatırlatarak yumuşak yöntemle başlıyorlar, Mark inat edince sinirlenip bağırmaya başlıyorlar, dövüyorlardı. Çok öfkeli bir dansları vardı.

Birkaç kısa seansta bu dansa son vermeyi, kesin sınırlar koymayı ve mantıksal sonuçlar uygulamayı öğrendiler. Mark'a günde kaç kez mola verdirdiklerini saymalarını istedim. Böylece davranışındaki gelişmeleri takip edebilecektim.

Sırada, ev ve okul arasındaki tutarlılığı sağlamak vardı. Öğretmeni ona yardımcı olmayı çok istiyordu. Mark'ın ailesi, öğretmene evde kullandıkları sözel mesajları, mantıksal sonuçları nasıl uygulayacağını, söz dinlemezse nasıl molaya göndereceğini anlattılar. Öğretmeni de günde kaç kez molaya gönderdiğini sayacaktı.

Beklendiği gibi Mark ilk haftalarda çok fazla direndi. Sonra yavaş yavaş gelişim göstermeye başladı. Programa başladıktan dört ay sonra Mark'ın okuldaki inatçı ve saldırgan tavırlarında %70 azalma görülmüştü, evde ise çok daha iyiydi. İlerleyen aylarda gelişimi devam etti. Artık ailesi ve öğretmeni, onun anaokuluna başlamasından dolayı endişe duymuyordu.

Öğretmeni, Mark'ın ailesine çok faydalı bir destek sistemi oluşturmuştu. Onun kararlılığı sayesinde, Mark evde ve okulda çok büyük gelişmeler gösterdi. Sizin çocuğunuz Mark kadar dengesiz olmayabilir, siz ailesi kadar umutsuz olmayabilirsiniz; yine de yapmak istediğiniz değişime önemli noktalarda rol alan yetişkinleri dâhil ederek çok değerli bir destek sistemi oluşturabilirsiniz.

Destek çok faydalı olabilir ama bazen yetmez. Karşılaştıkları dirençle baş etmeye çalışırken ebeveynlerin de desteğe ihtiyaçları vardır. Böyle bir desteğe ihtiyacınız olduğunu nasıl anlarsınız? Şu faktörleri değerlendirin:

1) Eşinizin ve diğerlerinin desteği
2) Değişme istek ve azminiz
3) Çocuğunuzdan ve diğer kaynaklardan gelen direnişler
4) Yaşadığınız sorunların ne zamandan beri var olduğu
5) Dansa ne kadar kapıldığınız

İlk iki madde destek kategorisini, son üç madde ise direnç kategorisini oluşturur.

Çok destek alıp az direnişle karşılaşan ebeveynler dansa son verebilmekte ve bu kitaptaki yöntemleri kişisel destek almadan uygulayabilmektedirler. Vazgeçmeden devam edebilmeleri için engellerle ve umutsuzlukla baş edecek desteği bulurlar.

Çok destek alıp çok direnişle karşılaşan ebeveynler kişisel desteğe ihtiyaç duyarlar. Mark'ın ailesi bu gruptaydı. İlk haftalarda oğullarının hali daha da kötüye gidince bunun normal olduğunu duymak istediler. Aldıkları destekle umutlarını tazeleyip yollarına devam ettiler.

Sonra Mark'ın davranışları belirgin şekilde düzelmeye başladı. Ailesi başlangıçta kullandığı yöntemlere o kadar sık başvurmuyordu. Eski davranış kalıplarına döndüler. Tekrarlayıp hatırlatıyorlar, eski aile danslarına kapılıyorlardı. Kararlı olmaları için onlara verilen kişisel destek işe yaradı ve yöntemlerine geri döndüler.

Az destek alan ve çok direnişle karşılaşan ebeveynler ise umutsuzluğa kapılıp vazgeçerler. Engelleri aşmak ve kararlı bir tutum sergilemek için desteğe ihtiyaç duyarlar.

Ebeveynler bu desteği nereden alabilir? Pek çok yerde çeşitli aile destek kaynakları vardır. Bunlar destek gruplarında, ebeveynlik atölyelerinde, sağlık birimlerinde, okulda, hastanede, akıl sağlığı merkezlerinde mevcuttur. Bağlı olduğunuz bölgenin sağlık kuruluşuna başvurup destek isteyebilirsiniz.

Destek ve direnç skalasında yeriniz neresi olmalıdır? Bu kitabı ilk kez okuyorsanız bu sorunun cevabını bulmanız bir ay kadar sürebilir. Çünkü yeni yöntemleri kullanmaya başlamanız gerekir. Yüksek direnç modundaysanız gözünüz korkmasın. Hedefinize hâlâ ulaşabilirsiniz ama kişisel destek almanız gerekir.

Ödüllerin Tadına Varmak

Bu kitap amacına ulaştıysa yanlışlarınızdan dönmek ve etkin sınırlar koymak için ihtiyacınız olan araç ve bilgiye sahipsiniz demektir. Etkin şekilde öğretme ve öğrenmenin önündeki engelleri artık biliyorsunuz: Cezacı ve yumuşak yöntemler, gevşek sınırlar, cesaret kıran mesajlar ve pek çok ailenin çocuklarına söz dinletmek için kullandığı aile dansı.

Sizi amacınıza ulaştıracak etki yöntemler öğrendiniz. Net mesajlar vererek dansı sona erdirmeyi, cesaret verici mesajlarla işbirliği sağlamayı, sorunları sağduyuyla çözmeyi, fiziksel ya da ruhsal acılar vermeden kurallarınızı destekleyen sonuçlar uygulamayı biliyorsunuz. Bu yöntemleri ergen yaştakilere nasıl uyarlayacağınızı, ev işlerinin ve okulda verilen ödevlerin yapılmasında kullanılan teknikleri de öğrendiniz.

Sizi nasıl bir değişim sürecinin beklediğini görebiliyorsunuz. Önünüzdeki engellerle başa çıkmayı biliyorsunuz. Tüm hazırlıklar tamamlandı. Sırada, kazandığınız bu becerileri uygulamak ve sonuçların tadını çıkarmak var.

Kısa vadedeki ödülleriniz; yanlış davranışa anında son vermek, sözünüzü dinletebilmek ve o yıpratıcı aile dansından kurtulmak olacaktır. Bir süre sonra yaşadığınız gerginlikler azalacak ve çocuklarınızla zaman geçirmek size keyif vermeye başlayacak. İşbirliği, sorumluluk, bağımsızlık ve otokontrol konularında hedeflediğiniz sonuçlara ulaştığınızı görmek sizi mutlu edecek.

Uzun vadedeki ödülleriniz daha tatminkâr olacaktır çünkü şimdi gösterdiğiniz çabalar, ileriki yıllarda çocuklarınızla uyumlu ilişkiler kurabilmeniz için temel oluşturacaktır. Davranışlarınızla örnek olarak çocuklarınıza; okulda, sosyal hayatta, iş hayatında, kurdukları ailede ve kendi çocuklarını yetiştirirken sağduyuyla sorun çözme ve doğru iletişim kurma yollarını öğretmiş olacaksınız. Çocuklarınız sizden aldıkları becerileri ileriki hayatlarına taşıyacaklar.

Ebeveynler için Çalışma Grubu Soruları

1. Programı uygulamaya başladıktan sonra, ilk 4-8 haftada, sınırları zorlamada neden artış olur? Çocukların, inanışlarını değiştirmeleri ve kurallarınızın değiştiğine ikna olmaları neden uzun sürer?
2. Birinci ve ikinci dereceden değişimleri tartışın. İkinci dereceden değişimler neden daha çok çaba ve kararlılık gerektirir?
3. Çocuk eğitimi konusundaki eski inanışlarınızı terk etmekte zorlanıyor musunuz? Eskiden yumuşak yöntemler kul-

landıysanız şimdi sert olduğunuzu düşünüyor musunuz? Ya da tam tersi, eskiden cezacı yöntemler uyguladıysanız şimdiki yöntemlerin hafif kaldığına mı inanıyorsunuz? Yaşadıklarınızı paylaşın.

4. Ne düzeyde bir dirençle karşılaşıyorsunuz? Bu direnişin kaynağı çocuklarınız mı? Eşiniz mi? Ailenin diğer üyeleri mi? Arkadaşlar ya da komşular mı? Kendiniz mi? Ya da bunların hepsi mi? Yaşadıklarınızı paylaşın. Beklediğinizden fazla bir dirençle mi karşılaşıyorsunuz?
5. Değişim süreci hakkındaki söylentilere inanıyor musunuz? Daha kolay olacağını mı sanmıştınız?
6. Beklentileriniz gerçekçi mi? Gerçekçi olmayan beklentileriniz varsa hayal kırıklığı yaşamaya hazır mısınız? Beklentilerinizi paylaşın. Gruptakilerin fikrini alın.
7. Yeni yöntemleri uygularken rahat mısınız? Daha mı rahat olacağınızı sanıyordunuz? Cesaretiniz kırılıyor mu? Bu konuları gruptakilerle paylaşın.
8. Destek ve direnç skalasındaki yeriniz neresidir?
9. Var olan destekten fazlasına ihtiyacınız varsa ne yapabilirsiniz?
10. Uyguladığınız yöntemleri, çocuğunuzun öğretmeni ve bakıcısıyla tutarlılık içinde götürmek üzere desteklerini almak sizce önemli mi? Nasıl yaklaşmalısınız? Neler yapacaksınız?

Başlangıç Önerileri

Aşağıda göreceğiniz, farklı yaş gruplarına göre düzenlenmiş listelerle başlamanızı tavsiye ederim. Kendinize göre eklemeler yapabileceğiniz bir çizelge de koyuyorum. Bu tavsiyeleri, danışmanlık yaptığım ve çalışma gruplarıma katılan ailelerden edindiğim tecrübelere dayanarak veriyorum. Yeni becerileri, tercihinize göre hızlı-yavaş adımlarla ekleyebilirsiniz. Size kalmış.

Neyi seçerseniz seçin, rahat olacağınız bir hızla devam edin. Kimi yeni becerileri her hafta kazanmak ister, kimiyse iki ya da üç haftada bir. Bu konuda tek bir doğru yoktur ama şahsen, hızlı ilerlenmesini uygun bulmam.

Yeni yöntemleri uygularken hata yapmayı da kabullenmelisiniz. Ne kadar çok pratik yaparsanız o kadar çabuk öğrenirsiniz. Bir yöntemi uygulamada zorlanırsanız ilgili bölüme bakın.

İKİ YAŞ GRUBUYLA BAŞLAMAK

1. Hafta	Bölüm
Net sözel mesajlar	5
Cesaret verici mesajlar	7
Davranışlarla örnek olma	8
Mantıksal sonuçlar	9
2. Hafta	
"Tekrar dene" ekle	8
3. Hafta	
Sınırlı seçenekler ekle (sunduğunuz seçenekleri anlayacak kadar sözcük dağarcığı varsa)	8

ÜÇ-YEDİ YAŞ GRUBUYLA BAŞLAMAK

1. Hafta	Bölüm
Net sözel mesajlar	5
Kontrol, son verme, sakinleşme (gerekli olanı seçin)	6
Cesaret verici mesajlar	7
Mantıksal sonuçlar	9
Mola süreci	9
2. Hafta	
"Tekrar dene" ekle	8
3. Hafta	
Doğal sonuçları ekle	9
Davranışlarla örnek olmayı ekle	8
4. Hafta	
Sınırlı seçenekleri ekle	8

SEKİZ-ON İKİ YAŞ GRUBUYLA BAŞLAMAK

1. Hafta	Bölüm
Net sözel mesajlar	5
Kontrol, son verme, sakinleşme (gerekli olanı seçin)	6
Cesaret verici mesajlar	7
Mantıksal sonuçlar	9
Mola süreci	9

2. Hafta	
"Tekrar dene" ekle	8
Davranışlarla örnek olmayı ekle	8
3. Hafta	
Sınırlı seçenekleri ekle	8
4. Hafta	
Seçenekleri keşfetmeyi ekle (10-12 yaşlar için)	8
Doğal sonuçları ekle	9

ERGEN YAŞTAKİLERLE BAŞLAMAK

1. Hafta	Bölüm
Net sözel mesajlar	5
Kontrol, son verme, sakinleşme (gerekli olanı seçin)	6
Cesaret verici mesajlar	7
Seçenekleri keşfetme	8
Mantıksal sonuçlar	9
2. Hafta	
Sınırlı seçenekleri ekle	8
3. Hafta	
Mola sürecini ekle	9
4. Hafta	
Doğal sonuçları ekle	9

Ek:
Ebeveynler için Çalışma Grubu Başlatma

Grubun Amacı

1. Katılımcıların becerilerini uygulama geliştirme fırsatı vermek.
2. Programın ilk sekiz haftasına destek olmak.

Tavsiye Edilen Süre

Yedi hafta. Ev işleri ve ödevlerle ilgili bir çalışmayı da kapsayacak olursa sekiz haftaya çıkabilir. Ebeveynler isteğe bağlı bu seansı çok faydalı bulmaktadır.

2-12 Yaş Arası Çocuklar ve Ergen Yaştakiler için Ayrı Gruplar

Bu kitaptaki temel yöntemler bütün yaş gruplarına uygulanabilir. Sadece ergen yaştakiler için uyarlanması gerekir. Bu nedenle küçük yaştakilerle ergen yaştakilerin gruplarını ayırmayı uygun buluyorum. Farklı uygulamalar yapıldığında karışıklık çıkmayacağı gibi, katılanlar sadece ihtiyaçlarına yönelik bilgileri alma şansı bulacaklardır.

Çalışma Grupları için Hazırlık Yapma

Tüm katılımcılara, gruba gelmeden önce bu kitabı okumalarını öneririm. Böylece çalışmalardan daha çok faydalanabilirler.

Çalışma Grubu Liderleri

En uygunu, grup liderinin bu kitaptaki bilgilere hâkim olması; çocuk gelişimi, öğrenme teorileri ve grup dinamiği konularında birikimli olmasıdır. Grup liderliği için en uygun kişiler öğretmenler, sosyal danışmanlar, psikolog ve diğer uzmanlardır.

Çalışma Grubu Soru ve Alıştırmaları

Başlıca konular ve yöntemlerle ilgili soru ve alıştırmalar her bölüm sonunda yer almıştır. Bu soru ve alıştırmalar katılımcıların konuları sindirmesi ve öğrendikleri yöntemleri, kendilerine sunulan senaryolar çerçevesinde uygulama fırsatı verir.

Kendinizi benim verdiğim soru alıştırmalarıyla sınırlandırmayın. Bunlar sadece alıştırma yapmak ve tartışmak için verilmiştir. Katılımcıların konuları daha iyi kavramasını sağlayacağına inandığınız soru ve alıştırmalar ekleyebilirsiniz. Ayrıca her çalışma grubunun son yarım saatini soru-cevap bölümüne ayrın.

Çalışma Gruplarına Genel Bakış

1. Hafta

Amaç: Ebeveynler öğretme-öğrenme sürecini kavrayacaklar.

Hazırlık: 1., 2. ve 3. Bölümlere tekrar bakın.

Tartışma soruları

Alıştırmalar

2. Hafta

Amaç: Ebeveynler kendi aile danslarının farkına varmayı öğrenecekler.

Hazırlık: 4. Bölüm'e tekrar bakın.

Tartışma soruları

Alıştırmalar

3. Hafta

Amaç: Ne tür sınırlar uyguladıklarını, net mesajlar vermeyi ve aile dansını sona erdirmek için atılacak üç adımı öğrenecekler.

Hazırlık: 5. ve 6. Bölümlere tekrar bakın.

Tartışma soruları

Alıştırmalar

4. Hafta

Amaç: Ebeveynler, çocuklarını işbirliğine ikna etmek için cesaret verici mesajları nasıl kullanacaklarını öğrenecekler.

Hazırlık: 7. Bölüm'e tekrar bakın.

Tartışma soruları

Alıştırmalar

5. Hafta

Amaç: Ebeveynler, çocuklarına karar vermeyi ve sorun çözmeyi öğretecek dört etkili yöntemi tanıyacaklar.

Hazırlık: 8. Bölüm'e tekrar bakın (ergenler için 10. Bölüm).

Tartışma soruları

Alıştırmalar

6. Hafta

Amaç: Ebeveynler, yanlış davranışlara son vermeyi ve kurallarını mantıksal sonuçlarla desteklemeyi öğrenecekler.

Hazırlık: 9. Bölüm'e tekrar bakın (ergenler için 10. Bölüm).

Tartışma soruları (ergenlere göre ayarlayın)

Alıştırmalar (ergenlere göre ayarlayın)

7. Hafta

Amaç: Ebeveynler, yaşayacakları değişime hazırlanmak ve destek almak için atılacak adımları tartışacaklar.

Hazırlık: 14. Bölüm'e tekrar bakın.

Tartışma soruları

Alıştırmalar

8. Hafta (isteğe bağlı)

Amaç: Ebeveynler öğrendikleri yöntemleri ev işleri ve ödevler için kullanmayı öğrenecekler.

Hazırlık: 12 ve 13. Bölümlere tekrar bakın.

Tartışma, soru-cevap formatını kullanın.

- **Bu çocuk parmak emmeyi ne zaman bırakacak...**
- **Gece yatmak bilmiyor, sabah kalmak...**
- **Aklı fikri oyunda, ders kim o kim...**
- **Bu yaşta ne harçlığı, her ihtiyacı karşılanıyor ya...**
- **Çocuğumda zeka sorunu mu var, neden diğer çocuklar gibi başarılı değil?**

Anne ve babaların çocuklarıyla ilgili şikayetleri, dertleri o kadar çok ki; yazmakla bitecek gibi değil... Ünlü bir atasözümüz vardır; "İğneyi kendine, çuvaldızı başkasına batır" diye. Yani eğer çocuklarda bir sorun varsa, önce ailenin kendi davranışlarını, alışkanlıklarını gözden geçirmesi gerekir. Çünkü aileler çocukların rehberleridir ve bu anlamda onlara iyi örnek olmak zorundadır.

Ayrıca çocuk eğitimi konusunda bilinçlenmek de bir diğer önemli faktördür. Yapılan hatalar, çocuğun benliğinde onarılması güç yaralar açabilir. Bu anlamda ailelere yardımcı olmak amacıyla hazırlanmış pek çok kaynak kitap vardır. Yıllardır rehber öğretmen olarak eğitim kurumlarında hizmet veren Ekrem Acar da, ailelerin çocuklarıyla yaşadıkları sorunları göz önünde bulundurarak, pratik bilgilerin ve çözümlerin bulunduğu bu kitabı sizler için hazırladı.

Çocuk eğitimi sevgi, sabır ve emek gerektirir. Sorunları çözmek için hiçbir zaman geç değildir. Unutmayalım ki, mutluluk kaynağımız olan çocuklarımızı, mutsuzluk kaynağına dönüştürmemek biz anne-babaların elindedir...

Benlik saygısı, özgüven ve mutluluk çocukların kendine güvenen bir yetişkin olmaları için vazgeçilmez özelliklerdir. Peki, tüm potansiyellerini gerçekleştirmeleri, mutlu ve kendinden emin bir yetişkin olmaları yolunda çocukları nasıl teşvik edeceğiz? Özgüven ile kibir ve erken gelişme arasındaki ince çizgiden nasıl uzak duracağız?

Gael Lindenfield'ın elinizde tuttuğunuz klasikleşmiş kitabı kendinden emin ve mutlu çocuklar yetiştirmelerine yardım etmek için ebeveynleri pratik ve rahatlatıcı tavsiyelerle donatıyor.

Kendine Güvenen Çocuklar kitabında bulabilecekleriniz:

- Konuşma ve eylemler benlik saygısını artırmak için nasıl kullanılır?
- Çocuğunuzun temel sosyal becerileri öğrenmesine yardım etmek
- Çocuklarınıza kendilerini olduğu gibi sevmelerini öğretmek
- Kabadayılarla başa çıkabilecek iddialı çocuklar yetiştirmek
- Utangaçlığının üstesinden gelmesi için çocuğunuza yardım etmek